KÖNIGS FURT

Zu diesem Buch

Das Crowley-Tarot gehört zu den beliebtesten Tarot-Sorten. Die Karten von Aleister Crowley und Lady Frieda Harris sind sehr populär, während sich an der Person von A. Crowley die Geister scheiden. Die geheimnisvolle Symbol-Welt dieser Karten beeindruckt durch Offensichtlichkeit und Verschlüsselung zugleich. Evelin Bürger und Johannes Fiebig, mit mehr als einer Million verkaufter Bücher Deutschlands meistgelesene Tarot-Autoren, bieten in diesem Handbuch eine sachkundige Erläuterung.

Besonders im Crowley-Tarot gibt es viele Symbole, die vielfach recht einseitig wahrgenommen werden. Daher verweisen die Autoren bei jeder Karte auf unbekannte Bildinhalte, auf Doppeldeutungen von Symbolen und auf manche Widersprüche zwischen den Bildern und den Kommentaren von Aleister Crowley dazu. Die »archäologische« Freilegung der Symbolik wirkt um so brisanter, als das Crowley-Tarot eine der wenigen Tarot-Sorten mit aufgedruckten Deutungsbegriffen ist. Untertitel wie »Erfolg« oder »Vergeblichkeit« suggerieren scheinbar eindeutige Aussagen. Wie die Autoren dokumentieren, geben diese Untertitel jedoch keineswegs die Bildinhalte der Crowley-Karten wieder. Sie sind auch nicht zusammen mit den Karten in den Jahren 1936-43 entstanden, sondern entstammen den Schriften des Golden-Dawn-Ordens (um 1900) und wurden 1912 bereits von Crowley veröffentlicht.

1943 hat Crowley mit dem »alten System« (des Golden-Dawn) längst gebrochen, und die Karten-Untertitel sind ihm teils nostalgische Erinnerung, teils ironisches Zitat früherer »divinatorischer« (d. h. wahrsagerischer) Vorstellungen. Die nachfolgende Deutungsliteratur hat die Untertitel hingegen weitgehend für bare Münze genommen, anstatt die Bilder zu betrachten. Im deutschen Sprachraum kamen noch Übersetzungsfehler bei den Karten-Untertiteln hinzu. »Futility« muß nicht unbedingt »Vergeblichkeit« heißen und »indolence« nicht nur »Trägheit«.

Zusammen mit Anmerkungen zur Person Aleister Crowley und zur Psychologie der Magie bietet das Buch ein faszinierendes und vielschichtiges Panorama, das Einsteiger/innen zuverlässig in die Symbolik der Crowley-Karten einweiht und das für Kenner zu einer echten Neubegegnung mit diesem Tarot führt.

Evelin Bürger, am 3.5.1952 (um 10.24 Uhr) in Kiel geboren, und *Johannes Fiebig,* am 30.3.1953 (um 7.55 Uhr) in Köln geboren, sind einem großen Publikum als Tarot-Autoren bekannt. Sie leben mit ihren beiden Kindern in Klein Königsförde, Schleswig-Holstein.

Evelin Bürger & Johannes Fiebig

TAROT

Wege der Wandlung

Die Symbolsprache
des Crowley-Tarot

Königsfurt

Originalausgabe
3., rev. Auflage 2001

Copyright © 2001 by Königsfurt Verlag
D-24796 Kl. Königsförde/Krummwisch
www.koenigsfurt.com

Umschlag, Satz & Layout: Stefan Hose, Eckernförde
Druck & Bindung: FVA, Fulda

Printed in Germany
auf chlorfrei gebleichtem Papier

ISBN 3-927808-16-4

Inhalt

Große Arkana/Trumpfkarten

Stäbe

Kelche

Schwerter

Scheiben

DIE EINZELNEN KARTEN IM ÜBERBLICK

Vorwort

Das Tarot von Aleister Crowley und Lady Frieda Harris erschien 1943. Erst später, 1969, wurde es auf Karten gedruckt. Die Bilder zeichnen sich durch eine geistvolle und energiegeladene Darstellungsweise aus. Ihr besonderer Vorteil ist die ideenreiche und prägnante Darbietung traditioneller Tarot-Motive.

Der äußere Rahmen und die Begleitumstände dieser Karten sind nicht frei von Merkwürdigkeiten. Die Untertitel, die auf diese Karten gedruckt sind, sind keineswegs zutreffend und verbindlich. Die Person von A. Crowley erfreut sich nicht des schönsten Rufs. Und mit Ägypten und dem ägyptischen Gott Thoth haben diese und alle Tarot-Karten eigentlich nichts gemeinsam, obwohl Karten danach benannt sind.

Das alles ändert nichts an der Qualität und der Brauchbarkeit der 78 Symbol-Karten. Wohlgemerkt, es sind 78 Karten, die zum Tarot von Crowley und Harris wie zu jedem anderen Tarot-Spiel gehören. Wenn Sie Ihr Päckchen Crowley-Tarot-Karten in Europa gekauft haben, finden Sie manchmal zwei zusätzliche »Magier« in der Schachtel. Wieder eine dieser Merkwürdigkeiten. Frieda Harris und Aleister Crowley haben nur einen »Magier« vorgesehen, wie auch sonst im Tarot üblich. Diesen »Magier« erkennen Sie an der Abbildung auf S. 52. Die beiden zusätzlichen »Magier« können Sie verschenken.

Wer direkt mit dem Kartenlegen starten will, beginnt auf S. 27. Wer die Deutung einer einzelnen Karte sucht, findet auf der vorstehenden Doppelseite, S. 6-7, eine ausführliche Übersicht. Und wer sich für *Magie* im eigenen Alltag interessiert, findet Näheres und Weiteres dazu ab S. 11.

Für Autorin und Autor stellt dieses Buch zusammen mit den Titeln »Tarot für Einsteiger/innen« und »Tarot – Wege des Glücks. Die Bildersprache des Waite-Tarot« eine Einheit dar. Das vorliegende Buch zum Crowley-Tarot ist eine Parallelausgabe zu dem genannten Titel zum Waite-Tarot. Die Deutungstips und das Handwerkszeug aus »Tarot für Einsteiger/innen« finden in diesem Buch ihre Fortsetzung. Wir wollten die Bücher so abfassen, daß sie aufeinander aufbauen bzw. sich gegenseitig ergänzen und daß jedes Buch für sich auch eine selbständige Einheit darstellt.

Die Autoren vertreten die Auffassung, daß bei verschiedenen Sorten von Tarot-Karten die *Gemeinsamkeit* der Bedeutungen überwiegt. Nach unserer Erfahrung bedeutet die gleiche Karte, z. B. »Königin der Stäbe«, im Waite- und im Crowley-Tarot im wesentlichen das *Gleiche*. Daher ist es kein Zufall, sondern Absicht, wenn unsere Texte zu den einzelnen Karten hier dieselben Überschriften tragen wie die entsprechenden Texte zum Waite-Tarot. Sollten die Deutungen untereinander einmal abweichen, so liegt dies eigentlich nie an Unterschieden zwischen den Karten-Sorten, sondern vielmehr daran, daß wir selber in unserem Leben und unseren Deutungen dem Wandel und der Entwicklung unterliegen.

Viel Freude mit Tarot!   Evelin Bürger & Johannes Fiebig

»Jeder Mensch ist ein Stern«
Tarot, Magie und Eigen-Sinn

Heute schon gezaubert?

Magie ist, wenn es trotzdem klappt« (Susanne Peymann). Es *gibt* eine Zauberkraft, die tatsächlich funktioniert. Die ohne Requisiten und Rituale auskommen kann. Die nicht in Phantasterei und falschen Versprechungen besteht: Für diese Magie sind die Tarot-Karten ein Spiegel. Sie reflektieren den persönlichen Zauber des Menschen, der in diese Karten hineinschaut.

Vergessen Sie all die reißerischen Versionen von Magiern und Hexen, die sich als übermächtige Helden oder Bösewichter in Filmen, Romanen usw. tummeln. Unbegriffene geistige und seelische Energien haben den Menschen an übernatürliche Zauberer und Zauberinnen glauben lassen. Es geht aber darum, den »Magier« als eine *natürliche* Kraft zu entdecken, die jeder/m von uns zur Verfügung steht.

Ein kurzer Blick in die Geschichte: Das magische Denken entstand auf einer ursprünglichen Stufe der Menschheitsentwicklung, als der Mensch sich schon vom »stummen Zwang der Natur« befreit hatte, dieser »dunklen Macht der Erde« aber noch fremd und hilflos gegenüberstand. Beschwörungsformeln, Opferrituale und anderes sollten die fremde, übermächtige Natur bändigen und freundlich stimmen. – Historisch trat später an die Stelle des magischen Denkens der Mythos; die Kräfte des Himmels und des »Jenseits« bekamen Namen und Gestalten; und die Wesenheit, die zwischen oben und unten (zwischen Göttern und Menschen sowie Olymp und Hades) vermittelte, wurde z. B. Hermes oder Merkur genannt.

Wieder später folgte die Philosophie auf den Mythos. »Sofies Welt« vor rund 2500 Jahren: Diesmal bekamen die Kräfte der Erde und die Gesetze der Menschen Namen und Begriff. Die Lehre von den vier Elementen Feuer, Wasser, Luft und Erde entwickelte sich. Zum Mittler zwischen Himmel und Erde wurde jetzt die »Idee« (von Eidos = Bild, Gestalt, Inbegriff). – Nach einigen weiteren Jahrhunderten entstand mit dem Christentum die erste Weltreligion, worin ein *menschlicher* Gott oder ein göttlicher Mensch als Mittler zwischen den Welten auftrat.

Dabei blieb es für relativ lange Zeit, bis mit dem ausgehenden Mittelalter die *Vernunft* als Mittler und der *Mensch* als Maß aller Dinge entdeckt wurden. Die Brücke zwischen Himmel und Erde, das ursprünglich magische Denken, rückte damit immer näher an den Menschen heran. Zunächst waren es wenige Eingeweihte, die sich darin übten, die Kräfte des Himmels und der Erde *persönlich* zu benennen und anzuwenden. Durch den Fortgang der Geschichte ist dies heute nicht mehr die Sache von wenigen Eingeweihten, sondern Thema für viele:

Im Tarot ist die Karte des »Magier« die Karte mit der Nummer I. Diese Zahl, die Eins, ist auf der Ebene der im Tarot vorkommenden Zahl nicht teilbar. »Unteilbar« aber heißt lateinisch *individuum*. Der »Magier« drückt gerade den Teil der persönlichen Existenz aus, der unteilbar eigen ist! Darin besteht seine Zauberkraft, daß er seine Individualität ausspielt. Ihm gelingen auf seinem Lebenswege Wunder, die für ihn ganz *natürlich* sind, so wie andere Menschen auf ihrem individuellen Weg Zauberstücke vollbringen, die für ihn immer unerreichbar bleiben, weil deren Weg nicht seiner ist.

Der Zauberstab der Bedeutung

Für manche ist es eine Überraschung, daß ein eher soziologischer Begriff wie der der »Individualität« da erscheint, wo es um Magie und Zauber geht. Aber die Tarot-Symbolik ist in dieser Frage eindeutig. Es ist interessant, *wann* Individualität zum ersten Mal überhaupt als massenhafte Tatsache und nicht nur als Einzelfall auftritt. Das beginnt in den 1930er Jahren, die auch die »plutonischen« Zeiten genannt werden, weil 1930 der Planet Pluto entdeckt wurde.

Bleiben wir zunächst bei der Symbolik der Karte des »Magier«. In vielen Darstellungen besitzt er einen *Zauberstab*. Dieser stellt keine bloße Requisite dar, sondern ist ein ganz konkretes Sinnbild: Er verbindet zwei Pole auf einem gemeinsamen Nenner. Und er unterscheidet das eine nach zwei Richtungen hin. So entsteht z. B. aus Feuer und Wasser der schöne Regenbogen, der auf der Karte »8 Stäbe« (S. 122) zu sehen ist. Und so teilt sich eine scheinbar eindeutige Sache nach zwei unterschiedlichen Bedeutungen auf: Wie z. B. die Karte »IX-Der Eremit (S.

68)«, die sich in ein Bild der Verlassenheit und andererseits in ein Bild der Verläßlichkeit aufspaltet.

Die *persönliche* Bedeutung dieses Zaubers ergibt sich, wenn Sie statt »Feuer und Wasser« im obigen Beispiel konkurrierende Ziele einsetzen, die *Ihnen* persönlich gleichermaßen *wichtig* sind. Um ein Beispiel zu nennen, etwa Erfolg im Beruf und Zusammenleben mit Ihren Kindern. Diese und andere zauberhafte Lösungen erreichen sie nicht durch Tricks, Willensanstrengungen oder Kraftakte; auch nicht durch Geisterbeschwörung oder Tischrücken; diese Wunder erfordern (und be wirken) jedesmal vielmehr einen weiteren Schritt in der Realisierung Ihres individuellen Lebensweges.

Ein Kubikzentimeter Chance

»Jeder von uns«, so schrieb Carlos Castaneda, »hat einen Kubikzentimeter Chance, der von Zeit zu Zeit vor unseren Augen erscheint«. Ein Kubikzentimeter – das ist nicht unbedingt riesig. Aber dieser eine Kubikzentimeter kann das entscheidende *Schlupfloch* sein, wenn Sie scheinbar ausweglos vor einer Wand stehen. Es ist der Türöffner und die neue Perspektive. Ob Sie diese Chance nutzen, *das* macht den Unterschied. Niemand kann Sie Ihnen vorführen – und niemand kann Sie Ihnen wegnehmen. Diese Chance zeigt sich allein vor *Ihren* Augen.

Stellen Sie einmal folgende Betrachtung an:

Sie sehen die Straße vor Ihrem Haus. Auf dieser Straße bewegen sich täglich viele Menschen. Es ist eine *Straße, sie ist tatsächlich da und ist für* alle *gleichermaßen vorhanden. Aber jeder Mensch erfährt und sieht diese Straße auch auf unterschiedliche Weise. Die anatomischen Gegebenheiten des Sehens – Blickhöhe, Blickwinkel, Sehstärke, Brennpunkt usw. – führen zu ganz individuellen Bildern der einen Straße.*

Lebenserfahrung und Lebenseinstellung bewirken ein übriges. Ein alter Mensch sieht diese Straße anders als ein junger, eine Frau anders als ein Mann, ein fröhlicher Mensch wiederum anders als ein verärgerter usw.

Spezielle Interessen ergänzen zusätzlich das jeweilige persönliche Bild: Wer durch die Straße möglichst schnell hindurchfahren will, sieht sie anders als jemand, der oder die dort wohnt; ein Einheimischer anders als ein Besucher aus der Ferne usw. Kurz, es ist eine und dieselbe Straße. Sie existiert und sie stellt einen gemeinsamen tatsächlichen Be-

zugspunkt dar, für alle, die sie sehen und kennen. Insofern ist bei weitem nicht alles relativ! Zugleich ist diese eine Straße aber auch ein Begriff, hinter dem sich »viele Straßen« verbergen. Wir brauchen viel Erfahrung mit uns selbst und mit anderen, um diese »vielen Straßen« zu sehen. Dann aber tritt das Individuelle deutlich hervor.

Der Kontingenz-Schock

In jeder/m von uns steckt ein »Magier«. Jede/r besitzt unterschiedliche Chancen und Aufgaben. Aber so geht es allen, und die Individualität schafft auch Gemeinsamkeiten. Aber nicht immer entwickelt es sich dorthin. Oft genug ist die Erfahrung von Individualität zunächst mit *Einsamkeit* verbunden. Man fühlt sich mutter- und vaterseelenallein auf weiter Flur. Wenn dies unvermittelt und sehr plötzlich eintritt, ereignet sich, was die heutige Psychologie den »Kontingenz-Schock« nennt. Damit wird der Einbruch von schicksalhaften Ereignissen in ein persönliches Dasein bezeichnet, welches bis dahin für sich genommen als selbstverständlich erschien. *Kontingenz* heißt vom lateinischen Wort her: Berührung, Betroffenheit. Das Wort wird heute allerdings zumeist im Sinne von »Zufälligkeit und Ungewißheit« gebraucht (so sehr hat es sich eingebürgert, es als zufällig und ungewiß zu erleben, wenn wir von den Ereignissen des Lebens wirklich berührt und betroffen werden).

Solche Erfahrung hat es zu allen Zeiten gegeben. So erzählen z. B. viele Märchen von einem solchen Kontingenz-Schock, etwa wenn es darum geht, daß Kinder auf einmal die Mutter verlieren und der innerlich entfernte Vater eine garstige Stiefmutter nimmt. – Nichtsdestotrotz ist das 20. Jahrhundert vermutlich die Epoche, in der so viele Menschen auf einmal, wie sonst nie, überraschend und schockartig den Einbruch des Schicksals in zuvorige Selbstverständlichkeiten erlebt haben.

Der Zeitgeist und die Philosophie der 1950er Jahre war der Existentialismus. Sein Schlüsselbegriff lautete: »Ins Leben geworfen« zu sein! Die Erfahrungen des Weltkrieges, der unglaublichen Zerstörungen und der Vernichtung von unvorstellbaren Massen von Menschen drückten sich in einem Lebensgefühl aus, daß alle Gewißheiten verloren seien. Man fühlte sich sozusagen aus dem alten »Haus Gottes« herausgeworfen.

Zeit der Offenbarung

Die Geburtsstunde des Individuums ist die Erklärung der Menschenrechte von 1776 und 1789. *Vorher hat es in der Weltgeschichte kein Individuum gegeben.* Die alten Naturreligionen, aber auch der Glaube und die Philosophie der Ägypter, Juden, Griechen und Römer des Altertums kannten es nicht, das abendländische Mittelalter ebensowenig wie das Morgenland noch bis in unser Jahrhundert. Die Entwicklung des Individuums beginnt im 15. und 16. Jahrhundert mit der Renaissance, der Reformation und den Bauernkriegen in Europa sowie mit der Eroberung der »Neuen Welt«. In diese Zeit fällt auch die Entstehung und erste Ausbreitung der Tarot-Karten.

Am Ende des 18. Jahrhunderts wird das Individuum geboren. Aber wie viele Mensch blieben zunächst davon ausgeschlossen? Trotz der erklärten Rechte existierten zunächst in Nordamerika noch Sklaverei und in Europa Leibeigenschaft. Als das Individuum in den Gesellschaften der westlichen Hemisphäre zum Massenphänomen wurde, war es bereits die *Mitte dieses Jahrhunderts.* Für den überwiegenden Teil unserer Generation bzw. der Generation unserer Eltern und Großeltern kam es zu dem beschriebenen »Kontingenz-Schock«.

Am 18. Februar 1930 wurde der Planet Pluto entdeckt, nachdem er Jahre zuvor bereits berechnet und anschließend gesucht worden war. Die Namensgebung dieses Planeten, um die sich manche Anekdoten ranken, die jedenfalls nicht von Astrologen erfolgte, erwies sich als äußerst symbolträchtig: Pluto ist der Knabe mit dem Füllhorn, ein Glücksbringer. Aber andererseits ist Pluto der Name des griechischen Gottes der Unterwelt, auch unter dem Namen Hades bekannt. Es war, als seien die »letzten Tage der Menschheit« angebrochen. Was die Bibel und andere heilige Schriften als Apokalypse, als letzte Offenbarung vorausgesehen hatten, wurde in einer nicht vorherzusehenden Weise Wirklichkeit: 1938 die erste Kernspaltung, 1939 der Beginn des Weltkriegs. In den folgenden Jahren bis 1945, als die erste Atombombe fiel und die Gewißheit transportierte, daß es nunmehr möglich sei, weltweit das Leben auf der Erde zu vernichten, war so viel geschehen und hatten die Menschen soviel gesehen, daß sie »andere Augen« (Ernst Jandl) bekommen und dafür etwas sehr Wesentliches verloren hatte: Den Horizont. Alle Höhen und Tiefen, die die Menschheit einstmals für den »Jüngsten Tag« prophezeit hatte, waren erreicht und überschritten. In dieser Zeit entstehen die Tarot-Karten von Aleister Crowley und Lady Frieda Harris (und was es mit der biblischen *Offenba-*

rung, einem der Lieblingsthemen in den Schriften von A. Crowley, auf sich hatte, werden wir sogleich betrachten).

Allein auf weiter Flur

Die plutonischen Zeiten lösten ungeheure Ängste aus. Es entstand eine Massenpsychologie, zu deren Problemen z. B. Sigmund Freud bekannte, daß auch die Psychoanalyse die Grenzen ihrer Wirksamkeit erreicht habe (so S. Freud 1938, kurz vor seinem Tod, in der Schrift »Abriß der Psychoanalyse«). Die »Wiederkehr des Verdrängten«, so wurde S. Freud nicht müde zu wiederholen, sei »das eigentliche Problem«. Die Entdeckung des Pluto im Jahre 1930 ist nur ein äußeres Symbol für diesen gesellschaftlichen, epochemachenden Vorgang, daß alles, buchstäblich alles, was die Menschheitsgeschichte in die tiefsten Keller oder in die höchsten Himmelsetagen projiziert und verdrängt hatte, nunmehr im Hier und Jetzt Wirklichkeit wurde. Der Kontingenz-Schock, den wir selber und/oder unsere unmittelbaren Vorfahren erlebten, war nicht nur Folge der ungeheuren Erschütterungen in der Mitte des Jahrhunderts, dieser Schock war auch eine *Ursache* dessen, was geschah. Aus Angst vor dem Verdrängten, das gleichsam an die Türe klopfte, war man zu den äußersten Extremen bereit.

Die Reaktionen und Betroffenheiten waren im Einzelfall natürlich unterschiedlich. Insgesamt läßt sich jedoch sagen, daß die Angst vor dem Verdrängten so groß war, daß in der Nachkriegszeit vieles weiter oder noch mehr verdrängt wurde, namentlich in Deutschland. Ein Versuch, das, was geschehen war, und die neue Qualität der Zeit auf einen Begriff zu bringen, wurde weithin nicht vor den 1960er Jahren unternommen. Die Antwort auf das *Geworfensein* hieß jetzt, einen eigenen *Ent-wurf* zu machen. Erst jetzt formulierte sich das Bewußtsein, in einer »Massengesellschaft an Individuen« zu leben – einer unvergleichlichen Gegebenheit, so neu wie der erste Besuch auf dem Mond. Der »Kontingenz-Schock« wurde umgesetzt in eine Suche nach anderen Lebensformen, einer eigenen Identität, nach einer zeitgemäßen Spiritualität und einem neuen Wissen. Mehr Menschen fanden die Kraft, sich den zuvor verdrängten, teils unbekannten Extremen des menschlichen Verhaltens *persönlich und produktiv* zu stellen. Das bedeutete auch, die eigene *Individualität* im weitesten, d. h. kosmischen Sinne wahrzunehmen. Oft ist das ein Moment religiöser Erfahrung und Erleuchtung. So beschreibt es beispielsweise die bekannte Feministin Jill Johnston in einem ihrer Bücher: »Wenn du glaubst, daß ich um meiner selbst willen traurig bin, dann hast du recht. Ich mag Menschen mit diesem speziellen Gefühl besonders gern. Es steht gegen die Struktur der furchtlosen protestantischen Ethik. Solange du nicht um deiner selbst willen umfassend traurig gewesen bist, weißt du nicht, daß du ein menschliches Wesen bist. Dann siehst du dich um und vielleicht zum ersten Mal siehst du dann, wie wir alle gemeinsam drinstecken und dann wirst du zum ersten Mal dieses komische Gefühl bekommen und so mit einen gewissen Schock feststellen, daß du religiös bist, obwohl du bei den französischen Existentialisten vom Tod Gottes gelesen hast.«

»Jeder Mensch ist ein Stern«

Dieses Motto von Aleister Crowley – einer seiner Lieblingssprüche, der im übrigen auf Thomas von Aquin zurückgeht – beleuchtet recht treffend die schmerzhafte Geburt des »Individuums als massenhaftes Ereignis« oder, anders ausgedrückt, des Individuums, das sich vor einem *kosmischen* Hintergrund erfahren hat.

Der *Stern* als Karte XVII im Tarot demonstriert die Möglichkeit der Erleuchtung, aber auch der narzißtischen Selbstbespiegelung. Verschiedene Karten lassen sich zu 17 addieren, z. B. 2+15 oder 1+16. I-Der Magier und XVI-Der Turm addieren sich zu XVII-Der Stern und symbolisieren ganz unterschiedliche Wege, mit Individualität („Der Magier«) und umwerfenden bis hin zu schockartigen Umwandlungen („Der Turm«) umzugehen.

»XVII-Der Stern« ist die Karte eines *kosmischen Ich-Bewußtseins.* Und sie ist auch die Karte der vereisten Gefühle. Der »Stern« steht für ein geklärtes und gereinigtes Ich, möglicherweise aber auch für eine Selbstbeschränkung auf das eigene Ich. Alles andere wird dem Eigenen untergeordnet (Narzißmus), oder alles Andere und Fremde wird gemieden und ferngehalten (Autismus). Außerdem zeigt die Karte »Der Stern« die positive Fähigkeit, sich selbst aus der Vogelperspektive zu betrachten und damit ein bewußtes Selbstverständnis im Überblick über die gesamte Person zu gewinnen. Allerdings zeigt die Karte auch die Gefahr einer Entrücktheit oder Abgehobenheit, einer inneren Distanz, unter der sich das eigene Ich von jeder persönlichen *Betroffenheit* und Verantwortung verabschiedet.

Die Suche nach dem eigenen Leitstern

Die Suche nach dem eigenen *Stern* spielt eine entscheidende Rolle in vielen Lebensbereichen und so auch in der aktuellen »Esoterik« und den Grenzwissenschaften. Für das neue Tarot-Kartenlegen, das sich in den letzten 20-25 Jahren entwickelt hat, ist der Begriff vom *Spiegel* typisch. Die Karten werden als ein solcher begriffen; sie lassen sich damit zu einer breitgefächerten Selbsterfahrung, aber auch zu einer ebenso weitreichenden Selbstbespiegelung nutzen. Ähnliches gilt z. B. für die *Astrologie*. Hier ist der *Stern*, der zu suchende und zu findende, bereits im Namen enthalten.

All die angesprochenen Chancen und Gefahren des »Stern« sollten Sie kennen, wenn Sie sich z. B. mit Tarot oder Astrologie beschäftigen. Sonst wird die Suche nach dem eigenen Stern zu einem *Star- und Fan-Kult*, der Sucht nach dem Außergewöhnlichen.

Tatsächlich ist es atemberaubend und bestätigend, wenn Sie Ihren eigenen Stern finden. Dann wissen Sie, daß Sie die Frau oder der Mann am richtigen Ort und zur richtigen Zeit sind. Sie spüren, daß etwas Sie trägt, daß Ihre Handlungen mit denen anderer kooperieren, daß es Gleichzeitigkeiten oder sinnvolle »Zufälle« gibt, die Sie unterstützen, aber auch ergänzen und korrigieren. Die bisherigen Gegensätze, Widersprüche und Verrücktheiten Ihres Lebens zeigen sich in einer neuen Dimension als klar, logisch, befreiend und glänzend. Sie bemerken, daß Ihre Kräfte, Ihre Ausstrahlung und Ihre Wirkungen sich vervielfachen, während Sie sich selber weniger verschleißen. Sie wissen, was der richtige Zeitpunkt für Sie ist und was es heißt, »auf der Höhe der Zeit« zu sein. Diese und andere mögliche Beschreibungen des »Stern« *sind* wunderbar, entspringen jedoch keinem Wunderglauben, sondern sind reale Beschreibungen für ein klares Bewußtsein und ein funktionierendes Selbstverständnis.

Obgleich die Ergebnisse im wahrsten Sinne des Wortes brillant sind, ist die Suche nach dem eigenen »Stern« nicht unbedingt spektakulär. Der Amerikaner Clyde W. Tombaugh prüfte über viele Jahre Millionen fotografierter Sternabbildungen, bis er schließlich den winzigen Bewegungspunkt fand, der den gesuchten Planeten darstellte. Dieser Stern, der »Pluto« getauft wurde, war schon viele Jahre vorher errechnet worden. Nachdem er nun entdeckt war, fanden sich im nachhinein sogar Fotoaufnahmen zahlreicher Sternwarten, die bis ins Jahr 1914, also 16 Jahre zurückreichten. Auf diesen war der neue Pluto bereits enthalten gewesen; aber man hatte ihn noch nicht erkannt. So gesehen, ist es in der Astronomie wie bei der Suche nach dem persönlichen »Stern«: Um den gesuchten Stern zu finden, müssen (bekannte) Fakten auf neue Art gesehen werden.

Gerade die scheinbaren Selbstverständlichkeiten sind dabei ein lohnendes Untersuchungsfeld. Wenn ein altes Selbstverständnis nicht mehr trägt und ein neues noch nicht vorhanden ist, das ja nur daraus entsteht, daß man sich in der Welt *selbst versteht*, bedeutet die Suche nach dem eigenen »Stern«, daß gerade das Alltägliche neu eingeübt wird. »Es gibt Gedanken«, so heißt es bei Werner Sprenger, »die du nicht begreifen kannst, ohne dein Leben zu verändern«. Und es gibt Veränderungen, die uns nicht gelingen, wenn wir nicht die Bedeutung unserer Gedanken begreifen.

Zur Psychologie der »Schwarzen Magie«

Seine Gedanken zu begreifen und seine Taten zu verstehen, eben das fällt schwer, wenn man von der Auffassung ausgeht, daß das Bewußtsein sich mehr oder weniger nur auf den »Kopf« bezieht. Die Auffassung von einem Bewußtsein, das nur für den geistigen Bereich zuständig ist, und von einem animalischen Unbewußten, das folglich auf ein geistloses Terrain verwiesen wird, stammt aus allen Zeiten und ist noch mächtig! In modernen Mythen wie »Die Schöne und das Biest«, »King-Kong und die weiße Frau« oder »Dr. Jekyll und Mr. Hyde« hat sich diese Spaltung von Bewußtem und Unbewußtem bis heute verewigt. Das entscheidende Problem ist dabei, daß die Reichweite des Bewußtseins eingeschränkt wird. Ein großer Teil der Triebe, aber auch ein großer Teil des Denkens, bleibt dabei sich selbst überlassen. Nun gibt es aber keine Station des Lebens, keinen Themenbereich, der nicht auch auf eine bewußte Unterscheidung angewiesen wäre! Die Tarot-Karten sind dafür ein handgreifliches Beispiel. Jedes der 78 Arkana vermittelt Ermutigungen und Warnungen, die deutlich auseinanderzuhalten sind. Wo die Reichweite des Bewußtseins eingeschränkt wird, mangelt es am Unterschied.

Die großen Themen der »Schwarzen Magie« sind die gleichen wie im sonstigen Leben: *Lieb, Tod und Teufel*. – Die Karte »VI-Die Liebenden« ist der Inbegriff für paradiesische Zustände *und* gleichzeitig die typische Schatten-Karte (vgl. S. 62). – »XIII-Tod« beschreibt eine Station des Abschieds und des Endes, aber auch der Einmaligkeit und der Ewigkeit (vgl. S. 76). – »XV-Der Teufel« symbolisiert sinnvolle *und* sinnlose Tabus; hier begegnet man einem »Kellerkind«, nach dem man mit Recht Sehnsucht verspürt; und einem »Vampir«, vor dem man mit Recht Abscheu empfindet. – Wer diese und andere große Stationen des Lebens *nicht* im ganzen Umfang in sein Bewußtsein aufnimmt (und da auf dem Laufenden hält, so wie man es mit beruflichen Aufgaben oder privaten Interessengebieten auch tun würde), – der oder die macht aus den großen Stationen des Lebens entweder kleine »Statiönchen«, oder man ist *blind* in diesen großen Fragen.

Der »Teufel« z. B. beschreibt dann eine Schwelle, über die man entweder nicht hinüberkommt, so daß all die Erfahrungen jenseits der Schwelle, wie z. B. der »Stern«, unzugänglich bleiben. Oder man läuft mit Gewalt gegen den »Hüter der Schwelle« an. Vermutlich ist das der Grund, warum bis heute in vielen Kommentaren die Figur des »Magier« immer noch mit Wille und Willenskraft interpretiert wird. Tatsächlich handelt es sich beim »Magier« unstrittig um eine Hermes/Merkur-Symbolik, in der der Wille keine gesonderte Rolle spielt. Wenn es aber darum geht, von der Schwelle der XV wegzukommen, dann ist XV *plus I* gleich XVI. Diese Karte, der »Turm«, bezeichnet eine der stärksten Energien überhaupt. *Wenn* es nicht gelingt, beim »Teufel« tatsächlich Freund und Feind auseinanderzudividieren (so daß das »Kellerkind« geborgen und der »Vampir« erledigt werden), mag es naheliegend erscheinen, mit Gewalt durchzubrechen. –

Die Station »II-Die Hohepriesterin« steht für die Kraft der Seele und für die Blüte des Eigensinns (in der Weise, wie Hermann Hesse ihn beschrieben hat; als *»Sinn des Eigenen«*, vgl. S. 54). Stellen Sie sich vor, daß diese seelische Wahrheit auch Ihr bewußtes Selbstverständnis werden soll. Dann müssen Sie – in der Tarot-Symbolik ausgedrückt – den Weg von »II-Die Hohepriesterin« zu »XVII-Der Stern« gehen. Dieser Weg führt Sie aber wiederum zum »Teufel« (II+XV=XVII). Was passiert, wenn die Seele zum »Teufel« kommt? Sie sieht schwarz. Wenn da die Unterscheidungs-Kraft fehlt, um eine bedrohliche Finternis vom sinnvollem seelischen Neubeginn zu trennen (vgl. S. 148), treten wir den Rückzug an, auch wenn die seelische Wahrheit nie bei unserem bewußten Selbstverständnis ankommt, nur damit die Seele ihre Ruhe hat und aus dieser Finsternis entlassen ist. Oder der Wille, auf die andere Seite der Schwelle zu gelangen, ist stärker als der Schutz der Seele, und dann ereignen sich die berühmten Geschäfte, bei denen jemand dem »Teufel« seine Seele verkauft.

All dies ist nicht nötig, wenn die Seele und die vorhandenen Tabus mit ihren guten und ihren schlechten Seiten ins Bewußtsein gehoben und normaler Erfahrungsgegenstand sind. – Die Schwarze Magie handelt jedoch in einer Situation, wo die Reichweite des Bewußtseins nicht ausreicht, um den Schatten aufzuheben und die Finsternis zu erleuchten. Mit Gewalt einerseits und mit magischen Beschwörungen andererseits versucht man die Kluft zwischen Wunsch und Wirklichkeit zu überbrücken. Es bleibt ein Stochern im Nebel, ein Handel mit Unverstandenem und Unüberschaubarem. -

Schwarz vor den Augen

Zur Person von *Aleister Crowley* soll an dieser Stelle nichts gesagt werden. Der Erfolg und die Popularität der Tarot-Karten, die nach ihm benannt sind, entwickelten sich *unabhängig* davon. Crowley verstand sich als »Schwarzmagier«, und er versuchte, dieser Idee gerecht zu werden. Man kann darüber mit der Nase rümpfen oder mit der Schulter zucken. Er war ein »armer Teufel« und ein »böser Teufel«. Sein Lebensweg hat nur wenige Menschen begeistert und zur Nachahmung veranlaßt. Wichtiger erscheint es, die Auswirkungen der »Schwarzen Magie« in seinen Werken zu untersuchen.

Da stellt sich heraus, daß A. Crowley keine einzige Schrift hinterlassen hat, von der man behaupten könnte, daß sie sich auf Tatsachen und Erfahrungen stützen würde, die auch für andere nachzuprüfen und nachzuvollziehen sind. Das größte Problem der »Schwarzen Magie« ist weniger ein moralisches, als vielmehr ein praktisches: Der Schwarzmagier verwandelt sich in einen Schatten seiner selbst. Sobald die Seele sich vom klaren Bewußtsein abwendet, ist *kein Verständnis* mehr möglich. Der Schwarzmagier ist nicht mehr in der Lage, die vielen Eindrücke und Erfahrungen zu verarbeiten und daraus einheitliche Anschauungen zu entwickeln. Der Geist, die Gedanken und die Ideen sind verstreut. Ohne persönliches Verständnis gibt es keine *Einheit des Bewußtseins*. Wenn diese aber geschwächt wird oder sogar auszufallen droht, bewegt sich das Bewußtsein auf eine Stufe zurück, die es in früheren »Urzeiten« bereits gekannt hat: Die Stufe des *Animismus:* Die eigenen Gedanken treten wie Fremdlinge und in Form von »sprechenden« Gegenständen auf.

Ein solch disparater, geteilter und zerstreuter Geist äußert sich in Crowleys Kommentar zu den Tarot-Karten, die Lady Harris gemalt hat, in einer Fülle von widersprüchlichen Angaben, zusammenhanglosen Gedanken, angedeuteten Behauptungen, willkürlichen Zitaten und effektiv unsinnigen Formulierungen, wie der folgenden: »Im Satz der Schwerter repräsentiert Netzach nicht solche Katastrophen wie in den anderen Sätzen, denn Netzach, der Sephira der Venus, bedeutet Sieg«.

Sage keiner, das habe Crowley in höherer, didaktischer Einsicht zum Besten gegeben. Männliche Ängste (Crowley: »Der Intellekt ist durch übertriebene Empfindsamkeit entkräftigt worden«; alle Quellen – Angaben S. 224 ff.) und sexuelle Verklemmtheit (Deutung der »zehn Stäbe« *nur und ausschließlich* als »Unterdrückung«) mischen sich mit Größenwahn (Crowley: »Man vergleiche die erst kürzlich erschienenen, doch weniger tiefgründigen, Schriften Einsteins«). Auf der einen Seite stellt er für viele Karten und viele Wörter umfangreiche *Zahlenberechnungen* an, die mit den unterschiedlichsten Bedeutungen belegt werden, auf der anderen Seite erklärt er unvermittelt: »Jede Zahl ist unendlich, es gibt keinen Unterschied«. Schon 1912, als Crowley »seine« erste Veröffentlichung zur Tarot-Divination (Weissagung) vorlegt, stellt er ihr als Motto voran: »Alle Divination erinnert an den Versuch eines Manns, der blind geboren wurde, dadurch Sicht zu erlangen, daß er *blind drunk* (sturzbetrunken, wörtlich: blind betrunken) wird«. – Bei der Hofkarte, die am stärksten von dem Thema der *Einheit des Bewußtseins* handelt, dem »Prinz der Schwerter«, beendet A. Crowley seinen Kommentar mit den Worten: »Man kann sehr leicht durch diese Menschen getäuscht werden; denn die Erscheinung an sich besitzt eine unerhörte Kraft: Es ist so, als würde man von einem Geistesschwachen die Dialoge Platos angeboten bekommen. Auf die Weise können sie in den Ruf geraten, tiefschürfende, weitsichtige Denker zu sein.« Soviel zu den Risiken und Nebenwirkungen der »Schwarzen Magie«.

Legendenbildung um das Crowley-Tarot

Der Hauptpunkt der Legendenbildung bezieht sich auf den Anteil von A. Crowley an den nach ihm benannten Karten. Entgegen der anderslautenden Erklärungen, die Crowley in den Vorspann seines Tarot-Kommentars von 1944 einrücken ließ, war die Zusammenarbeit zwischen Lady Frieda Harris und Aleister Crowley während der Jahre, in denen Frieda Harris die Karten malte, eher gering. A. Crowley hat Frau Harris für jede Karte offenbar eine Liste von Zutaten erstellt. Doch selbst diese Angaben konnten knapp gehalten werden, weil die Vorgaben beiden – sowohl Frieda Harris wie auch A. Crowley – seit Jahrzehnten bereits bekannt waren.

Der Golden-Dawn-Orden hatte um die Jahrhundertwende, als zu seinen Mitgliedern u. a. auch Frau Harris und Herr Crowley zählten, in seinem »Buch T« für jede der 78 Karten eine kleine Liste von Beschreibungen und Attributen aufgestellt. Diese Schriften des Golden-Dawn-Ordens veröffentlichte Aleister Crowley 1912 unter eigenem Namen. Bis auf das vorangestellte Motto von dem blinden Mann, der sich betrinkt, nahm er wenig Änderungen oder Ergänzungen an dem Text des Golden-Dawn-Ordens (dessen Mitglied er seit Jahren nun nicht mehr war) vor, brach sein Schweigegelöbnis und publizierte dies als sein Eigenes in der von ihm herausgegebenen Zeitschrift »The Equinox« (Literaturangaben, vgl. S. 224 ff.).

Die meisten Angaben zu den Grundsymbolen, den Farben und einzelnen Zutaten stammen für die um 1940 enstehenden Karten aus der Feder der namentlich nicht bekannten Golden-Dawn-Autoren. Auch solche Details, wie das Haupt der Medusa im Bild der »Prinzessin der Schwerter«, das bärtige Haupt in der Hand der »Königin der Schwerter«, der Leopard bei der »Königin der Stäbe« usw., sind sämtlich bereits in den Angaben des Golden-Dawn-Ordens enthalten und lagen also rund 40 Jahre lang bereits vor, als Lady Frieda Harris begann, selber einen Satz Karten zu malen. In *ihrer* Kunst liegt der wirklich originäre Beitrag der »Crowley«-Karten. Die Darstellung der bekannten Titel und Themen der Tarot-Karten in bis dahin nicht gekannten Ausdrucksformen, das ist das Verdienst von Lady Frieda Harris, mit Anteilen von A. Crowley.

Der Kommentar, den Crowley dann 1944 zu den soeben fertiggestellten Karten von Frau Harris verfaßte, ist offenbar tatsächlich in so großer Eile verfaßt worden, wie Crowleys Vorspann dieses Buches sagen läßt. Der Kommentar ist offensichtlich so abgefaßt worden, daß Crowley während des Schreibens die einzelnen Bilder von Frau Harris entweder nicht vorliegen hatte oder nicht sonderlich beachtete. Viele Detailsymbole tauchen in seinem Kommentar gar nicht auf, z. B. die Sichel und das Pendel im Bild »XXI-Das Universum«. Andererseits kommentiert er einzelne Symbole, die in den Bildern nicht unbedingt ersichtlich sind, wie z. B. ein Kinderkopf auf dem Haupt des »Prinz der Schwerter«. Der »alte Kartensatz«, wie Crowley die Golden-Dawn-Version nennt, ist in seinem Kommentar immer wieder präsent, auch was die Untertitel angeht, die Crowley mit nur minimalen Änderungen ebenfalls vom Golden-Dawn-Orden übernommen hat.

Crowleys Kommentar ist also eine weitgehend freie, oft unzusammenhängende Assoziation zu den einzelnen Karten. Dennoch haben einige Autoren bis in die heutige Zeit versucht, jedes Wort von Crowley zu seinen Karten für bare Münze zu nehmen. Manche Autoren versuchen sogar noch, Crowley zu übertreffen. Da werden lange Reihen von Zuordnungen – von I-Ging über Runen bis zu Musikstücken oder Düften – für jedes Bild aufgestellt, die ebenfalls der persönlichen und oft willkürlichen Assoziation des betreffenden Autors entspringen. Da tauchen dann in der Deutung des »Eremit« auf einmal Merlin, Abraham oder eine Mondgöttin auf, die mit dieser Karte nun wirklich nichts zu tun haben. Mythische Gestalten werden aus dem Zusammenhang gerissen und an unpassender Stelle zur Deutung bemüht, wie z. B. die Aphrodite bei der »Königin der Stäbe« oder die griechische Urgöttin Eurynome bei der Karte »XXI-Das Universum«. Da begegnen wir wieder jener geistigen Zerstreuung, der es egal ist, wenn man bei einer Karte das Symbol *Ziege* uneingeschränkt positiv deutet (die Ziege Amaltheia, die den jungen Zeus nährte), um an anderer Stelle genauso uneingeschränkt die Ziege ausschließliche zum Symbol für »dunkle Triebe, Lüsternheit« zu erklären: Eine heillose Aufspaltung des gesamten Bedeutungsfeldes dieses Symbols, das tatsächlich noch mehr Inhalte umfaßt und jedesmal in seiner Gesamtheit gültig ist, wenn das Symbol auftaucht.

Die Suche nach Erlösung: 666

Crowley bezeichnete sich bekanntlich gern als »Großes Tier« und bezog sich dabei auf die biblische Apokalypse, die Offenbarung des Johannes. Aber vielleicht war diese Bezeichnung auch nur als ironisches Zitat gedacht. Ein Mensch kann nun einmal kein Tier sein, und je mehr er sich anstrengt, desto mehr demonstriert er nur diese Unmöglichkeit. Außerdem wird das Große Tier in dieser biblischen Geschichte recht schnell besiegt. Es eignet sich daher nicht besonders als Vorbild, jedenfalls nicht längerfristig.

Im Lichte der Tarot-Symbolik bedeutet 666 dreimal VI („Die Liebenden«). Dreimal die »Liebenden« – das ist die Geschichte vom verlorenen und vom wiedergefundenen Paradies, eine Suche nach Erlösung, die sich auch in der Quersumme der Ziffer 666 ausdrückt: 18 und entsprechend »XVIII-Der Mond«.

Wir wissen nicht, ob Aleister Crowley diese Erlösung in seinem Leben gefunden hat. Wir werden darüber auch nicht spekulieren, weil wir es akzeptieren, daß es hier eine Trennung zwischen Leben und Werk gibt. Die Tarot-Karten, an denen A. Crowley freilich nur einen geringeren Anteil hatte, sind eine Sache, eine andere sein persönliches Leben. Eine solche Trennung zwischen Leben und Werk ist sicherlich nicht wünschenswert, gehört aber zu den Gegebenheiten, mit denen wir leben.

Wie sehr die *Tarot-Karten* von Aleister Crowley und Lady Frieda Harris geeignet sind, die Suche nach dem eigenen Stern zu unterstützen, eine Lösung und Erlösung für wesentliche persönliche Probleme zu finden und dadurch die eigene Individualität wieder neu zu gebären, erzählt die folgende wahre Begebenheit. Darin spielen die Crowley-Karten, aber auch die Traumdeutung mit. Es ist die Geschichte eines Neuanfangs, der »zweiten Geburt«, wie Sie durch den Phönix-Stab des »Magier« (vgl. S. 52) symbolisch angedeutet wird:

Ist ein bestimmtes Lebensziel eine sinnvolle Vision, ein Lebenstraum, den es auch gegen alle Widerstände zu verteidigen lohnt, oder handelt es sich dabei um eine Illusion, um einen Fetisch, d. h. um einen symbolischen Ersatz?

Diese Frage führte im Falle einer Sozialpädagogin, Mitte 30, zu einer recht verblüffenden Antwort. Sie hatte einen großen Traum: Sie wollte für einige Jahre in Portugal leben. Dieser Wunsch machte sie glücklich, er beflügelte sie und gab ihr Vorfreude auch an schlechten und innere Wärme an kalten Tagen. Sie hatte zu seiner Realisierung schon einiges praktisch in die Wege geleitet, und in einem sechswöchigem Urlaub sollte die endgültige Entscheidung fallen. Dieser Urlaub aber gestaltete sich wider Erwarten unbefriedigend. Eine berufliche Krise und sogar eine Fehlgeburt schlossen sich an. Was war nun mit ihrem Wunschtraum: Aus und vorbei? Eine Illusion, ein Irrtum?

Es brauchte einige Zeit (etwas mehr als 2 Jahre), viel Selbstbeobachtung (u. a. kontinuierlich mit den Crowley-Karten) und etwas psychologische Beratung, um die Antwort zu finden: Der Traum war weder ein Trugbild noch ein Irrtum; er hatte vielmehr die sehr wichtige Funktion erfüllt, alle persönlichen Energien zu bündeln und zu aktivieren. Nur war dieser Lebenstraum ein »Symbol« gewesen. Das gewünschte Glück stellte sich nicht ein, wenn er für bare Münze genommen, sondern nur, wenn er in seiner symbolischen Bedeutung verstanden wurde.

Für die betreffende Person kristallisierten sich dabei im wesentlichen drei symbolische Ebenen des »Leben in Portugal« heraus: (1) Sehn-

sucht nach »Sonne«. Sonne bedeutet als Symbol u. a.: Schöpferische Energie, Bewußtsein, Lebensmitte, (Sonn-)Tag. Seit alters ist die Sonne ein Gottes-Symbol, ein Vatersymbol, aber mitunter auch ein Symbol des Sohnes (vgl. den Gleichklang von dem »Sohne« und der »Sonne«). – (2) Erinnerung an Emanzipation. Nach Portugal waren ihre ersten selbständigen Reisen gegangen. Hier hatte sie materielle Sorglosigkeit, persönliche Unabhängigkeit und sexuelle Bestätigung erlebt. – (3) Leben am Meer. Als Symbol bedeutet das Meer u. a. Gefühl, Urkraft, Gewalt, Nahrung, Uranfang und Neubeginn; kollektives Unbewußtes und »ozeanische Gefühle«; Sehnsucht nach Freiheit und Unabhängigkeit; oft steht Meer symbolisch auch für »mehr«.

Zusammengefaßt ergab sich in dem konkreten Fall folgendes: Die Betroffene wünschte einen Neuanfang, suchte nach den Wurzeln ihrer Gefühle und ihrer persönlichen Selbständigkeit (Emanzipation). Es ging für sie im übertragenen Sinne darum, »einen Platz an der Sonne« zu finden, wo insgesamt »mehr« Lebensenergie, Wärme und Freude vorhanden, wo ungelöste Vaterprobleme (fehlender Vater) aufgehoben und der Weg in die Mitte (zur eigenen Mitte und schöpferischen Kraft) offen sein sollten. Sie verstand die Wucht ihres Lebenstraumes und die nachfolgenden Ereignisse als »Beweis« dafür, daß sie die Dinge ihres Lebens mehr selbst in die Hand nehmen sollte. Die Aufarbeitung der Erfahrungen mit ihrem Traum war begleitet von einem Umzug von West- nach Süddeutschland, der Geburt eines Sohnes und der Eröffnung eines Kleingewerbes. Ihr Traum hatte »recht« behalten: Sie sollte ihr Lebens anderswo und auf verändertem Niveau neu beginnen. Doch ihr »Portugal« lag geographisch in der Nähe von Singen, Hohentwiel.

P.S.: Das ist jetzt viele Jahre her; bis heute hat sie es nicht bereut. Im Gegenteil!

Praxis des Tarot-Kartenlegens

Zum Tarot-Kartenlegen gehört die Symboldeutung, aber auch der Mut, den Gefühlen und den manchmal unbekannten Wirklichkeiten der eigenen Person ins Auge schauen. Man beginnt am besten mit der »Tageskarte«. Morgens oder abends wird täglich oder doch einigermaßen häufig eine Karte gezogen – als Symbol, als Motivierung oder als besinnlicher Reflex des persönlichen Tagesgeschehens. Die Bedeutungen dieser Tageskarten sollen zunächst individuell und intuitiv erfaßt werden. Später können zusätzliche Interpretationen aus der Tarot-Literatur zu Rate gezogen werden. Zwei (der zahlreichen) Muster für das weitere Tarot-Kartenlegen:

1 – Aktuelle Situation
2 – Vergangenheit oder das, was schon da ist
3 – Zukunft oder das, was neu zu beachten ist.

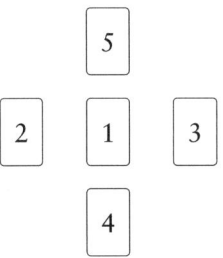

1 – Schlüssel oder Hauptaspekt
2 – Vergangenheit oder das, was schon da ist
3 – Zukunft oder das, was neu zu beachten ist
4 – Wurzel oder Basis
5 – Krone oder Chancen.

Zum praktischen Vorgehen:

■ Benutzen Sie alle 78 Karten eines Tarot-Spiels. Die Sitte, nur 22 Karten zu verwenden, stammt aus der Zeit von vor 1910, als für nur 22 Karten (die Großen Arkana) Bilder existierten. Heute ist die generelle Beschränkung nicht mehr sinnvoll.

■ Überlegen Sie sich Ihre Frage, die Sie nun an die Tarot-Karten richten mochten. Für die Art der Frage gibt es keine zwingenden Ge- und Verbote.

■ Wichtig ist zu wissen: Die Karten wirken wie ein Spiegel. Sie können Fragen über zweite und dritte Personen stellen. Die Antwort der Karten schließt dabei stets Ihr Verständnis und Ihr Verhältnis zu diesen Personen mit ein. Wenn Sie Fragen über andere Personen stellen, sind dennoch auch Sie selbst mit im Spiel.

■ Mischen Sie die Karten, wie Sie es gewohnt sind. Alle verpflichtenden Vorschriften (Kartenziehen mit links; Mischen durch Rühren auf dem Tisch usw.) sind Humbug. Nichts gegen ein persönliches Ritual. Aber keine verpflichtenden Vorschriften.

■ Legen Sie nach einem Legemuster aus, das Sie zuvor ausgewählt haben. Sie können dazu Legemuster aus der Literatur benutzen, aber auch eigene entwerfen (vor einer Kartenbefragung).

■ Ziehen Sie die Karten, wie Sie es gewohnt sind. Legen Sie sie verdeckt in Form des Legemusters vor sich hin.

■ Die Karten werden dann (im Normalfall) einzeln aufgedeckt. Erst wenn die Betrachtung und Interpretation einer Karte beendet ist, soll die nächste aufgedeckt werden.

■ Alles, was während einer Kartenbefragung geschieht, kann zum Inhalt der gesuchten Antwort gehören.

■ Die Antwort auf Ihre Frage geben *alle* Karten einer Auslage zusammen.

Legemuster

»Der Stern«

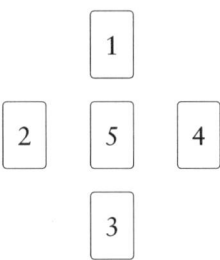

1 – Wo Sie stehen
2 – Ihre Aufgaben
3 – Ihre Schwierigkeiten
4 – Ihre Stärken
5 – Ihr Ziel

oder

1 – Wo Sie stehen
2 – Ihre Aufgaben
3 – Ihre Ängste
4 – Welche Einstellung Ihnen weiterhilft
5 – Das Ergebnis der Bemühungen

* Quellenangaben zu einzelnen Legemustern im Anmerkungsteil

Tageskarte

1

Sich regelmäßig eine Tageskarte zu ziehen, ist die wichtigste und zugleich schönste Übung mit dem Tarot. Die Tageskarte wird morgens oder abends gezogen, in der Regel ohne eine *bestimmte* Fragestellung. Sie soll eine Station des Tarot zum Tagesthema machen, ein Motiv für den jeweiligen Tagesablauf besonders hervorheben.

Wenn Sie es einrichten können, plazieren Sie Ihre Tageskarte so, daß es Ihnen möglich ist, im Laufe des Tages öfter einmal daraufzuschauen. Es ist interessant, wie die Bedeutung der Tageskarte dadurch wächst, lebendig bleibt und mit Ihnen zu »sprechen« beginnt.

Als Anfänger/in kommen Sie damit Stück für Stück in die Bilderwelt des Tarot hinein, nicht bloß theoretisch, sondern immer verbunden mit Ihrem persönlichen und praktischen Erleben. Für Fortgeschrittene ist die Tageskarte erst recht von entscheidender Bedeutung. Die Arbeit mit dem »Zufall« und der Dialog zwischen Bild und Betrachter/in werden sich gerade dann entfalten, wenn die spannende Frage beim Kartenlegen nicht nur lautet »Welche Karte ziehe ich?«, sondern auch »Wie *sehe* ich die Karte, die ich ziehe?«.

Außerdem erlaubt die Tageskarte eine kontinuierliche Beschäftigung. Jeden Tag wenige Minuten bringen wesentlich mehr als nur gelegentliche Auslagen.

Tageskarten

1	2

D ie Karten werden gemischt. Die oberste aller Karten wird aufgedeckt: das ist die Tageskarte. Die unterste der Karten wird aufgedeckt: das ist der Hintergrund oder die Basis für die Tageskarte.

Tageskarte mit Erläuterungen

1

2	3

1 – Tageskarte
2 – Besondere Aufgabe für heute
3 – Besondere Chance für heute

Trendlinie

| 1 | 2 | 3 | 4 |

1 – Das kennen Sie schon
2 – Das können Sie gut
3 – Das ist noch neu
4 – Das lernen Sie nun dazu

Mut zur Lücke

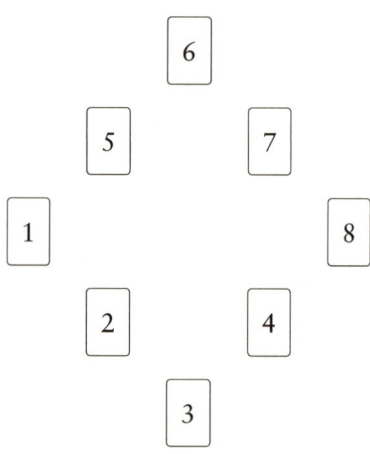

1 – Das ist möglich
2 – Das ist wichtig
3 – Das ist mutig
4 – Das ist nichtig

5 – Das ist nötig
6 – Das ist heiter
7 – Das ist witzig
8 – Das führt weiter

Tarot-Magie

1 – Diese Karte wird offen ausgesucht:
Ihre bewußte Einstellung
2 – Diese Karte wird verdeckt gezogen:
Ihre unbewußte Einstellung

Ziel dieser Auslage ist es, die bewußte und die unbewußte Einstellung zu einem Thema zu vergleichen. Werden Sie sich zunächst über Ihre Frage oder die Thematik, über die Sie Aufschluß gewinnen wollen, klar. Merken Sie sich Ihre Frage.

Dann nehmen Sie die Karten so, daß Sie die Bilder anschauen können und blättern die Karten durch. Nehmen Sie die Karte heraus, die Sie für Ihre Fragestellung am meisten anzieht.

Dann werden die Karten gewendet, die Bilder zeigen nun nach unten. Jetzt mischen Sie die Karten wie gewohnt und ziehen eine heraus.

Lieblingskarte

```
┌─────┐
│  1  │
└─────┘
```

Diese Karte wird nicht gezogen, sondern ausgesucht. Welche Karte finden Sie – nach dem, was Sie von den Karten wissen und wie Sie vom Gefühl her die einzelnen Bilder wahrnehmen – am besten? Welche Karte ist im Moment Ihr Liebling?

Eine Lieblingskarte heraussuchen – immer einmal wieder, von Zeit zu Zeit – macht Spaß. Zusätzlich hat diese Übung auch einen tieferen Sinn: Man achtet darauf, welche Wünsche und Interessen im jeweiligen Augenblick im Brennpunkt stehen!

Streßkarte

```
┌─────┐
│  1  │
└─────┘
```

Diese Karte stellt Gegensatz und Ergänzung der Lieblingskarte dar. Auch sie wird nicht gezogen, sondern ausgesucht.

Welche Karte erscheint Ihnen – von dem her, was Sie über sie wissen und/oder was Sie bei ihr empfinden – am schlimmsten oder am unangenehmsten? Welche Karte verursacht Ihnen am meisten »Streß«, wenn sie in einer Auslage in positiver oder negativer Deutung erscheint?

Persönlichkeitskarten

Variante 1: Aus dem Geburtsdatum errechnen:

Dazu wird aus den Ziffern Ihres Geburtsdatums die Quersumme gebildet: Zum Beispiel 8.9.1963: 8+9+1+9+6+3 = 36. Liegt diese Summe bei einer Zahl zwischen 1 und 21, so ist die Große Karte aus Ihrem Spiel, die die gleiche Zahl trägt, die zugehörige Persönlichkeitskarte.

Beträgt die errechnete Quersumme 22, so gilt die 22. Große Karte – das ist »Der Narr« – als betreffende Persönlichkeitskarte.

Liegt die Quersumme jedoch, wie im obigen Beispiel, bei 23 oder höher, so müssen Sie aus der errechneten Quersumme noch einmal eine Quersumme ziehen. Zum Beispiel ergibt dann 36 als weitere Quersumme 3 + 6 = 9; die Große Karte mit der gleichen Ziffer ist nun die zutreffende Persönlichkeitskarte, in diesem Beispiel IX-Der Eremit.

Variante 2: Eine Karte aussuchen (vgl. »Lieblingskarte«/«Streßkarte«).

Variante 3: Eine Karte ziehen (vgl. »Tageskarte«).

Variante 4: Alle 78 Tarot-Karten zusammen stellen einen Spiegel Ihrer Persönlichkeit dar.

Variante 5: Die Tarot-Karten, die zu Ihrem Tierkreiszeichen gehören (vgl. S. 230 f.).

Neue Werte

Variante 1

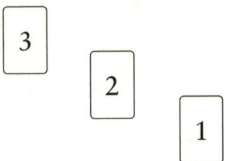

Variante 2

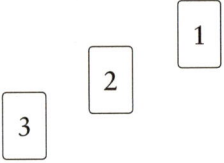

1 – Das verliert an Bedeutung
2 – Das gewinnt an Gewicht
3 – Das ist jetzt wesentlich

Akute Konsequenzen

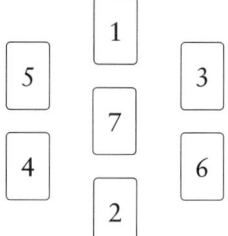

1 – Ihre Stärken
2 – Ihre Schwächen
3 – Unterstützung
4 – Widerstand
5 – So sollten Sie sich entscheiden
6 – Das wird dann geschehen
7 – Ihre Lösung

Beziehungs-Weise

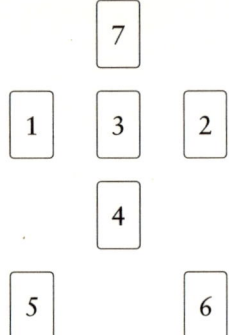

1 – »Partner/in«
2 – »Ich«
3 – »Eine verbindende Kraft«
4 – »Die gemeinsame Basis«
5 – »Die Quellen der/des Partnerin/Partners«
6 – »Meine Quellen«
7 – »Brennpunkt. Gemeinsames Ziel«

Lernaufgaben

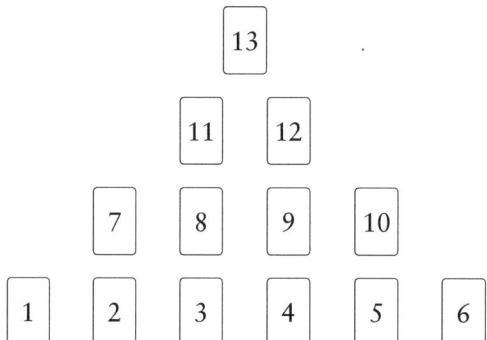

1 – »Was habe ich erfahren?«
2 – »Worauf kann ich mich verlassen?«
3 – »Welche Früchte sind jetzt reif?«
4 – »Welche Resultate fehlen noch?«
5 – »Welche Wünsche machen mich stark?«
6 – »Welche Wünsche schwächen mich?«
7 – »Welchen Ängsten will ich mich stellen?«
8 – »Und welchen besser ausweichen?«
9 – »Welche Ziele haben sich bewährt?«
10 – »Und welche nicht!«
11 – »Wo liegen meine Hindernisse?« / »Was paßt nicht mehr zu mir?«
12 – »Wo finde ich Unterstützung?«
13 – »Wie kann ich meinen Wünschen Nachdruck verleihen?«

Keltisches Kreuz oder Sonnenkreuz

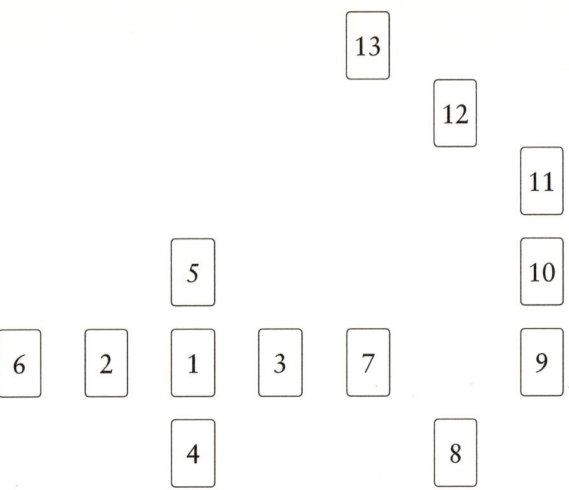

1 – Thema der Frage, Sie selbst
2 – Positive Ergänzung zu 1
3 – Negative Ergänzung zu 1
4 – Wurzel, Basis, Stütze
5 – Krone, Chance, Tendenz
6 – Vergangenheit oder das, was schon da ist
7 – Zukunft oder das, was neu zu beachten ist
8 – Zusammenfassung der 1-7; Ihre innere Kraft, Ihr Unbewußtes
9 – Hoffnungen und Ängste
10 – Umgebung und Einflüsse nach außen; Ihre Rolle nach außen
11, 12, 13 – Resümee oder ein Faktor, auf den Sie besonders aufmerksam gemacht werden, der bereits vorhanden ist und der für Ihre Frage besondere Bedeutung gewinnen wird.
(Schlußbetrachtung; Quersumme)

Tips zur selbständigen Deutung des Crowley-Tarot

Für das heutige Tarot-Kartenlegen ist es typisch, *selber* die Karten zu ziehen und zu deuten. Tarot ist *Spiegel, Spiel und Wegweiser.* Man kann schlechterdings nicht für andere in den *Spiegel* schauen, aber *mit* anderen! Als *Spiel* funktioniert Tarot dann, wenn Sie sich selbst hineingeben. Auch in diesem Sinne sind die Karten übrigens ein Spiegel: Man bekommt soviel heraus, wie man hineingegeben hat. Und das bedeutet auch, Sie können das Tempo und die Intensität des Vorgehens mit den Tarot-Karten selbst bestimmen! Sie haben die Karten in der Hand – im konkreten wie im übertragenen Sinne.

Die selbständige Symboldeutung erfordert ein individuelles Stück Aufmerksamkeit, Studium und »Arbeit«, bis der eigene Maßstab, das persönliche Verständnis der Symbole gefunden ist. Aber vergleichen Sie dies einmal damit, wenn Sie einen Krimi lesen und nach dem Täter suchen, oder wenn Sie ein Rätsel lösen wollen: Jedesmal ist dies auch *Arbeit*, Sie investieren Herz, Geist und Nerven, bis die Lösung gefunden ist – und fühlen sich dennoch (oder gerade deshalb?) *gut unterhalten.* Die selbständige Symboldeutung gleicht der Beschäftigung mit einem Krimi, einem Rätsel, einem Gedicht und anderem mehr, mit dem einzigen Unterschied, daß Sie selber auch darin vorkommen.

Den »Zufall« deuten

Persönliche Frage: Wie zum Mischen der Karten, so gibt es auch zur Art der Frage, die Sie bei einer Auslage oder einer Bildbetrachtung an die Karten richten, keine zwingenden Vorschriften. Verschiedene Maßregeln, die heute immer noch in einigen Tarot-Büchern zu finden sind (man dürfe nicht für sich selber und nicht für nahe Angehörige die Karten legen; man dürfe keine Ja- und Nein-Fragen stellen; man solle nur Fragen für einen mittleren Zeitraum von einigen Monaten formulieren usw.), sind heute überholt. Sie stammen wie diverse andere Vorschriften (man dürfe die Karten nicht verleihen, man müsse sie ausräuchern, man dürfe sie nicht kaufen, sondern nur geschenkt bekommen, man müsse bei einer Auslage immer ein Samttuch darunter legen u. a.m.) aus der traditionellen Wahrsagerei und sind heute nicht mehr von Bedeutung.

Alles, was Ihnen am Herzen liegt, können und sollen Sie in eine Frage kleiden und diese an die Karten richten. Es können also sehr bestimmte Fragen auf ein spezielles Thema hin sein, mehr allgemeine Fragen (z. B. »Was muß ich beachten, wenn ich...« oder »Womit kann ich oder muß ich rechnen, wenn das und das geschieht...«), schließlich können es auch ganz offene Fragestellungen sein, wenn Sie einfach Aufschluß über die momentane Lage gewinnen wollen.

Wenn Sie mit anderen Personen zusammen Tarot-Karten legen, so kann der oder die Fragende die eigene Frage den anderen mitteilen oder auch für sich behalten. Beides hat seinen Vorteil: Ist die Frage bekannt, so kann man sich bei der Deutung der Bilder auf die bekannte Frage beziehen. Bleibt die Frage anonym, so bringt dies den Vorteil mit sich – besonders bei Menschen, die sich gegenseitig ohnehin schon gut kennen -, daß man stärker dazu angehalten wird, die Bilder und Symbole auf neue Antworten zu untersuchen.

Die Augen öffnen: Wenn Sie selber Karten deuten, ist mit dem Aufdecken einer Karte nicht schon automatisch die gesuchte Antwort vorgegeben. Erst der Dialog, die persönliche Zwiesprache mit dem Bild macht die Antwort klar. *Je offener und souveräner eine Deutung ist, um so größer ist die Freiheit, der Zwischenraum zwischen dem Aufdecken einer Karte und der Verdichtung der vielfältigen Symbolik des betreffenden Bilds zu einer bestimmten Botschaft für die eigenen Person.* Das, was der »Zufall« bringt, wird zum Anlaß, zum Anreiz der produktiven Auseinandersetzung.

Das gilt auch für die *umgekehrte Lage einzelner Karten.* In der Wahrsagerei und in Teilen der älteren Esoterik war oder ist eine strikte Unterscheidung nach aufrechter und umgekehrter Position der Karten üblich. Dabei verkörperte die aufrechte Lage in der Regel eine positive Bedeutung, die umgekehrte Position eine negative. Diese schematische Trennung ist heute zu eng und starr geworden.

Jedes Bild besitzt positive *und* negative Bedeutungen. Von einigen Sonderfällen abgesehen, empfiehlt es sich, die Karte so zu wenden oder den eigenen Betrachtungsstandpunkt so zu wählen, daß Sie das Bild aufrecht sehen. Und dabei bleibt es wichtig, das Bild einen Moment lang zu betrachten, *ohne* es zugleich zu *bewerten*!

Persönliche Quintessenz: Es ist nicht die Ausnahme, sondern die Regel, daß ein und dasselbe *Traumsymbol,* für unterschiedliche Menschen unterschiedliche Bedeutung besitzen kann. Die persönlichen Bedeutungen eines Symbols *wechseln.* Das darf nicht mit beliebiger Willkür verwechselt werden. Stellen Sie sich vor, wie ein bestimmtes Foto in Ihrem Fotoalbum auf Sie in verschiedenen Lebensabschnitten durchaus unterschiedlich wirken kann! Jedesmal kommt eine bestimmte persönliche Wahrheit darin zum Ausdruck, wie Sie das betreffende Bild sehen.

Jedes Symbol gleicht einem *Kuchen,* den Sie nur stückweise genießen und erfahren können. Natürlich ist es wünschenswert, irgendwann einmal das Ganze kennenzulernen und nicht nur einzelne Stücke oder vermeintliche Rosinen. Aber das ist ein längerer Weg, und so ist es nicht zu vermeiden, sondern zu begrüßen, wenn *dieselbe Karte* bei verschiedenen Menschen (oder bei demselben Menschen zu verschiedenen Zeiten) unterschiedliche Eindrücke hervorrufen.

Um die erlebte Vielfalt der Deutung zu nutzen, ist es wichtig, immer wieder die *persönliche Quintessenz* daraus zu ziehen. Dies gilt für jede einzelne Bildbetrachtung, und zur Unterstützung der persönlichen Quintessenz bei größeren Auslagen hat es sich eingebürgert, zum Schluß der Auslage die *Quersummenkarte* zu errechnen.

Wenn Sie eine Auslage machen, ergibt sich die Antwort auf Ihre gestellte Frage jedesmal durch die *gesamte* Auslage. Die Quersummenkarte wird so definiert, daß durch Sie *inhaltlich nichts Neues zu der vorliegenden, kompletten Auslage hinzukommt.* Die Quersummenkarte ist ein »Zusatzspiel« – ein Kann, kein Muß -, das als Zusammenfassung und als Gegenprobe dient. Dabei geht man folgendermaßen vor:

Die Ziffern aller aufgedeckten Karten werden addiert (Hofkarten, wie Königin, Ritter usw., und »Der Narr« zählen als Null, Asse zählen als 1). Mit der daraus errechneten *Quersumme* verfahren Sie so, wie es für die Persönlichkeitskarte auf S. 35 beschrieben ist. Diejenige der Großen Karten, deren Ziffer der Quersumme entspricht, ist die Quersummenkarte oder »Quintessenz«. Sollten z. B. in einer Auslage *nur* Hofkarten ausliegen, so ist die Quersumme = Null, und die Quersummenkarte oder »Quintessenz« ist die Karte 0-Der Narr.

Die Bedeutungen verstehen

Abschied von den Untertiteln: Die aufgedruckten Titel auf den Crowley-Karten sind absolut unzureichend. Im besten Fall erfassen diese Begriffe einen zutreffenden, aber winzigen Ausschnitt aus dem Spektrum von Bedeutungen, das eine Karte besitzt. Auf diesen Begriff die persönliche Interpretation aufzubauen, wäre absolut irreführend. Zumal jeder Untertitel auch *nichtssagend* wird, wenn man ihn als »Rezept« oder als Orakel auffassen will: Da steht dann »Erfolg« oder »Vergeblichkeit« – aber worauf bezieht sich das? Werden die eigenen Hoffnungen vergeblich sein oder die Einwände, die bisher dagegenstanden? Wenn man z. B. Liebeskummer hat, und zieht dann die Karte mit dem Untertitel »Erfolg« – ist es dann als Erfolg zu verstehen, daß der Kummer entstanden ist, weil so zumindest gewisse Probleme offensichtlich werden, oder soll die Karte so gelesen werden, daß man den Kummer erfolgreich überwinden oder beseitigen wird?

Die aufgedruckten Kartentitel wirken scheinbar eindeutig, in Wirklichkeit behindern sie eine klare und zuverlässige Deutung der Bilder und Symbole. – Die ersten Tarot-Karten aus der Renaissancezeit besitzen weder Titel noch Nummern. Die Bilder und Symbole sind die erste und letzte Instanz beim Tarot-Kartenlegen. Es empfiehlt sich, die *Untertitel mit Korrekturband oder ähnlichem zu überkleben,* damit der Blick beim Aufdecken der Karte tatsächlich auf den Inhalt des Bildes und nicht auf die Unterzeile fällt. Statt diese durch Korrekturband abzukleben, können Sie sich auch so behelfen, daß Sie beim Aufdecken der Karte im wahrsten Sinne des Wortes den Daumen auf den Untertitel halten!

Handwerkszeug: Der wichtigste Schlüssel ist am Anfang die Beschäftigung mit den vier Elementen (vgl. in diesem Buch S. 96, 128, 160 und 192). Die Selbständigkeit Ihrer Deutung hat damit eine gute Grundlage. Die Deutung der vier Elemente ist so elementar, daß es auch für geübte Tarot-Deuter/innen wesentlich ist, von Zeit zu Zeit das Verständnis der vier Farbreihen im Tarot neuzuerarbeiten. Sehr hilfreich ist auch die Kenntnis der Farbsymbolik (vgl. u.), empfehlenswert die Nutzung eines Symbollexikons (vgl. dazu Anm. S. 224 ff.). Zur Bezeichnung und Entsprechung der Hofkarten im Crowley-Tarot, s. S. 231 f. zur Frage der zwei zusätzlichen »Magier«, s. S. 9.

Zur Symbolik der Farben: *Weiß* – Anfangszustand (wie ein unbeschriebenes Blatt) oder Vollendung und Heilung; Blendung durch den Geist (Animus) oder geistiges Neuland.

Grau – unbewußter Zustand oder bewußte Gleich-gültigkeit, d. h. Gleichwertigkeit oder Vorurteilslosigkeit. Die »Farbe« des Schattens oder der bewußten Neutralität.

Schwarz – das Unbekannte, das Innere der Erde oder eines Sachverhaltes, »black box«, schwarzer Schatten (Anima), Seelenfinsternis oder seelisches Neuland.

Rot – Herz, Gemüt, Wille, Triebkraft, Lebensenergie.

Gelb – Sonne, Bewußtsein, Lebensfreude; Neid, geistige Dissonanz.

Blau – doppelter Gebrauch: Einerseits Blau als Himmel (und Grün als Wasser); andererseits Blau als Farbe des Himmels *und* des Wassers. Spiritualität (vgl. auch S. 164).

Grün – Im obigen Sinne: Wasser. Im übrigen: Frisch, jung, verheißungsvoll, unerfahren, unreif.

Dunkelgrün – Vegetativ.

Braun – Natur- und erdverbunden, bodenständig, geerdet, vegetativ.

Violett – Grenzerfahrung; Mischung aus Blau und Rot.

Untaugliche Hilfsmittel: Im Prinzip gibt es *nichts*, was wir nicht mit dem Tarot in Verbindung bringen könnten. Aber man muß dabei deutlich unterscheiden, was subjektive Assoziationen und persönliche Eindrücke und was auf der anderen Seite Entsprechungen von allgemeiner Bedeutung sind.

Ein sachlicher Zusammenhang zwischen dem Tarot und z. B. den Runen oder Bachblüten ist *nicht* vorhanden. Die Kombination entsteht ganz entscheidend aus der Fantasie oder der rein persönlichen Betrachtung. Diese subjektiven Zusammenhänge können nur im eigenen Gebrauch wirkungsvoll und bedeutsam sein. Sie lassen sich nicht verallgemeinern – und sie sollten auch nicht mit dem Eindruck dargestellt werden, als seien sie zu verallgemeinern.

Crowleys eigener Kommentar zu seinen Karten (Das Buch Thoth, London 1944, deutsch Waakirchen 1981): An den Anfang seines Kommentars ließ Crowley bibliographische Anmerkungen aufnehmen (vermutlich von ihm selbst geschrieben), in welchen es am Ende heißt: »Das die Karten begleitende Büchlein wurde von Aleister Crowley ohne elterliche Hilfe hastig hingeschrieben. Eine genaue Prüfung möge man mit Nutzen übergehen« (a.a.O., S. 13). Es ist nicht klar, ob dies eine ironische oder ernste Bitte ist, aber den Wunsch können wir A. Crowley erfüllen, ohne wesentliche Substanz in der Deutung der Karten zu verlieren.

Tarot und Kabbala: Die Kabbala ist ein Teil der jüdischen Esoterik, der nicht erst im 19. Jahrhundert besonders in Rosenkreuzer- und Theosophen-Kreisen in Mode gekommen ist. *Dabei gibt es nicht eine Kabbala, sondern viele (!) Auslegungsvarianten.*

So wird jeder Tarot-Karte im System der Kabbala z. B. ein Buchstabe zugeordnet; jeder Buchstabe besitzt wiederum einen Zahlenwert. Aber sowohl in der Frage, welcher Buchstabe den einzelnen Tarot-Karten zuzuordnen ist, wie auch in der Erklärung, welche Bedeutung ein bestimmter Zahlenwert haben soll, gehen die Vorstellungen zum Teil weit auseinander. Ähnlich verhält es sich mit dem Modell des Lebensbaumes und seinen Bedeutungen.

Wer von Haus aus in seinem sonstigen Leben bisher *nicht* mit der Kabbala in Berührung gekommen ist, muß sich jetzt nicht mit dieser Thematik befassen, nur weil er oder sie sich für Tarot interessiert. Erst in der Mitte des 19. Jahrhunderts wurden Tarot und Kabbala überhaupt miteinander in Verbindung gebracht. Zu der Zeit existierten beide Gedankenwelten, Tarot und Kabbala, jede für sich schon viele Jahrhunderte, ohne direkt oder indirekt in Zusammenhang zu stehen.

Hinter den Spiegel schauen

»Die Schleier der Maya«: Die Tarot-Karten wirken wie ein Spiegel, und das bringt die Frage mit sich: Manipulieren wir uns nicht selber, wenn wir Tarot-Karten deuten? Ist es nicht so, daß wir darin nur das sehen, was wir sehen *wollen?* – Die Antwort lautet: Ja, wir können die Dinge nicht ohne persönliche Betroffenheit erfassen oder überhaupt wahrnehmen. Das gilt für die Ereignisse im Alltag ebenso. Die Tarot-Karten machen es nur *deutlich.* Wenn Sie »schwarz sehen«, dann wirken auch die Tarot-Karten besonders dunkel. Und umgekehrt, wenn Sie in rosaroten Wolken schweben, prägt auch dies Ihren Blick auf die Symbolik.

Es gibt also *keine Garantie,* daß Sie sich in den Tarot-Karten in richtiger Weise wiedererkennen. Aber diese Garantie kann Ihnen nichts und niemand geben, auch nicht der Spiegel, der in Ihrer Wohnung an der Wand hängt. Wer sich sein Leben lang vor allem selbstbeweihräuchern und/oder selbstbemitleiden möchte, – der oder die wird vielleicht auch ein ganzes Leben lang bei dieser schiefen Optik bleiben.

Das Tarot-Kartenlegen ist ein *Angebot* an alle, die es interessiert, eigene Sichtweisen bewußter wahrzunehmen. Erst im Zustand der Erleuchtung (wenn wir das Rad der Inkarnationen verlassen haben) sind wir frei von Projektionen. Bis wir soweit sind, erfüllt das Tarot-Kartenlegen, wenn man es möchte, eine doppelte Funktion: Erst trägt Tarot dazu bei, daß die »inneren Bilder ins Laufen kommen«. Ihre Wünsche und Ängste, Ihre Erfahrungen, Erwartungen usw. legen Sie *in* die Symbolik hinein. Was Sie auf dem Herzen haben, bekommt gleichsam ein Sprachrohr. Und was Sie im Kopf haben, erscheint Ihnen in den Tarot-Karten wie auf einem Bildschirm. – Tarot als »Jogging für die Seele«.

Wenn Sie dann *mehr* erreichen und erleben wollen, wird es wichtig, die persönlichen Projektionen zurückzuholen. *Projektionen werden dadurch aufgelöst, daß man sie erkennt.* In aller Regel sind die Sehgewohnheiten, auf die wir durch das Tarot-Kartenlegen aufmerksam werden, keine »Erfindung« des Tarot, sondern eben eine Spiegelung von alltäglichen Einstellungen. Es ist für alle Lebensbezüge viel gewonnen, wenn wir unsere Projektionen, d. h. die besonderen Brennpunkte oder Blickrichtungen in der persönlichen Optik feststellen.

Am einfachsten gelingt dies, wo Sie einen »Blinden Fleck« bemerken. (Einen Blinden Flecken zu *bemerken,* ist keine Schwäche, sondern zeugt von persönlicher Stärke.) Karten für Blinde Flecken lassen sich nicht aussuchen oder ziehen (denn an den gezogenen oder ausgesuchten Karten würde man doch nur das Bekannte, nicht aber das Unbekannte, eben den Fleck in der Optik wahrnehmen). Hinweise auf gewisse Übertreibungen und Untertreibungen in der eigenen Sicht der Dinge geben alle Karten, bei denen Sie den Eindruck haben, hier habe sich der oder die Zeichner/in »vertan«; hier habe sich ein Fehler eingeschlichen, es stimmten die Proportionen nicht usw. Den deutlichsten Hinweis geben die Karten, die Sie nur-positiv oder nur-negativ wahrnehmen. Es gilt heute als unumstößliche Regel, daß *jede* Karte positive *und* negative Bedeutungen besitzt (in der Bewertung, ja, sogar schon in der Wahrnehmung oder Beschreibung der Karte).

Wenn Sie auf Blinde Flecken und/oder auf besondere Hervorhebungen oder Verzerrungen in Ihrer Optik aufmerksam werden, dann ist dies ein großer Gewinn. Die »Schleier der Maya« lichten sich; Sie verlieren die sprichwörtlichen »Schuppen vor den Augen«.

Oft spielt sich dieses Stück Selbsterfahrung so ab, daß Sie zunächst bemerken, daß da eine Karte existiert, die Sie beim besten Willen nur

TIPS ZUR SELBSTÄNDIGEN DEUTUNG

schön oder nur schlimm finden können. In dem Moment, wo Sie dies beobachten, stellen Sie nur erst den »Mangel« fest, der darin besteht, daß Ihnen die zweite Seite fehlt, unbekannt ist oder keinesfalls einleuchten will. In diesem Falle sollten Sie sich Ihre Entdeckung einfach *merken*. Vielleicht so, wie Sie sich auch einen Einkaufszettel merken würden. Es ist besser, sich einfach zu merken, daß mit einer bestimmten Karte noch etwas zu klären ist, als sofort durch Lektüre von Deutungsliteratur die erkannte Lücke zu schließen, und natürlich soll man diese Thematik auch nicht vergessen. Wenn Sie sie sich merken, dann dauert es manchmal Tage, manchmal auch länger, und Sie werden von sich aus, durch Ihre eigenen Gedanken und Erfahrungen, feststellen, warum bei der bestimmten Karte die andere Seite bisher oder im Moment so fremd erschien. Das ist dann ein persönliches *Aha-Erlebnis*. Da hat sich in *Ihnen* eine Erkenntnis gebildet, und eine innere Einstellung hat sich gewandelt. *Das* kann Ihnen kein Deutungsbuch vorschreiben oder abnehmen; das ist dann ganz allein Ihre Leistung. Die erreichte Einsicht aber können Sie sofort praktisch nutzen.

Projektionen zurückholen: Was kann man tun, um Projektionen besser oder leichter zu erkennen? Dazu brauchen Sie *Übungen*, die die Wahrnehmung solcher Auffälligkeiten beschleunigen. Das erreichen Sie dadurch, daß Sie ganz konsequent alle Karten als *gleichwertig* betrachten – und dann die Abweichungen registrieren, wo Ihre Sichtweise sich einer gleichwertigen Wahrnehmung einer Karte nicht anschließen kann, weil die betreffende Karte z. B. eine persönliche *Lieblingskarte* oder persönliche *Streßkarte* darstellt.

Um dies herauszufinden, stellen Sie sich am besten jede Karte als eine *Addition* vor. »Kelch 8« ist demnach gleich »Kelch 6« + »Kelch 2« oder gleich »Kelch 5« + »Kelch 3« usw. Wenn man dann die Karten »Kelch 2« und »Kelch 6« beide als »gute« Karten versteht, die »8 Kelche« jedoch als »schlimme« oder sogar Krisenkarte, dann stellt man fest, daß in dieser Gleichung etwas nicht stimmt. »8 Kelche« kann eine »schlimme« Karte sein (so, wie jede Karte), dann ist jedoch zu bedenken, welche Gefahren und Abgründe z. B. in den Karten »Kelch 2« + »Kelch 6« enthalten sind, die offenkundig in der eigenen Wahrnehmung zu kurz gekommen sind, was vielleicht sogar schon ein Grund für die schlimme Situation bei den »8 Kelchen« ist. Oder Sie bekräftigen die schönen Seiten der »Kelch 2« und der »Kelch 6« und können sich dann fragen, welche schönen Seiten Ihnen bei den »8 Kelchen« bisher noch im Unbekannten verborgen sind. Bei diesen Übungen, mit denen wir gleichsam mit Projektionen fischen, benutzen wir die Zahlen der einzelnen Karten. Doch im Unterschied zur früheren »Numerologie« besitzen die Zahlen dabei keine bestimmten Inhalte! Wir benutzen hier lediglich den Funktionswert (3+4=7). Wir messen hier also die eigenen Vorlieben und Abneigungen (einen Teil unserer Person) mit den Gedanken und Überlegungen, wie z. B. 3+4=7, die wir auch sonst täglich benutzen (ein anderer Teil der eigenen Person). Die Auflösung von Projektionen trägt dazu bei, ein *ganzer* Mensch zu werden. Sie werden davon in vielen Beziehungen profitieren.

Als Addition läßt sich *jede* der 78 Karten auffassen, Große Karten ebenso wie kleine. Es gibt auch noch weitere Übungen, die in dieselbe Richtung wirken, etwa innerhalb der 22 Großen Arkana die Quersummen- und Parallelkarten. Karten mit gleicher Endziffer sind Parallelkarten (z. B. VI-Die Liebenden und XVI-Der Turm). Die Parallelkarten innerhalb der Großen Karten stehen zueinander in einem Verhältnis wie Grundton und Oktave oder wie Vordergrund und Hintergrund! – Die Karten innerhalb (!) der Großen Arkana, die dieselbe Quersumme bilden, stehen in einem Verhältnis von *Gegensatz und Ergänzung* (z. B. VII-Der Wagen und XVI-Der Turm, weitere Hinweise zu diesen Übungen in dem Buch »Tarot-Praxis«). Durch die *Additionen* wird es last not least leicht gemacht, die Großen Arkana mit den Ziffern I, II, III usw. nicht nur als Startpositionen, sondern auch als *Ziele* zu verstehen und zu erleben. Stellen Sie sich die 22 Großen Karten nicht als Strecke, sondern als Kreis vor. Dann sind es z. B. *drei Schritte*, um von der Karte XX-Das Äon zur Karte I-Der Magier zu gelangen. »XX-Das Äon« *plus* »III-Die Kaiserin« ergibt zusammen nunmehr I-Der Magier.

Die Symbolsprache des Crowley-Tarot

Große Arkana

Persönliche Zauberkraft

Im Zeichen des Merkur: Der Zauberer und die Hexe in Ihnen...

Alle vier Elemente begleiten den »Magier« im vorliegenden Bild. Sie werden durch die »vier magischen Werkzeuge« – Fackel, Kelch, Schwert und Pentakel-Scheibe – dargestellt. Die Flügel an Kopf und Füßen kennzeichnen den »Magier« als Hermes oder Merkur. Die Flügel am Kopf sind als Stab mit zwei Schlangen (Caduceus oder Kerykeion genannt) gestaltet, und dieser gilt seit der Antike als Hermesstab und als Zauberstab. Von der Sonnenscheibe oben geht ein Stab oder Kanal bis in die tiefste Tiefe, womit auf die Verbindung von Himmel und Erde sowie von höchstem Bewußtem bis zum tiefsten Unbewußtem hingewiesen wird. Das Wechselverhältnis von Theorie und Praxis wird auch durch den Pfeil und die Schriftrolle (oben im Bild, links und rechts neben dem Schlangenstab) dargestellt. Der Affe betont und ergänzt die »untere« und animalische Ebene im Gegenzug zu dem betonten Schwerpunkt im Kopf. Außerdem symbolisiert der Affe natürlich auch verschiedene Gottheiten, darunter den Thoth, die ägyptische Variante des Hermes. Das geflügelte Ei (in der Betrachtung rechts neben der Schulter des Magiers) steht für Neuanfang, und der Phönixstab (in der rechten Hand der Bildfigur) für Tod und Wiedergeburt. Die vielen Linien weisen auf die große Bedeutung der *Perspektive* hin. (Ohne Individuum gibt es keine Perspektive in der Wahrnehmung!) »Global denken, vor Ort handeln«, diese Maxime stellt das trichterförmige Dreieck im Rücken des »Magier« dar.

Es gibt eine Art der persönlichen Magie, die absolut zauberhaft und zugleich völlig realistisch ist. Diese Magie ist keine Frage der Nostalgie oder der Romantik (deshalb ist es wertlos, historische Rituale und exotische Beschwörungsformeln »nachzuäffen«). Überholt ist die Vorstellung, der Archetyp des Magiers stehe vor allem für das »männliche, aktive Prinzip«; als ob es keine Magierinnen und *Hexen* gegeben hätte! Auch die Auffassung vom »Magier« als Gaukler oder Trickster erfaßt nicht die ganze Bandbreite dieses Mittlers zwischen Olymp und Hades. Als Ausdruck purer Ahnungslosigkeit muß schließlich die Auffassung verstanden werden, daß Magie eine Frage der Konzentration des *Willens* sei.

Magie, die »Möglichkeit des Unmöglichen«, besteht heute vor allem im *Zauber der Individualität*. Die Zahl der Karte, die Eins, ist auf der Ebene der Zahlen, die im Tarot vorkommen, nicht teilbar. »Unteilbar« aber heißt lateinisch *individuum*. Der »Magier« drückt den Teil der persönlichen Existenz aus, der unteilbar eigen ist. Ihm gelingen auf seinem Lebenswege Wunder, die für ihn ganz *natürlich* sind, so wie andere Menschen auf ihrem individuellen Weg Zauberstücke vollbringen, die für ihn immer unerreichbar bleiben, weil deren Weg nicht seiner ist.

Solange der eigene Weg nicht beschritten wird, erscheint manches im negativen Sinne »wie verhext«. Ohne entwickelte Individualität wissen wir entweder keine geeignete Brücke zwischen Himmel und Erde, Wunsch und Wirklichkeit zu bauen. Oder wie sind wie ein »Blitzableiter«, ein »Kanal« oder ein »Medium« nur Handlanger für Kräfte, die uns erfüllen oder umtreiben, ohne daß wir sie selbst zu gestalten oder zu verantworten vermöchten.

Alle wunderbaren und zauberhaften Erfahrungen, die Sie in Ihrem Leben gemacht haben und machen werden, handeln *auch* von dem Zauber der Individualität. So z. B. der Zauber der Liebe oder die Verzauberung des Verliebtseins – Erfahrungen, die stets beinhalten, daß man sich in seiner Eigenart und persönlichen Einmaligkeit bestätigt findet. Wirkliche Wunder werden möglich, weil jeder Mensch etwas Neues mit auf die Erde bringt. »Jeder von uns«, so schrieb Carlos Castaneda, »hat einen Kubikzentimeter Chance, der von Zeit zu Zeit vor unseren Augen erscheint«.

Vielleicht ist der Anteil des Individuellen an einem gesamten Menschen nicht größer als dieser eine Kubikzentimeter. Aber ob wir diese Chance nutzen, *das* macht den Unterschied aus. Es werden Dinge wahr, die vorher noch nie funktioniert haben; das wirkt wie ein Wunder und es *ist* wunderbar. Doch es sind keine übersinnlichen oder übernatürlichen Kräfte, die hier wirken, sondern vielmehr die Verfeinerung von Sinn und Sinnen, die weitere Entfaltung der menschlichen Natur.

In Ihren aktuellen Fragen brauchen Sie Erfindungsgeist. Die Gabe, zu sich selbst zu finden, und das Geschick, eine Lücke aufzutun oder eine Brücke zu bauen, die gerade Ihren Auffassungen entgegenkommt. Ihren »einen Kubikzentimeter Zauberkraft« kann Ihnen keiner vorführen und kann Ihnen keiner wegnehmen. Er zeigt sich allein vor *Ihren* Augen.

Der Sinn des Eigenen

Im Zeichen des Mondes: Vom richtigen Zeitpunkt der persönlichen Wandlung...

Die »Hohepriesterin« tritt in Gestalt der Mondgöttin Isis in Erscheinung (auf dem Kopf die dreifache Isis-Krone, die die drei sichtbaren Mondphasen darstellt). Pfeil und Bogen sind auch Attribute der *Diana*, Jagdgöttin, Mondgottheit und Sinnbild des Jungfräulichen zugleich. Die »Hohepriesterin« ist eine durchaus starke und aktive Gestalt. Es ist jedenfalls unzutreffend, wenn Sie heute noch als das »passive Prinzip« verstanden wird.

Apropos *verstehen*: Die Augen und die Ohren der »Hohepriesterin« werden im Bild besonders betont. Die Augen durch die »Brille« in Gestalt von Schleifen, die zusammen auch als liegende Acht gedeutet werden können. Die Ohren werden besonders durch die sieben weißen Halbkreise um den Kopf der Bildfigur herum betont. Ähnlich wie bei der Karte des »Magier«, wird auch hier greifbar, daß es nicht um übersinnliche oder außersinnliche Wahrnehmungen geht, sondern gerade um die Steigerung, Verfeinerung und immer neue Verknüpfung der Sinneseindrücke. Vielfach heißt es zwar, die »Hohepriesterin« verkörpere vor allem die Macht des *Unbewußten*. Richtig ist jedoch, daß nur ein Teil unserer Seelenkräfte im Unbewußten lebt, während ein anderer Teil unserer Wünsche und Ängste uns sehr wohl bewußt ist. Mit *beiden* Augen zu sehen und mit *beiden* Ohren zu hören, bedeutet, jeweils bewußte und unbewußte Wahrnehmung miteinander zu verbinden.

Es ist die Kraft der Seele, die Dinge des Lebens zu deuten. Die Seele gleicht einer zweiten Ebene, einem Resonanzboden, auf dem alles, was ein Mensch erfährt, einen Klang, ein Echo, einen bestimmten *Sound* bildet. Diese Kraft der Seele wird durch die »Hohepriesterin« symbolisch dargestellt. Sie ist heute nicht mehr ein Orakel oder eine weise Frau außerhalb der eigenen Person, sondern sie vertritt Ihre persönliche Kraft, sich zu erinnern, etwas zu erahnen, Erfahrungen zu deuten, dies alles zu speichern sowie in bestimmten Wünschen und Ängsten zu kristallisieren (vgl. Früchte und Edelsteine). Das Kamel symbolisiert mit seiner Fähigkeit, für eine lange Zeit Wasser zu speichern, eine entsprechende Fähigkeit im Umgang mit seelischen Erfahrungen. Es ist ein Symbol der Wanderschaft und damit auch der Wandlung (im deutschen

Wort »wandeln« ist ja beides enthalten), auch ein Zeichen für die Fähigkeit, Durststrecken zu überwinden, in der Wüste Heimat zu haben und den Weg zur Oase zu finden. In Nord-Afrika gilt das Kamel auch als Symbol der Nüchternheit, des Eigensinns und des Hochmuts. Mit all diesen Eigenschaften ist dieses kleine Detailsymbol ein guter Ausdruck für das Ganze, für die Kraft der »Hohepriesterin« und der Seele: Die Wanderung der Seele und die Wandlung vom bloßen Eigensinn zum erfahrenen und fruchtbaren *Sinn des Eigenen.*

»Eine Tugend gibt es, die liebe ich sehr, eine einzige. Sie heißt Eigensinn (...). Alle andern, so sehr beliebten und belobten Tugenden sind Gehorsam gegen Gesetze, welche von Menschen gegeben sind. Einzig der Eigensinn ist es, der nach diesen Gesetzen nicht fragt. Wer eigensinnig ist, gehorcht einem anderen Gesetz, einem einzigen, unbedingt heiligen, dem Gesetz in sich selbst, dem ›Sinn‹ des ›Eigenen‹« (Hermann Hesse).

Es ist dieser Eigensinn, der uns manchmal in die Wüste schickt, und der Sinn des Eigenen, der auf uns wartet, wie ein Rufer in der Wüste, um abgeholt zu werden.

Es gibt bei der »Hohepriesterin« stets einen hellen und einen dunklen Weg (mit den Extremen von Vollmond und Neumond). Der helle Weg ist der Weg der Weisheit (Weißheit), im oberen Bildbereich oder in dem kleinen Kamel zu erkennen. Der dunkle Weg führt durch das sprichwörtliche »Tor der Schatten«, das als Unterbau des Throns der »Hohepriesterin« im Bild zu sehen ist. Der weiße und der schwarze Weg hat nichts mit moralischen Begriffen zu tun. Vielmehr geht es um die Erfahrung der Polaritäten des Seelenlebens, wie z. B. Zuneigung und Abneigung, Vernetzung und Verschleierung usw. Vollmond und Neumond stehen aber auch für Flut und Ebbe der *Libido,* der Lebenslust und der seelischen Leidenschaft, die ihr Reservoir in der Seele haben und durch den wandelnden Eigen-Sinn reguliert werden.

Die praktischen Konsequenzen aus der Begegnung mit dieser Karte weisen in verschiedene Richtungen. Einmal geht es darum, sich einen eigenen Raum zu schaffen, ein eigenes Zimmer, einen persönlichen Geltungsbereich. Ein anderes Mal geht es um die Öffnung der Mauern nach draußen, die Vernetzung der eigenen Gefühle mit denen vieler anderer. Geistigkeit und Sinnlichkeit, Frivolität und Frömmigkeit, Animierendes und Schockierendes – verstehen und vertreten Sie, was Sie brauchen und was nicht.

Persönliche Wahrheit

Im Zeichen der Venus: Mit Leib und Seele...

Das Bild ruft oft rasche und intensive Identifikationen hervor. Frauen sehen sich meist selbst darin, Männer meist ihre Erfahrungen mit Frauen. So tut sich ein weites Feld persönlicher Assoziationen und Vorstellungen auf. Und dieses Feld sollten Sie auch als erstes bearbeiten. Frau, Freundin, Partnerin, Konkurrentin, Mutter, Großmutter, Tochter – es ist für Ihre aktuellen Fragen wichtig, die Vorstellung von Weiblichkeit neu zu bedenken und aus Ihren diesbezüglichen Erfahrungen neue Konsequenzen zu ziehen. Besonders wirkungsvoll ist es dabei, wenn Sie bestimmte Wünsche, aber auch gewisse Defizite nicht länger anderen in die »Schuhe« schieben. Sagen Sie also nicht: Meine Frau, Freundin, Mutter, Tochter usw. versteht mich nicht richtig. Verstehen Sie lieber sich selber. Verhalten Sie sich so, wie Sie es von Ihrer besten Freundin, Ihrer Traumfrau, Ihrer Wunschtochter oder einer guten Mutter usw. erwarten würden. Erledigen Sie, was auf diesem Gebiet zu klären und vielleicht nachzuholen ist. Kümmern Sie sich um die Verwirklichung der Bedürfnisse, die darin zum Ausdruck kommen.

Jenseits dieser unmittelbar-persönlichen Erfahrungen bedeutet *Weiblichkeit* eine bestimmte Verbindung von zwei Welten. Was damit gemeint ist, offenbart das Venus-Zeichen, das ja zugleich das allgemeine Zeichen für das weibliche Geschlecht ist: Es besteht aus Kreuz und Kreis. Der Kreis bedeutet nach traditioneller Auffassung Sonne und Geist, das Kreuz Erde und Materie. *Das Symbol der Weiblichkeit und der Venus stellt somit ein Zeichen für die Verbindung von Geist und Materie dar. Körper und Geist, die Sinne und der Sinn sollen ein Ganzes ergeben!* – Der Mythos erzählt, daß Venus/Aphrodite einen magischen Gürtel besitzt, dessen Reiz sie unwiderstehlich macht. Diese Betonung der *Gürtellinie* ist nicht allein sexuell zu verstehen. Die Gürtellinie ist außerdem der körperliche Ausdruck für die Verbindung von Bewußtem und Unbewußtem, von Himmel und Erde im persönlichen Leben. »Natur ist weder/Kern noch Schale/alles ist sie ganz/mit einem Male!« (Wilhelm Unger). Das vorliegende Bild symbolisiert Ihre Natürlichkeit, Ihre persönliche Natur. »Natur« heißt für uns Menschen stets ein Doppeltes: Die allgemeine Natur, die uns mit Tier, Pflanze und

Stein verbindet, und zum zweiten die *menschliche* Natur, die uns von allen anderen Lebewesen unterscheidet. Diesen beiden Sphären ist die »Kaiserin« verbunden, wie die beiden großen Kreise im Bild zeigen. Die beiden unterschiedlichen Monde betonen dabei die mögliche Einheit der Gegensätze, vor allem sind beide Monde so dargestellt, daß im *Teil* – durch die schwarze Fläche – auch das *Ganze* erkennbar ist.

Alles, was die »Kaiserin« macht, tut sie *ganz*. Das erklärt auch ihre bemerkenswerte Körperhaltung. Die »Kaiserin« ist *bewegt*, sie wendet sich dem zu, worauf ihr Augenmerk liegt. *Natürlichkeit* bedeutet, daß Innen und Außen eine Einheit bilden. Die inneren Eindrücke spiegeln sich im äußeren Ausdruck. Es ist die Kraft der *Emotion* (E-motion), die Bewegung als Ausdruck, die zugleich der persönlichen Natur Gestalt verleiht und die verschiedenen Welten von Körper und Geist verbindet. Die empfangenen Eindrücke werden weitergegeben. Das gilt auch in dem allgemeineren Sinne, daß die »Kaiserin« dafür steht, die persönlichen *Talente*, die empfangenen Prägungen, Begabungen und Handicaps, anzunehmen, weiterzugeben und dadurch fruchtbar zu machen. Diese Übertragung durch die Kraft der inneren Bewegung – durch die Bewegtheit der Emotion – zeigt sich außerdem im Bild des Vogels, der sich ein Nest baut und viele Kinder großzieht. Nach gängiger Auffassung stellt der Vogel vorne links im Bild einen Pelikan dar, von dem die Legende erzählt, er ernähre seine Kinder mit seinem eigenen Blut. Dies ist eine weitere Illustration für die besondere Übertragung, was auch durch Kreis und Mond zwischen den beiden Adlern auf dem Wappen der »Kaiserin« ergänzt wird. – Die »Natürlichkeit«, der spontane und der bewußte Ausdruck innerer Bewegtheit, beschreibt die Anziehungskraft, ja, die Unwiderstehlichkeit der Venus.

»Was fruchtbar ist, allein ist wahr« (J.W. v. Goethe). Natürlichkeit heißt Fruchtbarkeit, und Fruchtbarkeit ist für uns Menschen stets an (persönliche) Wahrheit gebunden. Damit geht es bei dieser Karte nicht mehr nur um abstrakte oder überpersönliche Deutungen (Erdmutter, Symbol des Heiligen Geistes usw.) und auch nicht nur um die Auseinandersetzung mit den Frauen, die den persönlichen Weg geprägt, begleitet oder gekreuzt haben. Entwickeln Sie die »Kaiserin« in sich selbst. Machen Sie Ihre Emotionen fruchtbar, und vertreten und verkörpern Sie, was für Sie die Wahrheit ist. Die *ganze* Wahrheit erkennen Sie daran, daß alle vorhandenen Talente erblühen und Früchte tragen.

Persönliches Neuland

Im Zeichen des Widders: Pionier der Liebe und des Lebens...

Mann und Freund, Partner, Konkurrent, Vater, Großvater und Sohn – hier kommt es darauf an, daß Sie Ihr Bild von Männlichkeit und Väterlichkeit überprüfen und neu verstehen. Wie bei der Karte die »Kaiserin« liegt hier ebenfalls viel daran, bestimmte Defizite oder bestimmte Forderungen nicht zu sehr auf andere zu richten, als vielmehr bei sich selber festzumachen. Das bedeutet: Unabhängig von allen sonstigen Erklärungen und Botschaften, die diese Karte vermittelt, sollten Sie sich in Ihren aktuellen Fragen darum kümmern, sich selber der Freund, der Mann, der Sohn oder der Vater zu sein, den Sie sich gewünscht hätten oder wünschen würden.

Im positiven Sinne gibt der »Kaiser« ein Sinnbild dafür ab, daß Sie – als Frau wie als Mann – Herr Ihres eigenen Geschicks sind und in der Verantwortung stehen, sich selber zu organisieren und zu »regieren«. Die Widderköpfe im Bild und das Osterlamm deuten drauf hin, daß es *Neuland* zu entdecken gibt, wenn Sie Ihr persönliches Reich »regieren« möchten.

In den Widder-Monat, die Zeit des Frühlingsanfangs, fällt das Osterfest. Das Lamm mit der Fahne ist ein Zeichen für den siegreichen »Gott« und Menschensohn. Frühlingsanfang und Ostern stellen in vielen Überlieferungen das höchste Fest im Jahr dar. Dabei wird gefeiert, daß das Leben stärker ist als der Tod. Ein Zeichen dafür sind die Feuer in der Osternacht. Und eines der dabei regelmäßig verkündeten Sinnbilder ist das von der *Verwandlung einer Wüste in einen Garten!* Und in diesem Sinne sind Sie jetzt persönlich angesprochen: Sie stehen vor der Aufgabe, Neuland zu betreten. Doch dieses Neuland sind Sie auch selber!

Im eigenen Reich sind Sie der oder die – Erste. Sie sind »Kaiser« und zugleich Anfänger. Das eigene Dasein und insbesondere die persönliche Identität sind eine *lebenslange* Aufgabe. Die beiden Atomkerne (auf mittlerer Höhe links und rechts im Bild) zeigen die permanente Bewegung und Veränderung, die zu einem ständigen Neuanfang führen. Für den Widder, der auch das Zepter des »Kaiser« schmückt, stellt die Geburt ja nicht nur einen Anfang dar, der als solcher vorübergehend bleibt, vielmehr stellt es sein *Lebensprinzip* dar, etwas zu beginnen, (mit sich) selber etwas anzufangen und das Leben zu erneuern. Die rote Kugel, der Reichsapfel in der Hand des »Kaiser« wie auch seine Krone symbolisieren die Fähigkeit, diese verschiedenen Veränderungen jeweils zusammenzufassen und den eigenen Ball ins Spiel zu bringen. Die Fähigkeit, *den ersten Anstoß zu geben,* sorgt in diesem Bild für die *Übertragung,* die als rote Sonne zwischen den beiden Adlern auf den Wappen des »Kaiser« dargestellt ist.

Den ersten Anstoß zu geben und – allgemeiner – als der oder die Erste tätig zu werden, ist im übrigen eine Bedeutung des Worts »Archetyp«. Denn dieses heißt im Altgriechischen nicht nur Urbild und Erstprägung, sondern auch Urheber/in und Erstpräger/in.

»In jedem von uns steckt ein König; sprich zu ihm, und er wird hervorkommen« (Skandinavisches Sprichwort). Bei dieser Karte geht es weniger um »Recht und Ordnung« und allgemeine Herrschaftsverhältnisse. Es geht ebenfalls nicht nur um die Auseinandersetzung mit den Männern, die in irgendeiner Weise für den persönlichen Weg wichtig waren oder sind. Es geht vor allem darum, den »Kaiser« in sich selbst zu entwickeln. Ihre aktuellen Fragen handeln auch davon, daß es Probleme und Ziele gibt, die Sie nur lösen bzw. erreichen, wenn Sie – wie der Widder im Jahreskreis – als Erste/r handeln. Der »Kaiser« ist *auch* die Kraft in Ihnen, die neue Lebens- und Liebesmöglichkeiten erkundet und gangbar macht.

Sesam öffne Dich

Im Zeichen des Stiers: Auf der Suche nach der Quintessenz...

Sie haben den Schlüssel in der Hand! Was einst die Aufgabe der Priester und Hohepriester war, ist heute Thema auch für Sie: Finden Sie Ihre persönlichen Antworten für die großen und die kleinen Geheimnisse des Lebens. Organisieren Sie Feste, Freudes- und Trauerfeierlichkeiten in den großen und kleinen, den glücklichen und unglücklichen Angelegenheiten des Lebens.

Das *ganze* Bild heißt »Der Hohepriester«. Das Zusammenspiel aller Bildgestalten führt Sie zur persönlichen *Quintessenz,* die im Bild nicht nur durch die Zahl V, sondern auch durch das kleine Pentagramm (mit dem Kind) und durch das große Pentagramm (das sich über die ganze Bildfigur erstreckt) angegeben ist. Der dreifache Schlüssel in der rechten Hand der großen Bildfigur erinnert an die »Schlüsselgewalt« des Petrus, des ersten Papstes: »Was du auf Erden lösen wirst, wird auch im Himmel gelöst sein. Und was du auf Erden binden wirst, wird auch im Himmel gebunden sein«. Dies ist nochmals als Aufforderung zu verstehen, sich in Glaubensfragen, in spirituellen und Herzensangelegenheiten *selbständig* zu machen.

Die angesprochenen Glaubensfragen beziehen sich dabei auf den religiösen und kirchlichen Glauben, aber auch auf den Glauben, den man an einen Menschen, an eine Aufgabe oder an ein Ziel besitzt, und schließlich auch auf jenes Himmelreich, das in den Worten anklingt: »Des Menschen Wille ist sein Himmelreich«. Die drei Kreise des großen Schlüssels oder Hirtenstabs in der Hand der großen Priesterfigur symbolisieren die göttliche Dreifaltigkeit, den Dreiklang von Vergangenheit, Gegenwart und Zukunft sowie auch von Himmel, Erde und Hölle. Aber auch die drei großen Stationen des Lebens – Geburt, Hochzeit, Tod werden mit diesen drei Ringen angedeutet, die Bewußtseinsebenen »Über-Ich, Ich, Es« und nicht zuletzt die Dreieinheit der großen Priesterfigur mit den Gestalten der kleinen Priesterin und des kleinen Kindes. Die Seele und das innere Kind werden damit dargestellt. Es handelt sich hier zunächst um einen *innerpersönlichen Einweihungsprozeß,* um die Kunst, die persönlichen Stärken und Schwächen in einen produktiven Zusammenhang zu bringen. Die große, bewußte und »etablierte« Seite der eigenen Person weiht die jeweils unbewußten, noch ziellosen oder unerfahrenen Seiten der eigenen Person in die Zusammenhänge der persönlichen Welt- und Lebenserfahrung ein. Und der jeweils kleine, frische, noch neu hinzukommende Teil der Person führt den alten, »abgeklärten« Teil wieder und wieder in veränderte Erwartungen und neue Möglichkeiten ein. Auf diese Weise schlägt der »Hohepriester« als *pontifex maximus*, d. h. als »oberster Brückenbauer«, eine Brücke vom Bekannten zum Unbekannten.

Sich selbst einzuweihen, schafft die entscheidende Grundlage dafür, auch von anderen zu lernen und andere zu unterrichten, ohne Selbstverherrlichung und ohne die eigene Quintessenz auf einen fernen »Guru« zu übertragen. Dadurch entsteht im Alltag ein *Tempel*, der »Heiliges« sichtbar macht.

Wenn Sie für Ihre aktuelle Situation wissen möchten, wie es weiter geht, dann beantworten Sie sich die Frage: »Was ich schon immer von mir wissen wollte und was mir niemand anders sagen kann...«? Diese Frage rührt gewissermaßen an das »Eingemachte«. Und das ist notwendig, wenn Sie Ihre persönlichen Stärken und Schwächen tatsächlich integrieren und zu der persönlichen *Quintessenz* vordringen möchten.

In jedem Menschen schlummern, gleichgültig wie weit er in seinem Lebensalter oder Reifungsprozeß fortgeschritten ist, noch unbekannte Talente. Diese verborgenen Möglichkeiten werden durch die Finger der linken Hand der großen Bildfigur deutlich gemacht: »Ein Teil ist sichtbar, der andere noch verborgen«. Im Sichtbaren auch das Unsichtbare zum Ausdruck zu bringen, im Offenbaren das Geheimnisvolle und im Bekannten das Unbekannte zum Ausdruck zu bringen, dies bedeutet, die *Quintessenz zu verkörpern*. Im religiösen Sinne wird damit Glaube wirklich gelebt und das Wirken »Gottes« wird spürbar. Profan ausgedrückt, sind es die größeren Möglichkeiten, das Wunder und das Geheimnis, die mit jedem Menschen verbunden sind, die hier ausgedrückt und gelebt werden.

Achten Sie darauf, wie Sie und andere sich selbst darstellen und vorstellen. Wenn die Statements (Aussagen und Äußerungen), die Sie machen, und Ihre Gestalt (Ihr Auftreten, Ihre Erscheinung) das zum Ausdruck bringen, was *in Ihnen steckt*, dann stimmen Wesen und Erscheinung überein. So finden Sie Ihr persönliches »Sesam öffne Dich«. Nichts können Sie besser und nichts brauchen Sie dringender, wenn Sie diese Karte ziehen, als eben das deutlich zu benennen und zu demonstrieren, was in Ihnen steckt und was Sie bewegt.

Aus heiterem Himmel

Im Zeichen der Zwillinge: Neue Chancen für die Liebe...

Es ist für das Verständnis wichtig, dieses Bild auch so zu betrachten, daß die »Liebenden« unterschiedliche Seiten der eigenen Person verdeutlichen, die sich unterscheiden und ergänzen. »Liebe ist eine Produktion«, eine Schöpfung, eine Geschichte, die *auch* davon handelt, sich selber zu schaffen. Um so leichter wird es dann, eine große Liebe mit anderen zu kreieren. Alle Einzelsymbole dieser Karte weisen auf die *große, königliche Hochzeit* hin. Sie sind Zeichen einer großen Liebe und einer großen Lebensperspektive, die Himmel und Erde im eigenen Leben zu verbinden sucht.

Die Karte der »Liebenden« ist damit auch Spiegel oder Ausdruck der persönlichen *Paradiesvorstellungen*. Und das Naheliegende bei der Deutung dieser Karte besteht tatsächlich darin, sich über die eigenen Erfahrungen und Erwartungen in puncto *große Liebe* und *Paradies* klarzuwerden.

Der große Engel oder große Geist, der seine Hände über die beiden Königskinder erhebt, stellt die Ekstase der beiden Liebenden dar. Er bedeutet ihre Verbindung zur Sonne, ihren gemeinsamen Bezugspunkt, ihre Einheit auf einer höheren Ebene und die »höhere Warte«, von der aus die Unterschiede zwischen beiden voll erblickt und erfaßt werden können.

Dieser Geist stellt aber nicht nur eine Verbindung zwischen den »Liebenden« auf der Erde und dem Himmel her – zugleich bewirkt er eine Trennung, eine *Abschirmung* zwischen oben und unten. Dieser Engel oder Geist ist so gezeichnet, daß er vollkommen *zwischen* den menschlichen Figuren und dem Allerhöchsten schwebt. Was bedeutet das, wenn dieser Engel oder Geist weniger einem Lichtwesen, sondern mehr einer *grauen Wolke* gleicht? Dann finden sich die Menschen unter einem bedeckten Himmel, und je grauer und undurchlässiger die Wolkendecke ist, um so mehr stehen sie tatsächlich im »*Schatten*«.

Als graue Wolke, als »dicke Luft«, bezeichnet der Engel oder Geist aufgesetzte Ansprüche, unklare Gedanken, unverarbeitete Fantasien und ein unbenutztes, unverstandenes Wissen, kurz, ein undurchlässiges, belastendes »Über-Ich«. Es mag verblüffend wirken, daß der Schatten nicht nur ein Thema bei solchen Karten ist, die sehr schwarz und finster gehalten sind. Doch umgekehrt, wenn der Schatten soweit verdichtet ist, daß er als erkennbares Schwarz, als deutliche Finsternis vor Augen tritt, dann ist schon viel gewonnen. Das erste Merkmal des Schattens ist seine Unsichtbarkeit, seine Unmerklichkeit. Daß es bei diesem Bild *schwieriger* erscheint, die Schattenseiten zu erkennen, dieser Umstand *entspricht* der Bedeutung des Schattens.

Das vorliegende Bild betrifft damit auch solche Situationen im Alltag, die paradiesisch oder idyllisch wirken, in denen jedoch »wie aus heiterem Himmel« Angst, Panik oder Unwohlsein hervorbrechen. Tatsächlich kommen diese Empfindungen nicht von ungefähr. Sie waren in der betreffenden Situation bereits enthalten wie der große Engel oder Geist mit der grauen Wolke im Tarot-Bild. Die Entdeckung der zuvor versteckten Schattenseiten bedeutet den ersten Schritt zu Ihrer Aufhebung.

»Paradies« heißt aus dem Sanskrit »fremdes, bestes, schönstes Land«. Dieses »fremde Land« nennen wir auch Jenseits, Anderland, das ganz Andere, Anderswelt, Fantásien... Damit kommen wir jedoch zu einem höchst bemerkenswerten Resultat: Das Paradies finden wir in den anderen, den unbekannten Seiten in und um uns. Aber »die andere Seite«, das Unbekannte und Unbewußte, ist auch das, was wir als Schatten zu bezeichnen gewohnt sind! *Paradies und Schattenwelt beziehen sich auf den gleichen Gegenstand! Paradies und Schatten sind wie Zwillinge. Kennt man nur den einen, begegnet man voll Überraschung dem anderen!* Die Erkenntnis und Aufhebung des Schattens ist gleichbedeutend mit der Wegbereitung und Verwirklichung des persönlichen Paradieses und der Liebe.

Wenn Sie einen Menschen suchen, mit dem Sie in jeder Hinsicht übereinstimmen, der Sie in jeder Frage versteht usw., dann gibt es dafür nur eine/n: Sie selbst! – Um sich selbst zu finden, brauchen Sie zwar Partner. Denn durch Vergleichung und Unterscheidung wird die eigene Beschaffenheit deutlich. Aber – andere zur Ergänzung oder zur Selbstfindung zu brauchen und andere als solche zu lieben, das ist ein himmelweiter Unterschied. Probieren Sie ihn aus.

Je deutlicher die Unterschiede, desto fruchtbarer die Gemeinsamkeiten! Sobald wir in der Lage sind, die Unterschiede zwischeneinander zu lieben, macht ein neues Paradies die Tore auf. Die Liebe auf Basis der Individualität und der Originalität der/des Einzelnen findet ihre Spitze (wie im Bild in Gestalt des Engels oder des Geistes) in bestimmten Zielen und Gipfelerlebnissen, die über die Reichweite des einzelnen Menschen hinausführen. Es gilt daher die doppelte Devise: *Es lebe der Unterschied, und: Auf zu neuen Höhepunkten!*

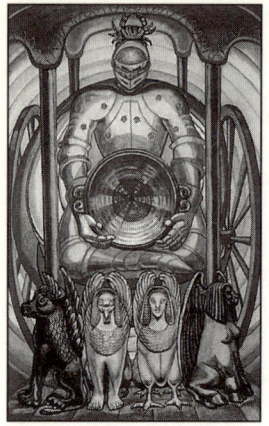

Sich selbst als Wagnis

Im Zeichen des Krebs: Einen eigenen Kurs wagen...

Wie sehen Sie den Wagen? Fährt er oder steht er still? Beide Betrachtungsweisen sind möglich und werden in der Tarot-Literatur vertreten. Allerdings mit der Maßgabe, daß die meisten Tarot-Autoren/innen entweder erklären, er sei in Bewegung, *oder*, er stehe still... Wenn ein Kreisel in voller Drehung begriffen ist, steht er zugleich am sichersten und am stabilsten. Dieselbe Verbindung von kreisender Bewegung und stabiler Ruhe bietet sich hier als Ziel an; die Kombination von Dynamik und Stabilität drückt sich auch in Form der rotierenden Scheibe in der Bildmitte aus.

Betrachten Sie die Antriebskraft des Wagens. Auf älteren Tarot-Bildern *ziehen* Pferde den Wagen. Eine solche Zugkraft ist im vorliegenden Bild *nicht* zu erkennen. Der Wagen ist im wirklichen Sinne ein Auto-mobil, d. h. ein Selbst-Fahrer, ein Selbstbeweger. Die Sphinxen, die Rätsel des Lebens, sind der eigenen Bewegung vorgelagert; sie sind, ganz bildlich, die Vor-Läufer des eigenen Wegs.

Wenn sich der Wagen aber aus eigener Kraft bewegt oder zum Stehen kommt, wer oder was sorgt für die nötige Energie, den Treibstoff und den Zündfunken? Wer steuert Bewegung oder Stillstand? Nun, die Pferdestärken, die auf früheren Bildern außerhalb des Wagens angesiedelt waren, sind jetzt *drinnen*! Märchen und Mythen kennen eine lange Reihe von göttlichen Himmelswagen und königlichen Prunk- oder Streitwagen, die von Pferden, von Löwen, von Wind, von Sonne und Mond, kurz, von allen Kräften des Himmels und der Erde gezogen werden. Die vorliegende Darstellung bedeutet eine Revolution gegenüber dieser Symboltradition, indem all diese Kräfte nicht mehr als äußere Energien, sondern als innere Kräfte des Unbewußten aufgefaßt werden. Dynamik, Ruhe und Bewegung des Wagens entstehen aus der Selbst-Erfahrung.

Selbsterfahrung bedeutet sowohl sich selbst zu erfahren, wie auch selber Erfahrungen zu machen, Erfahrungen aus erster Hand zu sammeln. Wo dies nicht gelingt, spielen wir nur eine *Rolle,* und auch dieses wird durch das vorliegende Bild dargestellt. Das roboterhafte Aussehen der Bildfigur täuscht nicht: Viele Dinge für unser Leben haben wir erst mehr oder weniger automatisch erlernt, und wenn wir nicht durch besondere Umstände uns ihrer bewußt werden, so praktizieren wir sie auch in mehr oder weniger unbewußter Form. Setzen Sie sich also in Ihren aktuellen Fragen sorgsam mit den Widersprüchen Ihrer Person und Ihres Lebens auseinander. Mißtrauen Sie Einbahnstraßen und solchen Lösungen, die für alle gleich sind. »Verstehe, daß du eine zweite Welt im Kleinen bist und daß in dir die Sonne, der Mond und auch die Sterne sind« (Origines).

Eine Mondsichel bildet den Untergrund oder Unterbau des Wagens. Diese Sichel läßt sich als eine große Schale betrachten, und die rotierende Scheibe in der Bildmitte könnte auch eine Schüssel oder ein großer Kelch, in die oder den man von oben schaut, darstellen. – Wenn man weiß, daß der *Gral* als Kelch oder Schale verstanden wurde, dann wird deutlich, daß die *Gralssuche* aus heutiger Sicht die Suche nach der Seele und die Suche nach der Selbsterfahrung bedeutet. Dabei geht es um die Erinnerung und die Veräußerung, den Ausdruck von seelischer Erfahrung. ABRACADABRA steht in der kordelartigen Verzierung auf dem blauen Baldachin des Wagens. Lösen Sie die Rätsel, die sich Ihnen stellen. Finden Sie das Zauberwort, das Ihre Erfahrungen begreifbar macht, ohne ihnen die Lebendigkeit zu nehmen (vgl. S. 144).

Die persönlichen Erfahrungen auf einen Nenner zu bringen und in einem *Brennpunkt* zu vereinigen, das ist das Rätsel, die Aufgabe und der Lohn: Die eigene Mitte zu schaffen. Das eigene Selbst entsteht *nur* aus Er-Fahrung. Man muß sich bewegen, fahren und etwas »wagen«. Dieses Selbst zu begreifen, es festzuhalten, ohne seine Beweglichkeit einzuschränken, – das macht den Motor, die Brennkammer des Wagens aus.

Welches ist die am meisten schicksalhafte Beziehung in Ihrem Leben? Die, die Sie zu sich selbst besitzen! Die Dynamik des Unbewußten: Es zieht, es treibt, es bremst, und es trägt Sie! Ohne selbständige Auseinandersetzung und ohne Selbsterfahrung läuft in Ihren aktuellen Fragen gar nichts. Sie müssen tatsächlich etwas »wagen«: Nämlich für sich und aus sich heraus zu handeln, in eigener Sache, aus eigenem Antrieb und zur eigenen Zufriedenheit. Schützen Sie sich vor Menschen, denen Ihre eigenen Widersprüche verschlossen sind. Seien Sie mutig und energisch in der Auseinandersetzung mit sich selbst.

Der Wille zur Mitte

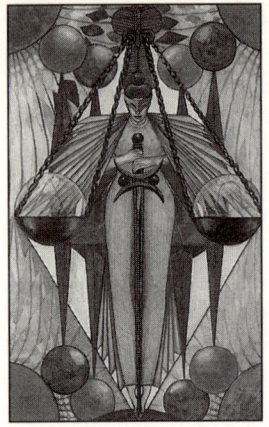

Im Zeichen der Waage: Rückgrat zeigen...

Grün und Blau sind die klassischen Farben für Wasser und Luft, Seele und Geist. Die vorliegende Karte gibt ein Bild der Spiritualität und der Leidenschaft, auch wenn es nicht wenige Betrachter/innen aufgrund seines Titels »Ausgleichung« zunächst als eine etwas langweilige und wenig aussagekräftige Station erleben.

Dieser vergleichsweise »nichtssagende« Eindruck der Karte weist aber gerade auf ihren Inhalt hin: Es gibt zwar eine Flut von Wörtern, in denen sich alle möglichen und unmöglichen persönlichen Betroffenheiten ausdrücken können. Aber dennoch gibt es eine gewisse Sprachlosigkeit, wenn es darum geht, tiefe Bedürfnisse und hohe Erwartungen auszudrücken, Sprachschwierigkeiten, die vor allem auf eine *Begriffsnot* hinweisen.

»Es liegt etwas in der Luft«: Vage Gefühle, Gedanken und Empfindungen in Ihnen selber und vage Vorstellungen von anderen sind Begleiterscheinungen des Erwachens! In welcher Form auch immer Sie Ihren Weg, Ihre Selbsterfahrung bestimmen wollen: Zu den notwendigen Voraussetzungen gehört es, daß Sie bisherige Urteile infrage stellen und neue Urteile bilden. Eine bestimmte Ungewißheit; die Mühe damit, Dinge und Ereignisse überhaupt zu identifizieren; die Schwierigkeit, dabei zu verstehen, worin die persönliche Betroffenheit momentan besteht; eine Ahnungslosigkeit gegenüber der schließlichen Bedeutung gewisser Vorstellungen... dies alles und manches mehr werden Sie immer wieder durchmachen müssen, wenn Sie – jenseits von Vorurteil, Stolz und Gleichgültigkeit – zu »richtigen« Urteilen kommen wollen, die in der Lage sind, Sie selber und die Ihnen zu Verfügung stehenden Energien auszu-richten.

Die größte Ausgeglichenheit und zugleich ihr Maximum an Kraft erreichen Sie, wenn Sie allen vorhandenen Kräften jeweils den Platz zuweisen können, auf dem Sie sich am besten entfalten.

So geht es hier darum – für Sie selbst wie auch im Verhältnis zu Ihren Mitmenschen –, zum Manager oder zur Dirigentin vieler unterschiedlicher und gleichzeitiger Kräfte zu werden. Jeder der beteiligten Energien den richtigen Platz zuzuweisen, ist sowohl eine Frage der Gerechtigkeit und der Ausgleichung als auch eine Sache der praktischen Effektivität. So erreichen Sie am meisten.

Etwas zu erreichen, bedeutet aber, es *auch als Eigenes zu begreifen!* Setzen Sie sich mit vielen Argumenten und Gegenargumenten auseinander, und ziehen Sie die Summe daraus. Lernen Sie auch von gegnerischen Positionen, und erschüttern Sie falsche Einseitigkeiten. Zu einseitige oder zu enge Vorstellungen sind nicht nur ein intellektuelles oder moralisches Problem, sie sind oft Ausdruck von Wünschen und Ängsten, die nicht allein durch intellektuelle oder moralische Einsicht zu regeln sind. Stützen Sie sich daher auf die vitalen Bedürfnisse bei jeder/m der Beteiligten. Sprechen Sie »von Kopf zu Kopf, von Herz zu Herz und von Bauch zu Bauch«.

»Ausgleichung« ist kein abstraktes Prinzip, sondern die ganz praktische Frage danach, wie Sie vielfältigen, elementaren Interessen zur gleichen Zeit Befriedigung verschaffen. Je genauer die Ermittlung, um so liebevoller das Urteil! »Je mehr Erkenntnis einem Ding innewohnt, desto größer ist die Liebe...!« (Paracelsus). Mut zur Kritik, Mut zum Lob sind in Ihren aktuellen Fragen gefordert, besonders aber die Bereitschaft, genau zu unterscheiden und zusammenzufassen, was Sie und andere *wollen*.

Werde was du bist

Im Zeichen der Jungfrau: Die verlorene und die wiedergefundene Unschuld...

Die Laterne des »Eremit« erinnert nicht zufällig an das biblische »Gleichnis von den klugen und den törichten Jungfrauen« (die klugen Jungfrauen sind wachsam und halten ihr Licht bereit, sie erreichen ihr Ziel). Ungeachtet des äußeren Anscheins, der viele Betrachter/innen vermuten läßt, beim »Eremit« handele es sich um einen alten Mann, stellt diese Bildfigur tatsächlich auch etwas Jungfräuliches dar.

Jeder Mensch bringt etwas Neues auf die Welt, das es zuvor nicht gegeben hat und ohne ihn auch nicht geben wird. Diese Neuschöpfung wird im Bild durch das Weltenei und den Samentropfen dargestellt. (Daß in manchen Büchern der Samenfaden als »giftiger Schlangenstab« bezeichnet wird, ist ein Mißverständnis ohne weitere Bedeutung.) Die Doppelrolle des »Eremit« besteht darin, daß er zugleich ein Bild des Anfangs und der Unerfahrenheit wie auch ein Bild der Vollendung und der Reife gibt. »Er ist alt, aber Frühling ist in seinem Herzen«, heißt es in älteren Tarot-Kommentaren. Und Crowley weist auf den Mythos von Kore und Demeter hin, der ein Sinnbild für die Erneuerung der Erde ist.

Es geht hier also weniger darum, sich in Sack und Asche zu kleiden oder mit Einsamkeit und Verlassenheit zu rechnen. Vielmehr darum, daß Sie Ihr »Licht« in die Welt bringen.

Begreifen Sie Ihren »Seelenfunken«, das Geschenk und die Aufgabe, die Sie selber darstellen. Darin ist zugleich Ihre Berufung dazu enthalten, mit Ihrem Licht die Welt ein Stück weit in Ordnung zu bringen. Die Schatten der Vergangenheit, der Gegenwart und der Zukunft sollen aufgehoben werden. Dafür steht der dreiköpfige Cerberus als Symbol. Nichts soll Sie hindern, als *ganzer* Mensch im Augenblick anwesend zu sein – ganz bewußt und »ganz entspannt im Hier und Jetzt«.

Mit jedem Menschen wird nicht nur die Weltgeschichte weiter fortgeschrieben. Jeder Mensch sieht sich mehr oder weniger auch vor die Notwendigkeit gestellt, die »Weltgeschichte« in sich noch einmal zu wiederholen. In der Aufarbeitung der Widersprüche, die in Ihnen und um Sie bestehen, bestärkt sich Ihr Licht. Nicht die Unschuld als Verantwortungslosigkeit, nicht die Flucht in Unzuständigkeit oder Unzurechnungsfähigkeit bringen Sie der überragenden Kraft des »Eremit« näher. Er verkörpert vielmehr einen Menschen, der zur gegebenen Zeit seine Probleme löst und seine Aufgaben erledigt, ohne etwas unter den Teppich zu kehren. Indem er sich selbst vervollkommnet und die Früchte seiner Talente erntet, trägt er dazu bei, unsere Erde zu heilen und zu heiligen und in diesem Sinne in einen »jungfräulichen« Zustand zu versetzen.

In Ihren aktuellen Fragen geht es darum, daß Sie sich über Ihren spezifischen Beitrag und Ihre Aufgabe im Leben klar werden. Es stimmt nicht, daß die Gestalt des »Eremit« vor allem mit Askese, einem zurückgezogenen und entbehrungsreichen Leben verbunden sei. So zeigen die Geschichten von vielen der wirklichen Eremiten, daß Verzicht für sie, wenn überhaupt, nur äußerlich oder oberflächlich ein Thema war. In unterschiedlichen Worten findet man bei den historischen Eremiten immer wieder die Zielsetzung, ein Leben »in der Gegenwart Gottes« zu führen. Das aber ist ein religiöser Ausdruck für das *Maximum* einer menschenmöglichen Entwicklung! Der Verzicht, die Askese, »Sack und Asche« usw. stellen allenfalls äußere Merkmale des »Eremit« dar, und selbst das nicht immer, wie das vorliegende Bild beweist.

Von der Bedeutung her geht es um einen enormen Glücksanspruch, einen besonderen Bedarf und eine besondere Begabung zum Glück.

Verlassen und einsam fühlen Sie sich, wenn Ihre persönliche Besonderheit (das jungfräuliche Neue) in Ihrem Leben eine untergeordnete Rolle spielt. Dann stehen Sie gleichsam neben sich und fühlen sich tatsächlich mit Recht verlassen. Oder Ihr Eigenes steht umgekehrt so sehr im Mittelpunkt (nur die persönlichen Vorzüge werden beleuchtet, keine Spur von »Rückzug«), daß für das Verständnis von anderen Menschen kein Platz mehr bleibt. Sie brauchen Ihre Aufgabe in der Welt, und wenn Sie diese nicht kennen, so besteht Ihre erste Aufgabe darin, danach zu suchen. Da beginnen Sie, Ihr Licht zu begreifen. Und je mehr Ihnen dies gelingt, wendet sich das Blatt: *Früher wurde ich verlassen oder habe ich verlassen – heute kann ich mich verlassen:* auf Sie selber, auf »Gott« und die Welt, als deren Teil Sie sich nun verstehen. – Alle weiteren Zuordnungen, wie z. B. Merlin oder eine Mondgöttin, sind für diese Karte unmaßgeblich. Der Verzicht auf Unnötiges aber rundet die Bedeutung dieser Karte ab.

Eine Frage der Persönlichkeit

Im Zeichen des Jupiter: »Schicksal als Chance«...

»Glück« bedeutet, daß uns etwas glückt. Nicht in der Fantasie, sondern wirklich, das heißt mit spürbarer Wirkung. Sie tragen bestimmte Wünsche in sich, die zu wesentlich sind, als daß sie einfach untergehen dürfen. Und wohl jede/r besitzt gewisse Ängste, die zu dringend sind, als daß er oder sie sie ewig mit sich schleppen möchte. Diese wesentlichen Wünsche und Ängste zu erfüllen bzw. zu erledigen und aufzuheben, ist entscheidend für Ihr Glück.

Wenn Sie auf Ihrem Weg zum Glück in eine fremde Stadt reisen müssen, brauchen Sie eine Landkarte, einen Stadtplan und sonstige Kenntnisse in der Außenwelt. Wenn Sie auf dem Weg des Glücks neue *seelische Räume* betreten und neue geistige Horizonte abstecken, so helfen Ihnen die Symbolsprachen (wie z. B. Tarot und Traumdeutung) als Wegweiser oder Wanderkarte für Herz und Verstand. – Die Außenwelt, in der Sie sich bewegen, wird im Bild u. a. durch den äußeren Kreis des Rades dargestellt. Ein geistiger Horizont besteht in den Sternen und in dem Himmelsrad (dem horizontalen Kreis oder Oval am oberen Bildrand). Und die seelischen Räume erkennen Sie in den zehn Kammern des Rades (zwischen den Speichen, mit der seelischen Mitte als Nabe des Rades). – Dieser innerste Dreh- und Angelpunkt ist das eigentliche *Selbst.* Das *größere oder entfaltete* Selbst wird dargestellt durch *alles,* was auf dieser Karte zu sehen ist. Dieses größere Selbst ist eben das »Glück«, das Geschick, mit dem Sie Ihr Schicksal gestalten. (Und dann gibt es noch das höhere Selbst, dem wir bei der Karte XIV-Kunst begegnen.)

Es heißt, Glück sei unberechenbar, doch das muß nicht unbedingt zutreffen. »Schicksal« ist ein anderes Wort für all die Kräfte des Lebens, die für Ihre Person wichtig sind, sich gleichwohl Ihrem unmittelbaren Zugriff oder Einfluß entziehen. Das »Schicksal« liegt nicht in Ihrer Macht, aber Sie können lernen, damit umzugehen, indem Sie Ihr Selbstverständnis und Ihre Kompetenz im Innen- wie im Außenleben erweitern. »Glück« ist ein *kreativer Akt*, eine Produktion, bei der Sie mit dem »Zufall« arbeiten. Es gibt selbstverständlich schöne und schlimme Ereignisse; jedes Ereignis wird aber erst durch die *Bedeutung*, die *Sie* ihm geben, zum *Erlebnis*. Vermeiden Sie die unproduktiven Alternativen, die da lauten: »Es gibt keine Zufall« und »alles ist Zufall«. Sie erreichen mehr, wenn Sie es so verstehen: »Ich sehe da einen Zusammenhang«.

Das Rad selber ist Sinnbild für den *Zusammenhang* schlechthin, für die Aufgabe und die Fähigkeit, das persönliche Leben mit all seinen Bereichen, Höhen und Tiefen usw. zu einer »runden Sache« zu machen. Das Rad kann sich drehen, wie durch die Bewegung der krokodilartigen Schlange Typhon (ägyptisch: Seth), den affengestaltigen Gott Thoth (auch als Seelenführer Hermanubis bezeichnet) und die Sphinx dargestellt wird. Die Drehung des Rades betont nicht nur Höhen und Tiefen, sondern auch die Fliehkraft im Rad von innen nach außen, dem als Gegenkraft die Zentrierung in der Mitte gegenübersteht. Das gilt für das Bild, aber es meint Ihren persönlichen Umgang mit dem Schicksal. Sie müssen viele Seiten des Lebens studieren, bis Sie Zusammenhänge feststellen und diese zu einem eigenen *Weltbild* runden. *Enzyklopädie* heißt soviel wie *der ganze Kreis der Bildung*. Weltbild und äußere Bildung schaffen den äußeren Kreis des Rades. Selbstbild und seelische Bildung (Betroffenheit und Gewissen) schaffen den inneren Kreis und den Mittelpunkt des Rades.

»Person« heißt wörtlich *durchtönend*. Ohne innere Mitte bleiben auch die größten äußeren Zusammenhänge hohl und leer. Und ohne Kenntnis und Kompetenz in der Außenwelt bleiben selbst die schönste Seele und Innenwelt ohne äußere Wirkung. – Wenn aber die großen Zusammenhänge des Weltgeschehens im einzelnen Menschen Widerhall finden und – umgekehrt – wenn auch das Besondere eines Individuums auf vielerlei Ebenen, in den verschiedensten »Ecken der Welt« Resonanz findet, dann wird eine Person zur wohlklingenden, stimmigen Persönlichkeit! *Mehr* können Sie für Ihr Glück nicht tun und mit *weniger* sollten Sie sich auch nicht zufrieden geben.

Setzen Sie Ihre Talente für größere Aufgaben und größere Lösungen ein, die sich mit kollektiven Problemen befassen und die Ihr Selbstverständnis erweitern und vertiefen. Bringen Sie die verschiedenen Lebensabschnitte und Lebensbereiche miteinander in Verbindung. Sorgen Sie für eine wohlklingende Resonanz!

Der rote Faden

Im Zeichen des Löwen: Ein neuer Himmel und eine neue Erde...

Diese Karte berührt aus mehreren Gründen ein »heißes Eisen«, und damit dürfen und müssen Sie auch für Ihre aktuellen Fragen rechnen. Die Darstellung spielt auf die biblische *Offenbarung* an, die für A. Crowleys Selbstverständnis eine große Rolle spielte (vgl. dazu das erste Kapitel in diesem Buch). Auf der anderen Seite aber ist die Darstellung *nicht*, wie oft behauptet wird, identisch mit der biblischen Überlieferung, in der es heißt: »Da sah ich ein Weib, das saß auf einem scharlachroten Tier voll Lästernamen, mit sieben Köpfen und zehn Hörnern. Das Weib war in Purpur und Scharlach gekleidet« usw. (Off 17,3-4). Völlig unabhängig von A. Crowleys privaten Vorstellungen, macht diese Karte jedoch zuverlässig deutlich: Was einst, nämlich zu biblischen Zeiten, als Apokalypse und letzte Offenbarung verstanden wurde, dies gehört heute zur *Gegenwart* (vgl. die Karte XX-Das Äon: »Der Jüngste Tag ist *heute*!«) *Himmel und Erde werden neu,* wenn Himmel und Erde, Welt und Unterwelt sich vermählen.

Nacktheit als Symbol bedeutet Selbstoffenbarung, und *Sexualität als Symbol* deutet u. a. auf die Lebensgeheimnisse, wie Geburt, Hoch-Zeit und Tod usw., die stets auch mit Geschlechtlichkeit und nackter Körperlichkeit, sozusagen purem Leben – und Sterben – verbunden sind.

Der rote Zügel stellt eine Schleife dar, die dem Unendlichkeitszeichen (der sog. »Lemniskate«) entspricht. Dies ist der berühmte *rote Faden*, er symbolisiert den Kreislauf des Blutes und den Kreis des Lebens. Er verdeutlicht, was der Inhalt und der Zweck der *Lust* ist: Die Sehnsucht des Lebens nach sich selbst! Die Erfüllung wichtiger Wünsche und die Aufhebung wesentlicher Ängste

Diese Sehnsucht nach Leben und Lebendigkeit bestimmt das Bild auch in seiner sexuellen Bedeutung. Als Bild für die persönliche, »genitale« Sexualität symbolisiert die Karte den *Selbstzweck der Sexualität*. Das bedeutet: Die Sexualität hat ihre Zwecke in sich selber, wie z. B. Kraft, Lust und Lebendigkeit. Und zugleich ist *ein* Zweck der Sexualität die *Herausbildung des Selbst*. Der sexuelle Höhepunkt ist *auch* ein Gleichnis, ein Beispiel dafür, wie Sie *in jedem Bereich Ihres Lebens* alle persönliche Kraft und Lust versammeln, im Brennpunkt des jeweiligen Augenblicks konzentrieren und einsetzen können. Nichts anderes nämlich bedeutet der Begriff des Selbst, als im Moment als *ganzer Mensch* anwesend zu sein!

So, wie z. B. Persönlichkeit jedem Menschen als Anlage mitgegeben ist, aber erst entfaltet werden muß, bis sie ihre Rolle erfüllen kann, – ebenso ist auch das Selbst ein »latentes Talent«, das Sie erst einmal herstellen und entwickeln müssen. Wenn das persönliche Selbst schwach ist, dann sind die spontanen oder wilden Triebe des Körpers und des Geistes besonders mächtig.

»Tierische Triebe und Instinkte« sind kraftvoll, in vielen Belangen des menschlichen Lebens auch hilflos und unnötig ängstlich. Das sogenannte »wilde Denken« wird u. a. durch die vielen Köpfe des großen Tieres dargestellt. Das entspricht dem Animismus, dem Glauben an Totem-Geister; weil das persönliche oder bewußte Selbst schwach ist, werden die eigenen Gedanken auf Bäume, Tiere, andere Menschen usw. übertragen, deren Geister scheinbar mit einem selber sprechen. Kurz, die Integration der unendlichen Vielfalt der Gedanken und die Aufhebung von zunächst scheinbar zwingenden Trieben und Instinkten zu *einem* menschlichem und persönlichen Selbst ist eine riesige Leistung und bereitet enorme Lust. Das bedeutet praktisch, daß Sie Ihre eigene Mitte finden und diese zum persönlichen Brennpunkt machen.

»Was ist besser als ein Orgasmus«, fragte der selige Wolfgang Neuss, um sich selbst zu antworten: »Immer einen haben«. Diese Sehnsucht des Lebens nach sich selbst kann Sie *tragen*. An den Grenzen Ihres persönlichen Wissens, Ihres Urteils, Ihrer Erfahrung usw. ist noch lange nicht Schluß! Jenseits der Grenzen des Selbst erfahren Sie die Wirkung des Lebens, das größer ist als Sie selber und als jeder einzelne Mensch. »Es« geht und »es« trägt Sie, auch wenn Sie selber Ihr Limit erreicht haben. Diese Gewißheit des Getragenwerdens ist im Bild enthalten.

Suchen Sie das Zentrum. Im Moment als ganzer Mensch anwesend zu sein, bedeutet, daß Sie alle Energien, die das Schicksal Ihnen bietet, Ihr ganzes persönliches Geschick auf die Spitze treiben und damit leben! – Machen Sie sich für die noch weitaus größeren Energien bereit, die Sie erleben, wenn Sie in Ihrem Zentrum einem anderen Menschen in seiner Mitte begegnen!

Passion

Im Zeichen des Neptun: Passionsgeschichte oder große Leidenschaft – das ist hier die Frage ...

Auf den ersten Blick erscheint die »Hänge-partie« der Bildfigur einigermaßen verrückt. Das Verrückte, das Ent-rückte wie auch das Absurde gehören sicherlich zum Inhalt dieses Bildes. Es ist jedoch nicht unbedingt erforderlich, prominente »Gehängte« wie Odin oder Merlin zu zitieren oder auf »exotische Übungen« etwa bei einigen schamanischen Einweihungslehrgängen zu verweisen; es geht um etwas anderes, das zugleich sehr alltäglich und überirdisch wirkt. »Der Gehängte« besitzt einen durchaus üblichen, einen klaren und eindeutigen Standpunkt; nur daß sein Bezugspunkt nicht auf der Erde, nicht irdisch definiert ist. Sein »Standpunkt« ist die himmlische, die transzendente Perspektive. Diese läßt sich religiös auffassen. Aber auch in dem anderen Sinne, der in dem Wort mitschwingt: »Des Menschen Wille ist sein *Himmelreich*«.

Der Gehängte glaubt an das, woran er hängt. Und er hängt an dem, woran er glaubt. Schlimm, wenn sich der Glaube als Aberglaube herausstellt. Es kommt daher darauf an, daß Sie Ihren Glauben prüfen. Und auch gerade für diese *Umkehrung* des Verständlichen und Selbstverständlichen steht bzw. hängt diese Bildfigur. Selbstverständlich warnt sie vor Ohnmacht, Passivität und Fatalismus. Abhängigkeiten in jeder Form, Suchtverhalten, Selbstverleugnung und Selbstvergötterung können hier dargestellt sein. Hier ist auf die eine oder andere Art eine wirkliche *Passion* dargestellt (und Crowley war der erste, der den Begriff Passion in Verbindung mit dem »Gehängten« gebracht hat): Entweder eine große Leidensgeschichte, unnötiges Leid, das mit »verkehrten« Glaubensvorstellungen zusammenhängt; oder eine erhebliche Leidenschaft, die das verwirklicht, was auch bei der Karte XI-Lust ein Thema ist: Einen permanenten *Höhepunkt* der Lebensenergien.

Es gibt ja Erfahrungen der Weisheit, der Liebe und des Glücks, die Sie nur erleben, wenn Sie sich mit ganzer Existenz einbringen und anvertrauen. Es ist ein Zeichen nicht von passiver Schwäche, sondern von passionierter, handlungsstarker Lebenskraft, wenn Sie sich jenen Auffassungen, die Sie nicht wissen, sondern an die Sie nur glauben können, – nach Prüfung des Wenn und Aber – restlos hingeben können. Der

»Gehängte« symbolisiert eine besondere Risikobereitschaft sowie einen bewußten und leidenschaftlichen Glauben, ja, vor allem eine besondere *Konsequenz* des Glaubens. –

Das ist Nada und Dada! *Nada* (Sanskrit) ist der Klang , der Sound des Universums und sein Widerhall im Menschen. Dieses *Nada*, der »Herzrhythmus«, ist ein anderes Wort für den Puls der Leidenschaft. – Nebenbei bemerkt, stellt das Henkelkreuz, die *crux ansata*, (woran die Bildfigur hängt) ein Symbol für die Erneuerung und die Ewigkeit des Lebens dar; es ist ursprünglich ein Symbol, das das männliche Geschlechtsorgan zeigt. Umgekehrt als sonst, ist es hier nach oben gerichtet, was also einen erigierten Phallus symbolisiert und noch einmal auf den Puls der Leidenschaft und den erlebten oder gesuchten *Höhepunkt* hinweist.

Die Mystiker des Abendlandes berichteten von ihren visionären und ekstatischen Erlebnissen, daß sie die Welt mit *neuen Augen* gesehen hatten. »Neue Augen« und »andere Augen« ist aber auch eins *der* großen Leitmotive der Kunst in diesem Jahrhundert. *Dada* (Dadaismus), Surrealismus usw. suchten den Blick zu schärfen für eine »höhere Wirklichkeit«, welche die Nacht an den Tag bringt und das Unbewußte dem Bewußtsein zugänglich macht.

Die Schlangen im Bild warnen Sie möglicherweise davor, daß Sie dabei sind, eine große Dummheit zu begehen. Andererseits können Sie hier als Symbol für die höchste persönliche Lebensweisheit stehen.

Prüfen Sie also, woran Sie hängen, was an Ihnen hängt und woran Sie glauben. Untersuchen Sie den Anhaltspunkt, den Sie für Ihren Glauben und Ihr Vertrauen besitzen. Deuten Sie die Gefühle, die Träume, die unbewußten Regungen bei allen Beteiligten. (Die alten Griechen behandelten Krankheiten u. a. mit Heilschlaf und Traumdeutung. Zur Hervorrufung von Träumen legt man sich auf eine Schlafbank, unter der auch Schlangen krochen; das läßt sich ohne weiteres auf das obige Bild übertragen. Unser Wort *Klinik* stammt von eben diesen altgriechischen Schlafstätten, *kline* genannt, ab.) Wenn Sie Ihre Träume deuten und Ihre Leidenschaften verstehen, können Sie unvermeidliche Schmerzen leichter akzeptieren und sinnloses Leiden beenden. – Wenn Sie Ihren Glauben geprüft haben, scheuen Sie sich nicht, sich ihm restlos anzuvertrauen: Ein sinnvoller Glaube und eine bewußte Passion sind das *Höchste* der Gefühle!

Gelebte Einmaligkeit

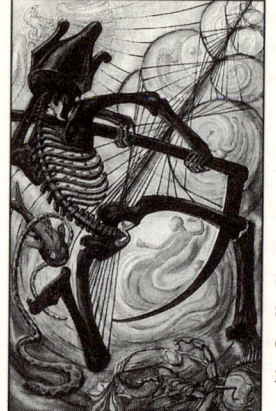

Im Zeichen des Skorpion: Leben und sterben ...
Die Karte steht dafür, daß etwas zu Ende geht. Je nachdem, ob etwas Schönes oder Schlimmes sein Ende erfährt, verspüren Sie hier Freude oder Trauer. Das Bild besagt aber auch: Es gibt etwas zu erledigen! Sie selber sind wie der Schnitter, und die Sense signalisiert: Sie haben »positive Aggressionen«, d. h. die Fähigkeit zu einschneidenden Veränderungen.

In abgewandelter Form sehen wir hier den »Tod« als »Sensenmann«. Oft liest man oder hört man, daß es beim »Tod« im wesentlichen darum gehe, sich im Loslassen zu üben. Das ist zwar richtig; aber für sich allein bleibt dies eine ungenügende, einseitige Betrachtungsweise. *Der Schnitter will auch ernten!* Er will Früchte nach Hause tragen, das ist sein Beruf.

Es geht hier also nicht ums Loslassen aus Prinzip oder um einen generellen Verzicht, sondern im Gegenteil darum, Platz zu schaffen für »Neues« und *loszulassen, um zu ernten.* Alles Überholte, Unechte, Nebensächliche und Unfruchtbare ist aufzugeben oder zu erledigen, um zu ernten, was reif und fruchtbar ist. Wenn ein Leben Früchte tragen soll, muß im passenden Rhythmus das Nötige für die gewünschte Ernte getan werden. Bis hin zur ständigen und letzten großen Aufgabe, die Ergebnisse eines Lebens für die Zukunft verwertbar zu machen.

Tod und Wiedergeburt vollziehen sich in jedem Augenblick innerhalb eines jeden Lebens. Bei Licht betrachtet, führt es zu einer gesteigerten oder tieferen Lebendigkeit, wenn man sich seines Pulsschlages und der eigenen Zeitlichkeit bewußt wird. Nun liegt es aber in der Natur der Sache, daß Altern, Sterben und Tod die persönlichen Lebenskräfte mindern und aufzehren, so daß der Gedanke an den Tod oftmals – und nicht nur zu unrecht – weniger als eine Steigerung der Lebendigkeit empfunden wird, denn als eine Lähmung. In diesem Punkt jedoch legt diese Karte auch eine andere Betrachtungsweise nahe: »Was man nicht vermeiden kann, muß man betonen«. Es geht weder darum, den Tod zu verdrängen, noch darum, ihn zu verherrlichen oder sich ihm auszuliefern. Der einzige Grund, dem Tod bewußt einen Platz im Leben zu geben, besteht darin, das Bewußtsein zu schärfen, daß jeder Mensch ein bestimmtes, einmaliges Leben führt.

Der harte Gegensatz von Leben und Tod steht für die größte denkbare Spannung, die sich entweder in einer persönlichen *Anspannung* oder in einer als einschneidend erlebten persönlichen Betroffenheit äußert. Skorpion, Schlange (mit Fisch) und Adler stellen eine klassische Transformationsreihe dar und zeigen die Verwandlung von einfachen zu differenzierten, von eingeschlossen zu befreiten Gefühlen und Emotionen. Wie ein Zeittunnel wirkt der bewegte Strom vieler Seelen, der in der Mitte und rechts im Bild zu sehen ist. Es geht um die Macht der Ahnen und Ahnungen, die zu beerben und zu beherzigen, aber auch loszulassen sind. Wolfgang Döbereiner sagte einmal, der Skorpion sei ein »faustischer« Forscher, der das »Skelett«, d. h. die Struktur und den inneren Zusammenhang äußerer Erscheinungen suche; der Skorpion sei einer, der *Seelen sammle.* – Verstehen Sie dies hier als Warnung vor »Seelenverkäufern« und vor diversen Machtspielen, die durchaus mit dem Thema »Tod« verbunden sein können. »Seelen sammeln« – dieser Ausdruck bekommt seinen wahren Sinn durch die Aufgabe, sich bewußt zu machen, was viele Seelen bewegt. Zugleich geht es aber auch darum, das eigene Leben und die persönliche Betroffenheit vom Strom der Seelen abzutrennen, um das Eigene zum Einmaligen zu erheben. Das Einmalige ist einerseits das Vorübergehende, das Belanglose, die Ausnahme, das Unerhebliche – ein flüchtiger Schatten, eine Randnotiz. Einmalig ist aber auch das Wahre, das hervortretende und zur Wirklichkeit gewordene Geheimnis. Das Einmalige setzt Werden und Vergehen voraus! Im Erleben des Einmaligen ist der Augenblick Ewigkeit, der Kreislauf von Tod und Geburt kommt scheinbar zum Stillstand – in Wahrheit findet er hier, im Zauber des Einmaligen seine erhebende Krönung.

Ewigkeit ist ein anderes Wort für eine bleibende Einmaligkeit. Sie ist weniger eine Frage des Glaubens, als der Fähigkeit, ein bestimmtes, einmaliges Leben zu führen und fruchtbar zu machen. Der Schnitter will ernten, und der Schnitter sind *auch* Sie selbst. Es gibt etwas zu erledigen in diesem Leben! Trauer ist dazu erforderlich, Sonne und Bewegungskraft – sowie auch eine Sense: Erfaßte und begriffene Aggressionen sowie die Fähigkeit zu einschneidenden Veränderung. Ausgerechnet die Karte des »Todes« macht damit in schöner Weise klar, daß es weder darum geht, den Tod zu verdrängen, noch darum, sich ihm auszuliefern. Darüber steht vielmehr die Berufung zur persönlichen Freiheit und zur Fruchtbarkeit eines gewollten und geliebten Lebens, das im doppelten Sinne des Wortes sich seiner Einmaligkeit bewußt ist.

Der wahre Wille

Im Zeichen des Schützen: Fakten werden flüssig...

Der lateinische Spruch wird nach seinen Anfangsbuchstaben auch VITRIOL-Formel genannt: *Visita Interiora Terrae Rectificando Invenies Occultum Lapidem.* Das heißt: »Suche das Innere der Erde; wenn du es richtigmachst, wirst du den verborgenen Stein finden«. Der verborgene Stein bezieht sich auf den legendären »Stein der Weisen«, jenes Herzstück des alchemistischen Forschungs- und Tatendrang in jener Zeit zwischen Mittelalter und Neuzeit. Ziel des alchemistischen »Großen Werkes« war die Verwandlung von »grobstofflicher« in »feinststoffliche« Materie (und umgekehrt). In der Symbolik für den angestrebten Läuterungsprozeß gab es eine festgelegte Farbsymbolik: *Schwarz* stand für die Materie, das Stoffliche, den Körper, die *prima materia*, die »dunkle Natur«. Diese schwarzen oder harten Fakten wurden flüssig gemacht; dann kamen sie auf die zweite Stufe, die *weiß* dargestellt wurde. Diese Stufe stellt den »Silber oder Mondzustand« dar, den Übergang zwischen den Extremen, die Seele.

Nun – der Stein der Weisheit ist die Weißheit des Steins. Das bedeutet: In der Erde, in der Materie lebt es. Deshalb können materielle Widersprüche aufgehoben, bewegt und verwandelt werden. Die Alchemisten haben damit vor einigen hundet Jahren einen *springenden* Punkt erraten und erahnt, der zu ihrer Zeit unerhört neu war, heute allerdings zur Allgemeinbildung gehört: Jede feste Masse stellt unter gewissen Voraussetzungen ein Äquivalent, einen gleichwertigen Ausdruck für bestimmte Energiequanten oder Energiemuster dar.

Diese Weißung wird noch weitergesteigert; es gibt einen gelben Zwischenzustand, und das große Ziel ist das Rot, das Feuer des »Geistes« und des Willens! Weiß, Gelb, Rot sind im Vordergrund von links nach rechts zu erkennen; wobei der goldene Kessel eine Doppelrolle als gelber Zwischenzustand wie auch als das gewünschte Gold spielt. Grün bedeutet hier, wie bei jeder Karte, Natur und Naturnähe, ein sehr frisches Wachstum oder eine gehörige Unreife. (Nur ausnahmsweise spielt das Grün in der Beschreibung des alchemistischen Prozesses eine Rolle, dann als Zwischenstufe zwischen Schwarz und Weiß.) Das Schwarz fehlt hier und von daher versteht sich die Aufforderung, das Innere der

Erde, d. h. der Materie, zu besuchen, und insofern versteht sich auch die Plazierung dieser Karte zwischen »Tod« und »Teufel«.

Den »Teufel« vermutete man in den Tiefen der Erde. Aber auch den Tod. Jedenfalls bestanden die Einweihungsriten in der Antike häufig darin, daß der Einzuweihende in ein Erdloch, eine Höhle oder unter Tage geführt wurde, wo er oder sie eine gewisse Zeit zu verbringen hatte. Daher bedeutet die VITRIOL-Formel auch: *Setze dich mit Tod und Teufel auseinander, bringe »es« in Ordnung, und du wirst den Stein der Weisen finden.*

Der »Stein der Weisen« gilt nach verbreiteter Auffassung als Symbol für den *wahren Willen.* Das einfache Wollen und Wünschen wird geläutert. Hier finden sich Parallelen zum christlichen *Fegefeuer.* Die Entwicklung des wahren Willens ist zugleich identisch mit dem sogenannten »Höheren Selbst« und dem persönlichen »Schutzengel«.

Dieser Schutz wird deshalb dringend benötigt, weil der verborgene Stein, von dem hier die Rede ist, auch ein Symbol für das *verborgene Selbst* sein kann! Das Bild warnt recht drastisch vor Schizophrenie und Persönlichkeitsspaltung. Ein verborgenes Selbst führt zu einer austauschbaren Identität, wie der Kranz von acht Kreisen auf der Brust der Bildfigur als eine Möglichkeit zeigt. Wunsch und Wirklichkeit, bewußter und unbewußter Wille können eine gefährliche Spaltung darstellen. Und Sie brauchen, wenn Sie diese Karte ziehen, den Willen, die Widersprüche, in denen Sie stecken, ernstzunehmen. Feuer und Wasser *können* sich zum Regenbogen verbinden (vgl. auf den Schultern der Bildfigur). Das ist das *Geheimnis der Vereinigung* (mysterium conjunctionis). Diese Aufhebung und Einheit der Gegensätze bedeutet aber auch, das bisherige Ich oder den vorgefaßten Willen immer wieder sterben zu lassen, damit eine höhere Einsicht und eben ein stimmiger Wille neuwerden können. Hinweise auf diesen Prozeß von Tod und Wiedergeburt geben die Bienen (auf dem grünen Kleid) und der Totenkopf mit dem Raben (auf dem goldenen Kessel).

Die Karte ermuntert Sie, die Widersprüche Ihres Lebens selbst in die Hand zu nehmen. Sie sollen weder Tatsachen ignorieren noch vor ihnen kapitulieren. Je mehr Sie die realen Widersprüche Ihres persönlichen Lebens in Bewegung bringen, um so mehr gelingt es Ihnen, die Dinge so zu nehmen wie sie sind, und – nicht dennoch, sondern gerade deshalb – dem persönlichen Willen zum Erfolg zu verhelfen. Der Versuch, die Dinge zu manipulieren, sich und anderen etwas vorzumachen, um den eigenen Willen zu schützen, wird überflüssig. Bringen Sie Ihre Ziele in Ordnung.

XIV – KUNST

Umwertung der Werte

Im Zeichen des Steinbocks: »Licht am Ende des Tunnels...«

Was im Grund für jede Karte gilt, wird beim »Teufel« zur bestimmenden Notwendigkeit: Hier müssen positive und negative Aspekte deutlich voneinander geschieden werden. Weder eine bloße *Verteufelung* noch umgekehrt die alleinige *Verherrlichung* dieser Bildfigur ist ausreichend, um die Botschaft dieser Karte zu verstehen und anzuwenden. Es ist und bleibt *eine* Karte, doch der Inhalt weist in völlig unterschiedliche Richtungen.

Der »Teufel« verkörpert die ungestaltete Natur. Wie der Saturn (dessen Ringe oben im Bild zu erkennen sind) ist der »Teufel« der »Hüter der Schwelle«. Was bisher *unterschwellig* vorhanden war, wird jetzt sichtbar. Der Uräusstab trägt in der Bildmitte das ägyptische Sonnenzeichen, und so wird im vorliegenden Bild das, was tief in der Erde ist, was unterhalb der Schwelle ist (als Schwelle lassen sich ebenfalls die Saturn-Ringe auffassen), erhellt und beleuchtet.

Der Begriff »Schatten« ist hier, genau genommen, nicht zutreffend. Der Schatten beschreibt das Unbewußte (das Unbekannte, Verdrängte usw.); dieser Schatten wird in der Symbolkunde mit der Farbe *Grau* dargestellt. Der Schatten gilt als unmerklich und unsichtbar, wie der griechische Gott der Unterwelt Hades, dessen Name auf deutsch »der nicht Wahrnehmbare« bedeutet. Im Unterschied dazu geht es beim »Teufel« jedoch darum, daß die zuvor unbemerkten Schattenseiten nun so deutlich und dicht geworden sind, daß sie zu sehen und zu greifen sind. Das drückt sich symbolisch entweder durch die Farbe Schwarz aus (dichte Materie, Finsternis) oder durch Einzelsymbole, die die unerlöste Natur charakterisieren, wie z. B. Menschen, die Hörner tragen, und – wie im vorliegenden Bild – durch die Darstellung der Erbanlagen und keimhaften Talente. Die großen Hoden mit ihren nach männlich und weiblich getrennten winzigen Lebenskeimen besitzen hier nicht nur eine sexuelle Bedeutung. Sie stehen auch für Ihre *Mitgift*, für den Fluch und die Verheißung, die in Ihnen stecken. Hier ist ein großes Reservoir an Lebensmöglichkeiten, die bisher *nicht über die Schwelle* entlassen wurden – noch nicht oder nicht mehr.

In Ihren aktuellen Fragen werden Sie auf die eine oder andere Art mit *Tabuthemen* in Berührung kommen. Und hier setzt nun die Aufgabe ein, Licht ins vorherige Dunkel zu bringen und genau zu unterscheiden. Es gibt Anlagen und Möglichkeiten, die mit Recht unter Tabu stehen, und solche, wo Tabus zumindest aus jetziger Sicht ganz unsinnig erscheinen. Oft spiegelt diese Karte, daß Tabus sich verändern. Sie begegnen auf der einen Seite einem »Vampir«, einem Teil der eigenen Natur, mit dem Sie sich und anderen schon lange das Leben schwermachen. Es geht um zerstörerische und selbstzerstörerische Mechanismen. Diese Seite des »Teufels« fürchten wir zu Recht – und wer sie noch nicht fürchtet, sollte sie fürchten lernen. Diesen Teil sollten Sie unter Tabu stellen. Dieser »Teufel« kann als Mist auf dem Acker des Lebens noch als Humus wirken – und dabei zerfallen.

Auf der ganz anderen Seite begegnen Sie einem »Kellerkind«, einem Teil der eigenen Natur, den Sie an sich selbst bisher stiefmütterlich oder stiefväterlich behandelt haben und der deshalb so ungestaltet ist, weil Sie ihn weggepackt, alleingelassen oder sogar mißhandelt haben. Mit dieser Seite des »Teufels« empfinden Sie zu Recht Mitleid und Mitgefühl; sie ist es, die jene vielzitierte »sympathy for the devel« hervorruft. Beim »Kellerkind« müssen Tabus abgebaut werden, um es jetzt in das persönliche Leben zu integrieren. Das *eine* Bild muß in *zwei* Teile geteilt werden. Sinnvolle Tabus müssen von sinnlosen unterschieden werden, so öffnet sich die Tür, die Sie über die »Schwelle« führt.

Ihre Aufgabe besteht darin, einen *Lichttest* vorzunehmen. Wenn Sie Sonne ins Dunkle bringen, dann zeigt sich, wes Geistes Kind diese bisher ungenutzte Mitgift ist: Der Vampir zerfällt zu Staub, und das Kellerkind gewinnt Form und Farbe. Durch diese Operation bringen Sie nicht nur Licht in das Dunkle hinein, Sie befreien auch das Feuer in der Erde aus seiner Abgeschlossenheit. Für die Erleuchtung der »dunklen Natur« stehen auch das Dritte Auge und der Blumenkranz der Ziege, die auch als Ziegenbock, Steinbock oder Esel gedeutet wird. Sinnvolle Tabus einzurichten und sinnlose Tabus aufzubrechen, stellt im moralischen wie materiellen Sinne eine *Goldgrube* dar.

Lassen Sie sich nicht ins Bockshorn jagen. Stellen Sie sich dem Unbekannten, beobachten Sie es, bis Sie genau wissen, *was* Sie davon nutzen können und was nicht.

Fliegen lernen

Im Zeichen des Mars: Mut zur Unmittelbarkeit...

»Das Haus Gottes« lautet der Titel dieser Karte in älteren französischen Tarot-Ausgaben. Dieses Haus kann man entweder in dem brechenden oder fallenden Gebäude (links im Bild) erkennen; oder die Energiestrahlen, die das ganze Bild durchziehen, weisen auf das Wirken »Gottes« und auch auf dessen Haus oder Zuhause hin. Das große Auge, die weiße Taube mit dem Zweig und die Löwenschlange (rechts oben im Bild) bringen »Gott« dreimal direkt zur Darstellung. Christliche, jüdische und gnostische Gottesbilder werden damit hier zitiert (vgl. Anm. S. 224 ff.). Bei soviel geballter Gottheit und gleichzeitig soviel Einsturz oder Umsturz versteht man vielleicht die Worte aus der Bibel besser, mit denen »Gottes« Erscheinen angekündigt wird: *»Fürchtet Euch nicht!«*

Die Linien, die sich durch das gesamte Bild ziehen, bedeuten nicht nur die schon angesprochenen Energiestrahlen. Sie stellen auch das bekannte Motiv des *zerbrochenen Spiegels* dar. Der zerbrochene Spiegel bedeutet als *Warnsignal* den Hinweis auf einen möglichen oder drohenden Identitätsverlust. – Als *Ermunterung* stellt dasselbe Motiv darauf ab, den Dingen *unmittelbar* ins Auge zu schauen. Ein Spiegelbild gilt in der Symbolik *auch* als Inbegriff des Scheins, d. h. der Vorspiegelung im Gegensatz zum Tatsächlichen. Im guten Sinne bedeutet der zerstörte Spiegel in etwas das gleiche, wie eine Maske abzunehmen und das wahre Gesicht zu zeigen. Beide Bedeutungen, Ermunterung und Warnung, sind zu beachten. Beide weisen in völlig unterschiedliche Richtungen, und dazwischen gibt es *keinen* Mittelweg!

Zwei besondere archetypische Situationen bestimmen die Bedeutung des »Turm«: *Babel und Pfingsten.* Der Turmbau von Babel war Ausdruck der Hybris, des menschlichen (oder eines speziell männlichen) Größenwahns. Er führte zum Verlust des Bauwerks, zu Zerstörung und auch zur bekannten »babylonischen« Sprachverwirrung: Die Menschen verstanden einander nicht mehr.

Das Pfingstereignis stellt eine Umkehrung des babylonischen Turmbaus dar. In der biblischen Apostelgeschichte heißt es dazu: »Als der Pfingsttag gekommen war, befanden sich alle am gleichen Ort. Da kam plötzlich vom Himmel her ein Brausen, wie wenn ein heftiger Sturm daherfährt, und erfüllte das ganze Haus, in dem sie waren. Und es erschienen ihnen Zungen, wie von Feuer, die sich verteilten; auf jeden von ihnen ließ sich eine nieder. Alle wurden mit dem Heiligen Geist erfüllt und begannen, in fremden Sprachen zu reden, wie es der Geist ihnen eingab. (...) Als sich das Getöse erhob, strömte die Menge zusammen und war ganz bestürzt: Denn jeder hörte sie in seiner Sprache reden.« Statt Verfestigung, hier also eine *Aufhebung* der Sprachgrenzen. Das Symbol des Heiligen Geistes ist in der weißen Taube hier sehr deutlich.

Babel und Pfingsten – zwei gegensätzliche Pole der Nutzung der höchsten Energien, die uns zur Verfügung stehen. Zwei völlig verschiedene Arten, »aus dem Häuschen« zu geraten. *Gewalt* zerstört und führt zu Sprachlosigkeit und Verwirrung. *Liebe* dagegen hebt die Sprachbarrieren auf, sie ermöglicht *Verständigung* über alle Grenzen hinweg.

Im positiven Sinne betrifft die Karte oft eine Situation, worin man z. B. eine Beziehung, einen Beruf oder anderes beendet, ohne bereits dafür eine/n neue/n gefunden zu haben. Aus der alten Situation herauszugehen, »nur« weil sie zu eng oder sonstwie unerträglich geworden ist, und sich ohne festes vorgegebenes Ziel auf das einzulassen, was auch immer an Neuem sich entwickeln wird, dies erfordert nicht nur einen gewissen Mut, dies setzt auch enorme Energien frei.

Zugleich warnt die Karte vor Überheblichkeit und Größenwahn. Möglicherweise führt gerade der Versuch, mit festem Willen »alles unter Kontrolle« zu bekommen, zu schweren Erschütterungen. Möglicherweise ist das Thema auch darin zu suchen, daß Sie sich von gewissen Ereignissen *zu sehr* beeindrucken oder erschüttern lassen.

Es kann zu Erschütterungen kommen, doch es handelt sich um einen Vorgang, bei dem Sie Ihre Ein-Wände und Vor-Wände, einen Elfenbeinturm dann aufgeben, wenn die Zeit dafür reif ist. Sie hüten und Sie schützen sich um so besser vor gewaltsamen Zumutungen. Die Lebenskraft ist eine Urgewalt – Taube und Feuersturm. Stellen Sie sich auf starke Energien ein, und lernen Sie, »den Tiger zu reiten«. Am Anfang sieht es so aus, als müsse man sich *fallenlassen*. Je bewußter man damit umgeht, um so mehr verwandelt sich das Fallen in ein Fliegen! *Fliegen* heißt aber auch: Getragen werden! Je mehr Energie Sie annehmen und verarbeiten können, um so weniger kann Ihnen entfallen.

Erleuchtung

Im Zeichen des Wassermanns: Jeder Mensch ist ein Stern ...

Wie könnte ein Mensch erleuchtet werden, wenn er nicht schon das Licht in sich trüge?! Wie könnte er, wenn er leuchtet, sein Licht für sich behalten? Es kommt »nur« darauf an, daß Sie das Licht, das in Ihnen steckt, zum Vorschein bringen. Das bedeutet, daß Sie, wie im Märchen »Sterntaler«, alle falschen Hemmungen und Vorbehalte ablegen, um sich Ihrer persönlichen Wahrheit zu öffnen. Wenn dann der Stern nicht nur die Nacht, sondern auch den Tag erhellt, dann zeigt sich diese Wahrheit in ihrer ganzen Schönheit.

Es gibt allerdings wenig andere Karten, denen in der traditionellen Deutungsliteratur so *wenig* Nachteile oder Gefahren zugeordnet worden sind wie dieser. Das hat einen bestimmten Grund:

Die großen Probleme des »Stern« sind der Narzißmus und die Selbstverlorenheit: Narziß ist der Jüngling aus der griechischen Mythologie, der sich in sein Spiegelbild verliebt und unfähig bleibt, jemand anderen zu lieben. Diese Selbstverliebtheit zeigt sich im Bild vor allem als die Entrücktheit eines ausschließlich auf sich selbst bezogenen Lebens. Deren Umkehrbild ist die Selbstverlorenheit, auf der Karte vor allem als Gesichtslosigkeit und Selbstabgewandtheit zu erkennen. »In meinem Film bin ich der Star/ich komm auch nur alleine klar/Panzerschrank aus Diamant/Kombination unbekannt«, aus dem Lied »Eiszeit« (Ideal).

Die Nacktheit der Sternenfrau kann nicht nur auf eine wünschenswerte Offenheit, sondern auf eine beschämende Bloßstellung wie auch auf eine Schamlosigkeit als *Unfähigkeit sich zu schämen* hinweisen.

Die dunklen Seiten dieser Karte sind deshalb so schwer zu erkennen, weil zu deren Inhalt hier gerade die *Tabuisierung des Anderen* gehören kann. Eine Strategie der Selbstimmunisierung verhindert jede Auseinandersetzung nicht nur mit möglichen Nachteilen und Schattenseiten, sondern *jede* Auseinandersetzung mit sich selbst! Darin gipfelt vielfach der Starkult: Im Traum von einem Leben, in dem keinerlei Auseinandersetzung mehr nötig ist, weil alle Wünsche in Erfüllung gehen. Dies sind jedoch Allmachtsvorstellungen (in denen sich Ohnmachtserfahrungen ein Denkmal setzen), *und diese hindern eine/n am meisten daran, den eigenen Stern zu erkennen und zu verwirklichen.*

Tatsächlich macht es zunächst die meiste Mühe, den eigenen Stern überhaupt zu erkennen. Das ist in diesem Punkt wie in der Astronomie. Wenn ein neuer Stern ausfindig gemacht wird, lassen sich häufig im nachhinein Fotos feststellen, auf denen dieser »neue« Stern schon enthalten war – allerdings ohne daß jemand von ihm Notiz genommen hätte. Um den bereits vorhandenen Stern zu entdecken, müssen also vertraute Zusammenhänge auf neue Art gesehen werden. In Visionen, Hoffnungen und Lebensträumen leuchtet Ihre Art, die Dinge zu betrachten, auf.

Selbstfindung und Verwirklichung des Eigensinns erfordern eine *geistige Reinigung*. Die Wünsche und Ängste müssen durchgespült werden, bis sie *klar* sind. Ihre ganze Person wird durchgespült. Als »Stern« verkörpern Sie die Schönheit eines klaren Bewußtseins und eines stimmigen persönlichen Selbstverständnisses!

Tauen Sie vereiste Gefühle auf. Schlimme Erfahrungen wollen beendet und schöne Hoffnungen verwirklicht werden! Beides erreichen Sie nicht im Traum, sondern mit einem wachen Bewußtsein, das Sie ganz durchströmt. Es gibt etwas zu klären und zu bereinigen – und das entscheidet Ihre aktuellen Fragen.

Erlösung

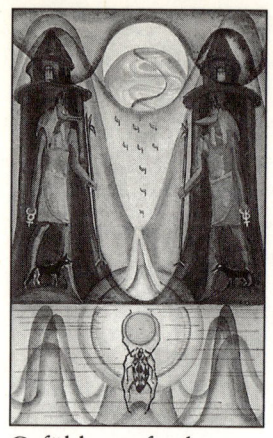

Im Zeichen der Fische: Fremde werden Freunde...

»Der Mond« steht für das *kollektive Unbewußte*, für die »ozeanischen Gefühle«. Er ruft verborgene Regungen ans Licht, wie den Skarabäus-Käfer, die Sonne aus großer Tiefe. Das Bild zeigt einen belebten und bewegten Himmel, den Lebensweg, Schicksalslinien und einander überlagernde Energien. Wie eine Vollmondnacht kann dies alles recht aufwühlend wirken. Hier ist Ihr Mut zu großen Gefühlen gefordert.

Vielleicht begegnen Sie Stimmungen und Schwankungen, die Sie nur schwer einzuschätzen wissen. Die Gefahr besteht darin, daß Sie sich von Ihren seelischen Wechsellagen absorbieren lassen. Anstatt *persönlich* ins Bild zu treten, tauchen Sie womöglich unter, wie der Skarabäus, heulen den Mond an, wie die kleinen Hunde, oder stehen versteinert da, wie die beiden Türme. Ihre große Chance besteht jetzt darin, daß Sie sich in jedes lebende Wesen einzufühlen vermögen. Als Zeichen dafür zeigt die Karte zweimal den Hermanubis (Menschengestalt mit Hund- oder Schakalskopf). Das ist der Seelenführer, der hier im Bild einen Schlüssel (in Gestalt des Hermes/Merkur-Zeichens) in der Hand hält. Nichts Menschliches bleibt Ihnen fremd, wenn Sie diesen Schlüssel nehmen und den Weg des »Mond« gehen.

Das kollektive Unbewußte wird manchmal auch als »Reich der Mütter« oder als das »Ewig-Weibliche« bezeichnet. Hier finden sich alle noch ungelösten Probleme, alle noch unversuchten Lösungen, alle noch ungelebten Möglichkeiten der Menschheit. Neue Realitäten, aber auch verdrängte Wirklichkeiten werden neugeboren. Diese »Wiederkehr des Verdrängten« war auch der Grund, weshalb diese Karte in der klassischen Esoterik oft negativ gedeutet wurde.

Die Verheißung der Karte ist jedoch die Erlösung des vormals Verdrängten. Was vorher in abgelegenen Tiefen oder Höhen hauste, nimmt Gestalt an und wird im Alltag aufgehoben. Sonne und Mond (der Mond als Vollmond und als querliegende Sichel auch oben im Bild) sind hier wie die zwei »Königskinder«, die es – allen Unkenrufen zum Trotz – nun doch schaffen, die Kluft zu überwinden und einander zu begegnen. Es gibt in dieser Welt der großen Emotionen und Gefühle keinen »Königsweg«, der für jeden und für alle gleich wäre. Wie ein Fisch nie aus der Distanz über das Wasser reden kann, sondern immer mittendrin ist, so zeigt uns der »Mond« Lebensthemen, die so weitreichend sind wie der gesamte Lebensweg. Den »Mond« zu deuten, heißt, mit ihm zu leben und auf jedem Schritt mit ihm in Verbindung zu bleiben.

Bei dieser Karte heißt es Abschied nehmen von der Vorstellung, Sie könnten alle wesentlichen Gefühle »in den Griff« bekommen. Je mehr Sie nach dieser Vorstellung leben, ist es tatsächlich eher umgekehrt so, daß Ihre Träume und Emotionen Sie bestimmen, auch wenn Ihnen das nicht unbedingt bewußt wird. Fürchten Sie nicht die Offenheit und die Totalität des Vollmondes. Fürchten Sie nur eine Ahnungslosigkeit gegenüber den Kräften des Unbewußten. – Prüfen Sie in Ihren aktuellen Angelegenheiten, wie Sie sich vor einem falschen Glauben schützen und wie Sie ein berechtigtes Vertrauen stärken können. Es wird Ihnen möglich werden, einen eigenen klaren Erfahrungsstandpunkt zu den Fragen von »Liebe, Tod und Teufel« auszubilden. In Ihren jetzigen Fragen kommt es darauf an, neue Lösungswege für alte Probleme aufzutun.

Doppelte Sonne

Im Zeichen der »Sonne«, die hier gleich zwei-
mal in Erscheinung tritt: Einmal als kosmi-
sches Zentrum und einmal als persönliche Le-
bensmitte...

»Kind« und »Sonnenschein« besitzen viele
Wesensübereinstimmungen. Ein (kleines)
Kind weist eine *allseitige* Entwicklung auf. Seine Lebensmitte entfaltet sich zugleich nach allen Seiten hin, gestaltet Körper, Geist, Seele,
Wille und Gesamtpersönlichkeit. Ein Merkmal der Sonne ist ebenfalls die allseitige Ent-
faltung. Das Licht, welches von ihr ausgeht, bewegt sich mit gleicher
Geschwindigkeit nach allen Seiten gleichzeitig. – Als bewußter Erwachsener wieder Kind zu werden, heißt, seinen Platz an der Sonne zu
finden und das eigene Licht zum Vorschein zu bringen. Das ist die eigentliche *Lebensmitte*, bei der es nicht um eine Altersangabe geht, sondern um einen *Energiezustand,* worin die allseitige Entwicklung wieder
und – auf dem jeweiligen Bewußtseinsstand – erstmals möglich ist. Diese Lebensmitte ist völlig unabhängig vom Alter und setzt eine persönliche Verbindung der großen Sonne mit der kleinen Sonne, des kollektiven Bewußtseins mit dem persönlichen Bewußtsein voraus (die »Sonne« ist hier als Ellipse dargestellt; im Unterschied zum Kreis besitzt diese *zwei* Brennpunkte). Wo diese Verbindung nicht gelingt, besteht ein
nicht-integriertes oder sogar gespaltenes Bewußtsein, u. a. in folgenden
typischen Erscheinungsformen:

»Puer aeternus« (der ewige Knabe) heißt in der Tiefenpsychologie
die seelische Weigerung, erwachsen zu werden. Charakteristisch für
diese Haltung ist ein enormer Erfahrungsreichtum bei fehlender oder
schwacher eigener Mitte. Diese »Haltung« gleicht mehr einer Haltlo-
sigkeit. Sie kann schwächlich oder tollkühn, diktatorisch oder unter-
würfig in Erscheinung treten: Jedesmal fehlt die persönliche Mitte, welche als eigenes Zentrum in Korrespondenz mit der großen »Sonne« treten könnte.

Der *kleine Tyrann* besitzt gerade umgekehrt *nur* seine persönliche
Mitte und möchte diese zur Nabe des Weltgeschehens machen. Das
»ewige Kind« weiß alles – nur nicht, was dieses für es selbst bedeutet.
Denn es kennt sein Selbst nicht, nur daß der anderen. Der »kleine Tyrann« entsteht umgekehrt aus der alleinigen Treue zur eigenen Betrof-

fenheit. Hier ist das eigene Selbst präsent, aber nicht das Selbst der Anderen.

Beide Zentren – persönliche *und* kollektive Lebensmitte – müssen einerseits voneinander unterschieden werden; dafür steht im Bild z. B. die Mauer oder der Kranz unterhalb des Gipfels des grünen Berges. Es muß aber andererseits auch eine Überbrückung oder eine Verbindung zwischen diesen beiden Mittelpunkten geben, dafür stehen hier symbolisch die Sonnenstrahlen, die wie Bänder anzusehen sind, und die Flügel der kleinen Bildfiguren, die es erlauben, sich in die Luft zu heben. Es gehört ein bewußter Akt, eine gewollte Wandlung dazu, als Erwachsener »wieder« Kind zu werden. Dieser Akt wird die »zweite Geburt« genannt. Deren Bedeutung besteht darin, daß Sie sich als Erwachsene/r ein zweites Mal, und diesmal *selber* ins Leben rufen:

Nach der ersten Geburt, welche die Existenz eines jeden Menschen in dieser Welt eröffnet, bedeutet die zweite Geburt eine selbstgewählte Existenzgründung, die *Selbsterkenntnis* und *Welterfahrung* zum Hintergrund hat (diese Bedeutung können auch die zwölf Tierkreiszeichen vertreten, die hier gleichsam als Randbedingung auftreten: Ein Ensemble von Charakteren, von Selbst- und Menschenkenntnis). An die Stelle eines herkömmlichen Verhaltens und Denkens tritt jedenfalls ein selbsterprobter Lebensstil. Wahlverwandschaft ersetzt Blutsverwandtschaft (wobei man natürlich auch alte als neue Verwandte bestätigen kann). *Wille und Bewußtsein bestimmen die großen und die kleinen Dinge des persönlichen Lebens* anstelle von Gewohnheit und Wiederholung.

Als Erwachsener wieder Kind zu sein, ist etwas, das Sie von Nicht-Erwachsenen sowie von Nur-Erwachsenen unterscheidet: Sie sind auf beiden Seiten der Mauer zu Hause. Sie verfügen über ein unglaubliches Potential von Energie und von Ideen, wenn Sie immer wieder eine Brücke zwischen dem persönlichen Willen und dem allgemeinen Bewußtsein schlagen können. Es ist für Ihre aktuellen Fragen von Bedeutung, daß Sie mit diesen enormen Energiereserven rechnen. Denn damit können Sie mehr als üblich für Ihre eigenen wie für kollektive Zwecke erreichen. – Nichtgenutzte Energien sind nicht nur eine Verschwendung, sondern auch eine Belastung. So kann die Karte einen Energie- und Triebstau anzeigen, den Sie nicht auflösen können, solange Sie nach dem Motto »Mehr desselben« verfahren. Machen Sie einen Sprung über die Mauer, riskieren Sie mehr Wildheit und Hingabe.

Tägliche Wiedergeburt

Im Zeichen des Pluto: Eine persönliche Offenbarung...

Traditionell heißt die Tarot-Karte XX »Gericht« und erinnert mit der Darstellung von Posaunenengeln und geöffneten Gräbern an die christliche Vorstellung vom Jüngsten Gericht. Das vorliegende Bild stellt nur äußerlich eine Abkehr von diesem traditionellen Bildmotiv dar. Der Titel »Äon« bedeutet soviel wie »(Neues) Zeitalter« oder »(Neue) Zeitrechnung«. Inhaltlich hält sich jedoch auch dieses Bild an die überlieferte Bedeutung der Karte. Es stellt einen Geburtsvorgang dar und macht Offenbarung, Transformation und Auferstehung zum Thema.

Der große, blaue, schlangenhafte Körper stellt eine Himmelsgottheit dar, wie sie in vielen Kulturen bekannt ist. Bei den alten Ägyptern hieß die Himmelsgöttin *Nut*. Sie verschluckt abends im Westen die Sonne, um sie am nächsten Morgen im Osten wieder erneut aus sich hervorgehen zu lassen. Sie ist die »Sau, die ihre Ferkel frißt«, d. h. sie nimmt alle Gestirne in sich auf. Im ägyptischen Glauben ist sie daher mit dem Gedanken der Auferstehung verbunden. Ähnliche Bedeutungen vertreten die gefiederte Schlange und die Regenbogenschlange bei den Ureinwohnern Amerikas bzw. Australiens.

Diese blaue Himmelsschlange kann jedoch auch wie eine Gebärmutter betrachtet werden. Und was im traditionellen Bild die sich öffnenden Särge sind, das stellt hier der begonnene Geburtsvorgang dar:

Die »Beziehungskisten«, Probleme oder neue Möglichkeiten, mit denen Sie schon lange »schwanger« gingen, Bereiche, die Sie bisher wie ein »Blaubartszimmer« noch nicht berührt haben – alles das feiert hier seine Auferstehung und stellt Sie vor die Aufgabe, auch die extremen Seiten des Lebens zu unterscheiden und zu verbinden. Für diese Aufgabe stehen die beiden roten *Brennpunkte* im Bild, die den alten Horus und den neuen Horus, alte Zeit und neue Zeit darstellen.

Die beiden roten Brennpunkte können aber auch Ausdruck einer Spaltung im Bewußtsein oder im Verhalten sein, wo Gestern und Heute in keinerlei Beziehung stehen. *Tägliche Wiedergeburt* bedeutet insofern eine tägliche Reproduktion dieser Spaltung oder einen bewußten oder unbewußten *Wiederholungszwang*. Das Bild stellt dann einen Geburtsvorgang dar, der nur mit Schwierigkeiten gelingt oder vielleicht sogar unterbrochen ist. Oder das Bild ist als Zeichen einer *permanenten Schwangerschaft* zu verstehen. Die neuen Möglichkeiten werden gehütet und gebrütet, aber sie bleiben nur Möglichkeiten.

Vielen Menschen in der westlichen Welt erscheint heute »Wiedergeburt« (Reinkarnation) als eine verheißungsvolle Lösung. In der östlichen Philosophie, aus der der Reinkarnations-Gedanke stammt, erscheint die Wiedergeburt eher als ein *Fluch*, und erst das Ende des Kreislaufs von Wiedergeburten verheißt Glück und Frieden. Übertragen auf diese Karte, ergibt sich praktisch:

Wesentliche Wünsche und Ängste, Schuldzuweisungen und Selbstvorwürfe müssen immer wieder durchgespielt und durchgearbeitet werden, bis der Keller der Vergangenheit und das Firmament der Zukunft geklärt und gereinigt sind. Erst dann bedeutet Wiedergeburt die Entdeckung einer neuen Lebensqualität, eine Transformation der alten. Ohne dieses »Erinnern, Wiederholen und Durcharbeiten« (Sigmund Freud) bedeutet Wiedergeburt vor allem Wiederholung, und der jüngste Tag (heute!) sieht morgens schon alt aus, weil er von gestern ist.

Liebgewordene Gewohnheiten und angewöhnte Unzulänglichkeiten kommen jetzt auf den Prüfstand. Stellen Sie sich auf Auseinandersetzungen ein, und schauen Sie, wie Sie diese »richten« werden. Ergreifen Sie die Initiative, um sich zu verabschieden oder zu versöhnen. Lernen Sie zu verzeihen, ohne zu vergessen. – Sie begegnen Schattenseiten, die Sie einesteils unbedingt anerkennen und annehmen sollten. Wenn diese Ihnen auch unbekannt und fremd erscheinen, sie werden Sie reich und glücklich machen. Aber es gibt auch einen Teil des Schattens, den Sie nur deshalb jetzt erkennen und wiedererkennen, um ihn endgültig zu begraben. Auch das wird Sie stärken und beglücken. Lassen Sie sich nicht überwältigen. Ziehen Sie einen Strich unter das, was war. Sie können selber wählen. Entwickeln Sie Leitbilder und Horizonte, die den wirklichen Erfahrungen und Bedürfnissen gerecht werden.

Aufhebung der Widersprüche

Im Zeichen des Saturn: Erbe und Auftrag...

Diese Karte ist von der Numerierung hier das höchste der 22 »Großen Geheimnisse« des Tarot. Was liegt näher, als zu vermuten, diese Karte bedeute Lorbeer, Sieg und Vollendung, weil sich doch in ihr das Ziel der Reise durch all die vorausgehenden Stationen darstelle. Eine solche Deutung dieser Karte ist vielleicht naheliegend, doch auch vordergründig. Sie entspringt zunächst einem Wunschdenken (»Ende gut – alles gut«).

Mehr noch als eine krönende Vollendung zeigt das Bild eine Situation der Geborgenheit, eine rundum erlebte Beheimatung in dieser Welt. Dennoch darf nicht übersehen werden, daß diese Karte auch eine *Gefangenschaft* darstellen kann. Wie eine Fliege im Bernstein oder wie ein Hamster im Laufrad, so kann die Tänzerin in ihrem Kreis gefangen sein. So stellt dieses Bild *auch* eine gefährdete Lebenssituation dar, in der ein Mensch im Rahmen des Umgebenden und Bestehenden einzugehen droht und wo vor allem eines hilft: Möglichst gründlich aus dem Rahmen zu fallen!

Die Schlange kann, wie immer, eine erotische Bedeutung besitzen und außerdem auf die oft schillernden Übergänge zwischen Dummheit und Weisheit hinweisen. Vor allem ist sie hier aber ein Zeichen für die Evolution, für das *unendliche geflochtene Band.* »Jeder Aufstieg in große Höhen geschieht auf einer Wendeltreppe« (Francis Bacon). Sie selber und Ihre persönliche Geschichte sind ebenso wie die Schicksale vor und nach Ihnen Glieder einer langen Kette von Wandlungen und Evolutionen. Dies hat Sie bis in Ihr Innerstes geprägt, auch die DNS-Kette, der genetische Code ist ein »unendliches geflochtenes Band«. Sie erfahren Ihr eigenes Dasein vor dem Hintergrund der Geschichte als Erbe und Auftrag. Sie erkennen Ihre Bestimmung darin, aber auch Ihre Freiheit. Drehen und wenden Sie sich allen *vier* Himmelsrichtungen und Temperamenten zu. Ziehen Sie Ihre Bahn und verbinden Sie die unterschiedlichsten Erfahrungen zu einem großen, erfüllten und bewegten Leben!

Das Pendel und die Sichel, die aus der augenähnlichen Himmelstiefe (rechts oben im Bild) herabragen, können an ein Uhrwerk erinnern. Dann symbolisieren sie die Bedeutsamkeit, die jeder Zeitabschnitt besitzt. Jeder Tag, jede Stunde, jede Minute usw. besitzt einen eigenen Ausdruck und einen eigenen Inhalt, wie eine Blume, die mit dem betreffenden Moment erblüht und wieder vergeht. Alles hat seine Zeit, sein Maß und seine Grenzen.

Und immer gibt es eine *Alternative*. Darin liegt eine weitere Bedeutung von Pendel und Sichel. Nichts ist aus sich allein heraus verständlich. Zu jedem Satz gibt es einen Gegensatz, zu jedem Spruch einen Widerspruch. Ihre Stärke und Ihre Aufgabe ist es jetzt, selbst in die Mitte zu treten.

Der Zweck der Auseinandersetzung mit den Polaritäten des Lebens ist die Entdeckung der *persönlichen Werte*. Ihre Rolle in dieser Welt, Ihr *Haus* und Ihre Heimat im Universum ist aufgrund der Gegebenheiten vorgezeichnet, wie der Entwurf unten, unterhalb des Schlangenkopfes. Doch dieser Entwurf ist nur eine Umrißzeichnung, Ihre Zeit und Ihr Raum oder Ihre Grenzen sind damit allgemein umrissen.

Im Bewußtsein der eigenen Grenzen zu leben, bedeutet nicht auf die eigene Rolle oder die eigene Bedeutung in der Welt zu verzichten; im Gegenteil. Die Gewißheit, daß *alles seine Zeit* besitzt, erleichtert es Ihnen, die Zeichen der Zeit für sich zu erkennen und selber Zeichen zu setzen. Um ihre Rolle und ihren Platz im Universum zu finden, ist es für Männer wichtig, *sich in der Frau zu erkennen, um die Welt zu verstehen*. Die Frau muß sich in der *Welt* erkennen, um sich selbst zu verstehen.

Null als Vorbild

Im Zeichen des Uranus: Nichts mehr zu verlieren...

Die Null ist ein Nichts, und sie warnt Sie vor einem Leben nach der Devise »Außer Spesen nichts gewesen«. Der Nullpunkt bezeichnet aber auch den innerpersönlichen Schnittpunkt, das Selbst, die Stelle des inneren Zusammenhaltes; wie der Nullpunkt eines Koordinatensystems: Anfang und Ende von allem, was die eigene Person ausmacht.

Im Griechischen heißt »alles« *Pan*. Der Mut zur Zukunft (auch dann noch, wenn diese nicht mehr vorhergesehen und vorherbestimmt werden kann) bedeutet *Mut zum eigenen Weg*, auch wenn der weitere Wert aller Vorbilder gegen Null geht und wenn Sie offen und ohne Rückendeckung handeln.

Je ungewohnter der selbständige Weg ist, um so mehr kommt Panik auf, falls dieser doch vonnöten wird. Pan-ik ist *alles auf einmal*. Je mehr Spiel-Raum der »Narr« in Ihrem Leben bekommt, um so mehr gewöhnen Sie sich daran, »Gott« und die Welt und sich selbst so zu nehmen, wie Sie sind: Alles, was man weiß und kennt, bekommt einen Stellenwert im eigenen Leben – alles zu seiner Zeit.

Das vorliegende Bild ist mit Einzelsymbolen regelrecht überladen. Die alte Maxime des Kartenlegens »Alles ist möglich!« wird damit illustriert. Beim Narren muß man mit *allem* rechnen, weil er das Unerklärliche schlechthin symbolisiert: Das vielzitierte Selbst.

Der »Narr« verkörpert das *Genuine,* das »Eingeborene«, das was in Ihnen steckt und Sie unverwechselbar macht. Oft wird der »Narr« auch mit der Sehnsucht nach einem *Urzustand* gedeutet. Wer aber einmal dem stummen Zwang der Natur entronnen ist, für den oder die bedeutet ein »Urzustand« nicht den Verlust, sondern die Herstellung eines Bewußtseins, dem wieder *alle Möglichkeiten offen* stehen! Damit ist der »Narr« auch ein Symbol der *Freiheit*.

Frei und offen für alle möglichen Ereignisse in allen möglichen Varianten zu sein, gelingt uns in der Regel nur in zwei extremen Situationen: Entweder steht man ganz am Anfang oder ganz am Ende. Als »Narr« ist Ihnen »alles gleich«, Sie sind *wunschlos glücklich*. Das mag verlockend klingen. Aber es ist auch eine Warnung. Ihre Wünsche und Ängste sind Hypothek und Kapital zugleich. Nehmen Sie es nicht auf die leichte Schulter, wenn Sie das Gefühl haben, etwas zu versäumen. Erst die Aufhebung der Wünsche und der Ängste macht Sie im guten Sinne wunschlos glücklich.

Die Erfüllung wichtiger Wünsche und die Erledigung treibender Ängste werden jetzt zur Tagesaufgabe. Jetzt ist eine gute Gelegenheit, sich ein paar alte Hörner abzustoßen und sich auf die eigenen *Ursprünge* zu besinnen.

Stäbe

»Es muß etwas geschehen«: Stab-Karten stellen eine Aufforderung dar, etwas zu tun (aktiv) oder etwas geschehen zu lassen (passiv) und darauf zu reagieren. Im Handeln finden Sie die gesuchte Lösung oder Antwort. Folgen Sie Ihrer Energie, bleiben Sie in Bewegung. Beachten Sie die Entwicklung Ihrer Mitmenschen und berücksichtigen Sie alle beteiligten Energien.

- »Im Anfang war die Tat.«
- »Es gibt nichts Gutes, außer man tut es.«
- »Wie kann ich wissen, was ich will, ehe ich sehe, was ich tue.«

Das Holz, das dem Feuer Nahrung gibt: Vielleicht ist Ihnen im Märchen einmal die Figur des Holzfällers aufgefallen. Er steht am Anfang einer Kette von Operationen, welche die ursprüngliche Naturkraft in feinste, »geistvolle« Energien transformiert: Erst wird der Baum vom Wald getrennt, dann der grobe Klotz geschnitten, auf den groben Klotz ein grober Keil gesetzt und dieser weiter geteilt, bis Feuerholz entsteht und brennbare Scheite. Im Feuer setzt sich der Prozeß vom Groben zum Feinen fort. In dem Moment, wo das Stück Holz brennt, wird die vorher in der Materie eingeschlossene Energie freigesetzt. Sie veräußert sich als Licht, Wärme und Bewegung.

Der Brennpunkt stellt einen Übergang, die Verbindung von »Materie« (hier: Holz) und »Geist« (hier: Luft/Sauerstoff) dar. So ist buchstäblich die *Begeisterung* ein Wesensmerkmal des Feuers. Indem es feste Materie in bewegliche Energien umwandelt, bringt es »Himmel und Erde« zusammen, führt die »dunkle Erde« ans Licht und die Sonne zu uns Menschen.

In der Begeisterung und *Animation* (das heißt in der Belebung des Unbelebten/der »Materie« und in der Gestaltgebung des Gestaltlosen/des »Geistes«) liegt die animalische und animierende Kraft des Feuers.

Das Feuer der Begeisterung: Die Stäbe, die sich im Feuer mit dem »Geist« verbinden, symbolisieren nach traditioneller und nach heutiger Auffassung *Trieb-und Wachstumsenergien*. Zunächst ist es wichtig, sich einen möglichst umfassenden Begriff davon zu verschaffen, was zu diesen Triebkräften gehört, um dann in einem zweiten Schritt zu betrachten, was es für die menschlichen, persönlichen Triebe und Energien bedeutet, wenn diese Stück für Stück vom Groben ins Feine verwandelt werden, so wie es der Holzfäller sinnbildlich mit dem »Holz« praktiziert.

Nach einer gängigen Einteilung werden im menschlichen Verhalten »Grundtriebe« von »Kulturtrieben« unterschieden. Zu den Grundtrieben (»basic instincts«) zählen vor allem Selbsterhaltung und Fortpflanzung, zu den Kulturtrieben besonders Liebe und Aggression. Worin Ihre persönlichen Triebe im einzelnen bestehen, dies herauszufinden, ist praktische Aufgabe bei der Reihe der Stab-Karten.

Als Phallus-Symbol verkörpern die Stäbe Sexualkraft, sowie Zeugungs-, Schaffens- und Gestaltungskraft. Im Zuge einer patriarchalen Kultur ist über Jahrhunderte, ja, Jahrtausende der Phallus fast ausschließlich als Männlichkeitsattribut gedeutet worden. Heute sehen wir die Dinge anders und wissen, daß Potenz und phallische Kraft immer auch weibliche Attribute waren und sind. Ein schönes Symbol ist dafür u. a. der *Hexenbesen*, sozusagen eine der weiblichen Varianten der Stäbe. Weiterhin kann ein Stab auch ein Stock, ein Zweig oder ein Sprößling sein, und »Sprößling« bedeutet auch *Kind*. Er stellt möglicherweise ebenfalls eine Wurzel (Wurzelstück, Wurzelstock) dar – »Wurzel« u. a. im Sinne von *Vorfahre*.

Die Hauptbedeutung der Stäbe – Triebkraft und Wachstum – findet somit Entsprechungen auf vielerlei Ebenen. Der Umgang mit unseren Triebkräften offenbart, »aus welchem Holz« wir geschnitzt sind, und wird damit zum Zeichen der »charakterlichen« Qualitäten.

Ein anderer Ausdruck für Wachstum ist im übrigen – Alterung! Auch wenn es üblich ist, die Begriffe »Wachstum« und »Alterung« wie Gegensätze zu gebrauchen, bleibt doch unabweisbar, daß beide denselben Vorgang beschreiben können. Es ist einfach passend und im mehrfachen Sinne bedeutungsreich festzuhalten, daß wir auch im Alter »am Stock gehen«.

Feuer kann Licht und Wärme, Liebe und Erleuchtung verbreiten, doch auch Aggression, Zerstörung und Gewalt gehören zum Bedeutungsspektrum des Feuers und der Stäbe. Alles »Marsische« und »Martialische« sowie insbesondere die Aggressivität gehören hierhin und nicht, wie auch zu lesen ist, zu den Schwertern. »Aggression« bedeutet im Lateinischen »herangehen«, »Angang« usw. – Die Lust und die

Last, eine Distanz aufzugeben und *ganz* an etwas heranzugehen, ist typisch für das Feuer in uns.

Die doppelte Sonne: Um die Chancen des Feuers zu verwirklichen und seine Gefahren zu vermeiden, müssen sinnvolle »Feuerproben« von ungesundem Streß unterschieden werden. Leuchtfeuer und Irrlichter gilt es auseinanderzuhalten und den Unterschied zwischen fruchtlosen und fruchtbaren Trieben zu erkennen. – Es gibt zwei wesentliche Entwicklungen in der Symbolik des Feuers, die man kennen muß, um diese nicht einfachen, aber lohnenden Unterscheidungen im Bereich der Feuerenergie vornehmen zu können. Die erste Entwicklung handelt davon, zu verstehen und anzuerkennen, daß das Feuer einen *doppelten Ursprung* besitzt: Es kommt vom Himmel, aber auch aus der Erde! Die Sonne ist Inbegriff des himmlischen Feuers. In der abendländischen Tradition wurde diese Seite des Feuers auch mit *Gott*, der höchsten Idee oder der erlösenden Kraft des Lichtes gleichgesetzt. Der griechische Mythos erzählt, wie Prometheus das Feuer vom Himmel auf die Erde holt, indem er es den Göttern vom Olymp (einem hohen Gebirge, also wiederum aus der Himmelssphäre) stiehlt.

Daneben gibt es aber das Feuer in der Erde! Der glühend-flüssige Erdkern ist dessen Inbegriff. Es äußert sich in Vulkanausbrüchen, in warmen Quellen, in der Erdwärme – und viel allgemeiner eben als ein Teil der Wachstums- und Triebkraft allen irdischen Lebens. Dieses Feuer in der Erde ist in der abendländischen Tradition zumeist als *Hölle* (Fegefeuer und Höllenfeuer) verstanden worden. Somit hat sich eine unglückliche Unterscheidung zwischen himmlischem und irdischem Feuer eingebürgert. Obwohl Weihnachten, das Fest der Geburt Jesu, nichts anderes bedeutet, als daß in der dunkelsten Nacht des Jahres (der Wintersonnenwende) das Licht geboren wird. Himmel und Erde, »Gott« und Mensch sind seitdem keine getrennten Welten mehr.

Die zweite Neuentwicklung handelt davon, daß auch die *Sonne* eine doppelte Bedeutung besitzt! Es gibt die Sonne – als Zentrum, »Herz«, Mittelpunkt und Lebensmitte – *im einzelnen Menschen wie auch einheitlich für alle Menschen.* Die persönliche Sonne symbolisiert das *individuelle Bewußtsein*, und die Sonne, die für alle Menschen als gemeinsamer Bezugspunkt existiert, symbolisiert das *kollektive Bewußtsein.* Wenn Sie beide Sonnen in das richtige Verhältnis setzen, entwickeln Sie ein zugleich persönliches und kosmisches Bewußtsein, Ihren persönliche Platz an der Sonne inmitten der Welt, wo Sie erwachsen und wieder Kind sein können.

Der wahre Wille: »Des Menschen Wille ist sein Himmelreich«. Das Himmelsfeuer stellt den *freien Willen* dar. Das Erdfeuer dagegen symbolisiert *bestimmte* Lebensantriebe, wirkliche Wachstumsschritte, die an Bedingungen und *Notwendigkeiten* geknüpft sind. – Ein Wille, der seine praktischen Notwendigkeiten *nicht* kennt, ist frei von Abhängigkeiten, aber auch frei von Wirksamkeiten. Wer etwas bewegen und erreichen will, braucht die Einsicht in die Natur der Dinge. – Wer sich an Sachverhalte hält, aber seinen unabhängigen Willen nicht pflegt, verzichtet auf die Kraft des Feuers, »Tatsachen« durch eigenes Tun umzuschmieden.

Der »wahre Wille« verbindet Freiheit und Notwendigkeit, Himmels- und Erdfeuer, hebt »Himmel und Hölle« in sich auf. Er befreit uns aus unerwünschten Abhängigkeiten und macht uns frei für Selbstverwirklichung und die Lösung von Aufgaben, die unser Feuer dann fördern und wachsen lassen, wenn sie es brauchen und verbrauchen.

Zusammenfassung: Wir selber gleichen dem Stab, der sich aus der Verhaftung in der »dunklen Materie« lösen muß, um im Feuer aufzugehen, und der seinen Bezugspunkt auf der Erde und seine Aufgabe in der Welt braucht, damit das Feuer ein Leben lang erhalten bleibt.

Stäbe stellen Triebkraft und Wachstum dar. Sie entsprechen dem Element Feuer.

Feuer bedeutet Lebensfeuer, Lebensenergie, Begeisterung und Lebendigkeit. In der Natur sind es vor allem die Sonne, das glühendflüssige Erdinnere, Feuer aller Art und Blitze, die in ihren verschiedenen Erscheinungs- und Wirkungsformen die Kraft des Elements Feuer zur Geltung bringen. Im menschlichen Verhalten verleihen besonders die *Daseinsfreude*, der *Wille* und die *Intuition* der Feuerkraft Ausdruck. – Weitere Merkmale des Elements Feuer: Lebenslust und Selbstbehauptung, Zeugungs-, Schaffens- und Gestaltungskraft, Einsatzbereitschaft, Durchsetzungsvermögen und Macht. Charakteristisch für das Element Feuer sind Entschlüsse und Taten. Schwierige Situationen (»Feuerproben«) werden gemeistert, indem man etwas tut: »Es muß etwas geschehen.«

Power auf Dauer

Im Zeichen des Widders: Macht und Abenteuer...

Wie auch beim »Prinzen der Stäbe« zeigt das Feuer hier scharfe Kanten und Spitzen. Die *Königin* ist ein »scharfer Typ«, eine Katze, die ihre Krallen zeigt. Männliche (!) Deuter neigen dazu, ihre *Traumfrau* in diese Karte hineinzuprojizieren und beschreiben diese folglich als »Liebesgöttin«, als Meisterin usw. Aber das Wunschbild setzt sich nicht nur über mögliche Gefahren und Schwierigkeiten dieser Bildgestalt hinweg. Eine wesentliche Bedeutung dieser Karte besteht in der *Selbst-Bestimmung.* Und da erscheint es einfach unpassend, wenn Männer bei dieser Karte nach der »Traumfrau« (und Frauen bei der Karte »Prinz der Stäbe« nach dem »Traummann« oder »Märchenprinzen«) suchen, anstatt zu begreifen, daß dieses *Objekt der Begierde* Ausdruck ureigener Wünsche und Ängste ist und nirgendwo anders existiert, als in einem/r selber!

Gerade die *Katze* ist eine beliebte Projektionsfigur; in der Bezeichnung »Katze« kann sich Bewunderung, aber auch Verachtung ausdrücken. Seit der Antike symbolisiert die Katze (und nicht zuletzt eine große »Raubkatze« wie der hier abgebildete Leopard) Eigenwilligkeit, ungestüme Lebens- und Sexualkraft, sogar Überwindung des Todes und der Todesfurcht, aber auch räuberische Aggressivität und »gerissene« Heimtücke. Im alten Ägypten fand die Katze eine kultische Verehrung. Zu Ehren der Bastet, Schutzgöttin für Heim, Herd und Fruchtbarkeit – eine schwarze Katze, ursprünglich eine Löwengöttin – beging man alljährlich das orgiastische »Fest der Trunkenheit«. – Im Verlauf der Kulturgeschichte wurde viel von dieser »animalischen Wildheit« auf Märtyrer- und Heldengestalten (von Herkules bis James Bond) hingelenkt, zum Kuscheltier umerzogen (Pussy Cat) oder aber als Hexenwesen verdrängt oder bekämpft. Die enorme Faszination der »Katze« ist dabei bestehen geblieben und schlägt sich bis heute in einer großen Zahl von Filmen, Schauspielen und Romanen, in denen »Cats« die Hauptrolle spielen, nieder.

Wenn Sie diese Karte ziehen, geht es darum, daß Sie diese gesammelten »Katzenkräfte« als Ihr Eigenes begreifen. So, wie die Bildfigur den gefleckten Leoparden *und* den Stab mit den Pinienzapfen *erfaßt und ans Licht hebt* (Sonnenzeichen über ihrem Kopf). Der Pinienzapfen war, ebenfalls schon in der Antike, als Fruchtbarkeitszeichen bekannt; er symbolisiert Erneuerung und Fortdauer des Lebens und daher sogar *ewiges Leben.* Das Bild macht damit Ihre Aufgabe oder Ihre Fähigkeit deutlich, Ihre Grundtriebe, die *basic instincts*, zu begreifen und aufzuheben, so daß sie in dauerhafter Form erhalten werden. Diese *Power auf Dauer* gewinnen und behalten Sie, wenn Sie sich mit Ihren eigenen Widersprüchen von Trieb und Tugend, Pflicht und Lust usw. auseinandersetzen.

Die Figur der »Königin« ist im Bild allenfalls zur Hälfte zu erkennen. Die andere Hälfte besteht aus eben den reizenden und reißenden Zacken und Kanten. Das gibt vielleicht einen Hinweis darauf, daß diese Symbolfigur besonders *hin- und hergerissen* ist. Der Kreis, der um ihren Oberkörper, den erkennbaren Teil ihrer Erscheinung, gezogen ist und die geschlossenen Augen zeigen, daß sie stark *mit sich selbst beschäftigt* ist. Im ungünstigen Fall handelt es sich um eine ausgeprägte Egozentrik. Im günstigen Fall jedoch um die Herausarbeitung eines eigenen Charakters. »Charakter« bedeutet soviel wie Gepräge, Sinnesart und Wesensart. Es stammt aus dem Griechischen und geht auf das Wort »charassein« zurück, das »spitzen, schärfen, kratzen, ritzen« sowie »zerfleischen, verwunden, reizen, aufbringen, erbittern« bedeutet.

In diesem Sinne weisen die so zahlreichen Spitzen und Zacken nicht nur auf Schärfe im Sinne von Lust oder Schroffheit hin; sie symbolisieren auch die Bildung des »Charakters«. Ihr persönliches Gepräge, Ihr »Biß«, Ihr Reiz und der *Eindruck,* den Sie machen, sind hier Thema. Davon handelt das Bild, und daran entscheiden sich Ihre momentanen Aufgaben und Chancen, wenn Sie diese Karte ziehen. Möglicherweise müssen Sie sich mit Charakterlosigkeiten und schwachen Charakteren auseinandersetzen. Vielleicht begegnen Sie dem *Charakterpanzer,* diesem Bunker des Herzens. Und vielleicht machen Sie sich bereit, die »Katze aus dem Sack« zu lassen – in der Gewißheit, daß Ihr wahrer Charakter und Ihre eindruckvollste Rolle darin bestehen, nicht mehr und nicht weniger zu sein als – Sie selbst.

Ihre aktuellen Fragen erfordern Leidenschaft und Bewußtsein, in jedem Fall eine besondere Treue zu sich selbst. Als Frau kommt es darauf an, daß Sie phallische und heroische Kräfte nicht den Männern überlassen, sondern Ihre eigene Power zur Geltung bringen nach dem Motto: »Hexenbesen kehren gut«. Als Mann müssen Sie die wilde Katze in sich selber finden und lernen, den Tiger weder zu töten noch zu verhätscheln, sondern zu reiten.

Feuerprobe

Im Zeichen des Löwen: Wille und Verwandlung...

Ein »scharfer Typ«, ein »Märchenprinz« und ein Mann mit »Charakter«! (Vgl. zu diesen Begriffen den Kommentar zur »Königin der Stäbe«.) Der Prinz ist bewegt in seinem Herzen und »grün«, das heißt jung und frisch in seinen Schritten und Taten (vgl. den grünen Untergrund seines Wagens). Der *Löwe* bewegt ihn und bestimmt auch sein Denken (kleiner Löwenkopf am oberen Bildrand). Für den Löwen als Symboltier gelten die Eigenschaften, die allen Katzengestalten eine besondere Faszination verleihen (vgl. auch dazu den Kommentar zur »Königin der Stäbe«). Zusätzlich symbolisiert der Löwe Königswürde und wirkliche Souveränität, außerdem Mut und die Qualitäten von Gold und Sonne. Allerdings kann der »Löwe« auch für ein zwanghaftes Kämpfertum stehen, für eine pfauenhafte Selbstverständlichkeit, die insbesondere nicht oder erst spät bemerkt, was hinter dem eigenen Rücken vorgeht. – Achten Sie, wenn Sie diese Karte ziehen, auf die Nebenwirkungen und die Kehrseiten der – Sonne! Wenn Sie die Sonne vor Augen haben, können Sie geblendet werden. Wenn die Sonne genau über Ihnen steht, sehen Sie vielleicht überhaupt keine Schatten, und wenn Sie die Sonne im Rücken haben, sehen Sie dichte, überaus deutliche Schatten vor sich. So kann es geschehen, daß Sie als »Prinz der Stäbe« völlig ahnungslos oder aber überempfindlich auf die Schattenseiten des Lebens reagieren – und die Blinden Flecken bei sich oder bei anderen entweder übersehen oder überbetonen.

Sie dürfen jetzt nicht auf halbem Wege stehen bleiben! Vorder- *und* Rückseite, Licht und Schatten müssen Sie zu einem runden Ganzen integrieren. – Wo dies *nicht* gelingt, verbreitet eigentümlicherweise auch ein sehr feuriger Typus eine frostige Kälte! Die Spitzen und Zacken auf dem Wagen des Prinzen vertreten, außer den schon erwähnten Bedeutungen, *eingefrorene Verhaltenszüge*: Ein Lachen, eine Freundlichkeit, eine Gestik, die vielleicht schon lange nicht mehr lebendig und echt, sondern Ausdruck einer *Rolle* sind.

Der Himmel kennt keine Grenzen. Jetzt erfahren Sie die Wahrheit des bekannten Spruchs: »Des Menschen Wille ist sein Himmelreich«. Sie können Himmel und Erde, Wille und Notwendigkeit miteinander

---

verbinden, wenn Sie den Weg des Phönix gehen. (Nach gängiger Auffassung soll es jedenfalls der Kopf des Vogels Phönix sein, der am Stab des Prinzen oben dargestellt ist.) Der Vogel Phönix kann durch's Feuer gehen. Er stirbt im Feuer und wird darin neu geboren. Der Teil steht für das Ganze: Was der Phönix bedeutet, gilt für das ganze Bild. Auch der »Prinz der Stäbe« kann Feuerproben bestehen. Ja, er kann sie nicht nur aushalten, er braucht sie sogar. Denn nur im Feuer scheiden sich Gold und Schlacke, treten seine edlen Seiten hervor, bleiben Wille und Selbst formbar und empfänglich für Wachstum und Umgestaltung. Feuerproben führen zur Trennung von Wesentlichem und Unwesentlichem. Und weil wir uns in Feuerproben *aller* zur Verfügung stehenden Kräfte bedienen müssen, sind sie auch der Ort, wo Bekanntes und Unbekanntes, Licht und Finsternis in einer neuen Qualität verschmelzen. Ballast wird abgestoßen und Eis aufgetaut. Die Läuterung des Willens hat zum Ergebnis, daß all Ihre Kräfte überhaupt zu *einem* Willen zusammenwachsen.

Wenn Sie Feuerproben grundsätzlich bejahen, läßt sich im übrigen viel besser gesunder Streß von ungesunden Belastungen unterscheiden. Gesunder Streß veranlaßt Sie, statt Leerlauf und Zerstreuung den Weg in die Mitte zu finden und dort zu bleiben. Nehmen Sie also die besonderen Chancen oder die besonderen Notwendigkeiten, die sich Ihnen jetzt stellen, an und greifen Sie zu. Ziehen Sie sich nicht im entscheidenden Moment wieder zurück.

Für Frauen bedeutet dies oft, selber die Führung zu übernehmen. Als Mann kann es darauf ankommen, daß Sie prüfen, für welche Zwecke Sie sich tatsächlich engagieren. Ihre Ideale müssen stimmen, mit Ihnen selber etwas zu tun haben und einen höheren Sinn machen, wenn sie lebendig bleiben wollen. – In jedem Fall bedeutet der »Prinz der Stäbe«, das eigene Feuer *ganz* in Besitz zu nehmen. Das heißt praktisch, daß Sie die wesentlichen Brennpunkte des Feuers – Sexualität, Leben mit Kindern und Kreativität – nicht als Alternativen sehen, sondern allesamt ausleben. Diese unterschiedlichen Triebe gleichzeitig erblühen zu lassen, ist die größte Feuerprobe überhaupt. Sie führt Sie zur persönlichen Lebensmitte.

Farbe bekennen

Im Zeichen des Schützen: Einsicht und Begeisterung...

Als *Ritter* der Stäbe leben Sie inmitten des Feuers. Was bei allen Stab-Karten gilt, trifft hier ganz besonders zu: Wer viel Feuer hat, ist nicht nur besonders mutig, wild, wüst oder lustig; er oder sie ist unter gewissen Umständen auch besonders schüchtern, müde, vorsichtig oder irritierbar. Denn »gebranntes Kind scheut das Feuer«. Das sich aufbäumende Pferd ist in der ganzen Bandbreite vom wilden Aufbäumen bis hin zum Scheuen zu deuten.

Wichtig ist, daß hier Roß und Reiter überhaupt zusammenkommen. Es gibt eine große Gefahr in Ihren aktuellen Fragen, daß Theorie und Praxis auseinanderdriften. Wenn auch sehr klein, so ist auf dem Helm des Ritters ein geflügeltes Pferd angegeben. Dieses erinnert hier, im Unterschied zum »Ritter der Kelche«, nicht an das Flügelpferd Pegasus; es ist ein Zeichen der Begeisterung, der Verbindung von Feuer und Luft, die allerdings sich in den puren Idealismus und ein abenteuerliches Wunschdenken versteigen kann. Zum anderen hält der Reiter die Zügel recht locker, so daß damit auch galoppierende Ereignisse und Geschehnisse angezeigt sind, die eine, möglicherweise unerwartete, Eigendynamik entfalten.

Und doch handeln Ihre aktuellen Fragen auch davon, dem Pferd, der Lebenskraft, dem Bewegungsdrang, der Instinkt- und Triebnatur, eine gewisse Eigendynamik zuzugestehen! Es ist jetzt Zeit, aus sich herauszugehen. Tragen Sie Ihr Inneres nach außen, nicht ohne Rücksicht auf Verluste, aber ohne Rücksicht auf bestimmte Vor-Erwartungen oder Vor-Urteile. »Wie kann ich wissen, was ich will, ehe ich sehe, was ich tue«: Sie müssen handeln, *bevor* Sie wissen, warum und zu welchem Resultat. Das wird manchmal als Optimismus verstanden; im Kern handelt es sich weder um notorischen Optimismus noch um eine Flucht nach vorn. Sondern Sie können Menschen, Dinge und Ereignisse erst in dem Moment erkennen und verstehen, wo etwas *geschieht*!

Von daher ist es kaum zu unterschätzen, *wenn* es zu einer produktiven Einheit von bewußtem Wollen und unbewußten Wünschen kommt. Roß und Reiter sind hier ein Ausdruck der Doppelnatur des Feuers, das einerseits ein Geschenk des Himmels (Himmelsfeuer, Son-

---

ne) und andererseits einen Sproß der Erde (Feuer in der Erde, Erdkern) darstellt. Diese Doppelnatur ist schon in mythischen Zeiten in den Bildern des Zentaur oder des Wilden Reiters dargestellt worden. Die Zentauren sind Doppelwesen mit menschlichem Oberkörper und Pferdeleib. Die Figuren des Wilden Reiters oder der Wilden Reiterin reichen von den bogenschießenden Amazonen der Antike bis zu manchen modernen Western-Mythen. Obwohl diese Doppelnatur also Geschichte hat, so hat es doch ebenfalls Tradition, Roß und Reiter zu trennen. Das himmlische Feuer der Begeisterung wird gelobt, und das »animalische« Feuer der Triebe oder der Wildheit verdrängt. Die Wehmut, das Fernweh und die manchmal schier unstillbare Sehnsucht, die dieses Bild beinhalten kann, spiegeln einen existentiellen Wunsch, jene verlorene Einheit von Roß und Reiter im persönlichen Leben wiederzuerlangen.

Damit Sie in sich Roß und Reiter wiederfinden, brauchen Sie lohnende Ziele, auf welche Sie Ihre gesamten (!) Kräfte konzentrieren können. »Sie werden eine große Reise unternehmen«, erklären Wahrsager/innen üblicherweise, wenn diese Karte aufgedeckt wird. Im Sinne der Prognose einer Urlaubsreise usw. ist diese Deutung unsinnig; aber im übertragenen Sinne hat diese traditionelle Deutung nicht völlig Unrecht: Der Lebensweg, die *Lebensreise*, ist wirkliche eine große Reise, der längste Weg und die größte Reise, zu der wir in der Lage sind. Wo es am dunkelsten ist, wird Ihr Licht am meisten gebraucht. Tragen Sie Ihre Fackel dort hin, und finden Sie die Aufgaben, die Sie ganz fordern und die Ihre Kräfte ein Leben lang entwickeln, weil sie sie brauchen und verbrauchen!

Für Ihre praktischen Fragen bedeutet die Karte, daß Sie sich mit allen Seiten Ihrer Persönlichkeit engagieren und einbringen sollen. Sie müssen handeln und *im* Handeln werden Sie erkennen, wo die Lösung liegt. Als Frau kann es besonders wichtig sein, jetzt selbständig zu handeln und »Tod und Teufel« nicht zu fürchten. Für Männer kommt es häufig darauf an, feinfühliger zu werden für die Widersprüche der eigenen Person und die Widersprüche zu anderen. Sie müssen verstehen, daß jeder Widerspruch, den Sie bemerken und auf den Sie reagieren, Sie *stärkt*. Denn sonst würden diese Kräfte ohne Sie und gegen Sie handeln. Diese Einsicht brauchen Sie aber ebenso wie Ihre Handlungskraft, um Ihre großen Sehnsüchte wirklich zu leben.

Feuer und Flamme

Die Prinzessin der Stäbe signalisiert die Hingabe an das Werdende. Sie steht im Zeichen der Frühlingstagundnachtgleiche...

Die Souveränität im Umgang mit dem Feuer besteht bei der »Prinzessin« in der *Einfachheit*. Als einzige Figur auf den Stab-Karten lebt sie *gänzlich* in Flammen. Sie *ist* selber ganz Feuer und Flamme.

Dabei ist die Flamme *größer* als die Person selber. Entweder ist der Trieb stärker als die Lebenserfahrung, die Kraft und die »Charakter«. Dann zeigt die Karte eine »Hingabe« an das Feuer, die tatsächlich eher einer *Auslieferung* gleicht. Der Trieb kann dann mit Ihnen durchgehen. Und der Tiger ist dabei nicht nur ein Zeichen der Lust, sondern auch der Angst.

In Ihren aktuellen Fragen erscheint es richtig und nötig, alles auf eine Karte zu setzen, sich ganz zu engagieren und das »Eisen zu schmieden, solange es heiß ist«. Sie müssen sich dabei nur an die Sonne halten, d. h. die Mitte in sich selber finden und die Sonne am Himmel, die Helligkeit und Klarheit stiftet. Mit der Mitte in Ihnen selber bringt Sie die getigerte Katze in Verbindung, und den Kontakt zur Sonne über Ihnen schaffen die großen Fühler (am Kopf der »Prinzessin«, auch als Widder-Zeichen anzusehen).

Im Vergleich zu dem, was Sie bewegen und was Sie bewegt, ist die Erfahrung, die Sie mitbringen, gering. Das ist Ihre Gefahr, aber auch Ihre Chance! Und das ist *typisch* für eine Situation des Anfangs, in der Sie immer auch vor der Aufgabe stehen, über sich selbst hinauszuwachsen und sich für das Neue zu öffnen. Die Motive von Anfang und Geburt werden durch die Widderköpfe auf dem kleinen Altar im Bild dargestellt. Die große Flamme gleicht im übrigen einer Rutschbahn, dem Hebräischen Buchstaben für J (üblicherweise ebenfalls als Zeichen des Feuers gedeutet), und handelt von der *Schlangenkraft*, der Kundalini, der Freisetzung und Gestaltung der innersten und äußersten Kräfte.

Wie bei allen Stab-Karten wird dabei die Sexualität betont. Sexualität als Symbol deutet jedoch auf Verschiedenartiges hin: Es geht um Sex, aber auch um die *Lebensgeheimnisse* (wie Geburt, Hochzeit, Tod usw.), die immer mit Körperlichkeit und Geschlechtlichkeit verbunden

sind. Sich den Lebensrätseln zu stellen und die vorhandenen Lebensenergien anzunehmen, heißt in der östlichen Bildersprache auch, »den
Tiger zu reiten«.

Hüten und schützen Sie sich in Ihren aktuellen Fragen vor ahnungs-
losem Eifer und vor Irrlichtern. Trauen Sie dem Glück der Stunde, und
begeistern Sie sich für einen Neuanfang, der Sie erneut zum Ausgangspunkt Ihrer Feuerenergie führt: Wie Sie einst die Welt betreten haben,
voller Lebenswillen, instinktiven Wachstumsdrangs und selbstver-
ständlicher Triebkraft, so liegt es an Ihnen, auch Ihr jetziges Leben hin-
gebungsvoll zu entdecken und mit der Kraft der Begeisterung zu erfüllen. »... und jedem Anfang wohnt ein Zauber inne, der uns beschützt
und der uns hilft zu leben« (Hermann Hesse).

Lebenskraft

Alles, was das Element Feuer beinhaltet, finden Sie hier möglicherweise in konzentrierter, dichter Form. Im praktischen Verhalten geht es darum, die eigene Identität, den wahren Willen und lohnende Lebensaufgaben zu finden, so daß Sie selber ganz zu »Feuer« werden...

Was Licht und Wärme spenden will, muß das Brennen aushalten! Ohne Feuer würde Ihnen die Flamme der Begeisterung, die Farbe der Lebendigkeit und die Dynamik des Willens fehlen. Wie im Märchen von »Tischlein deck dich, Goldesel streck dich...« führen selbst die schönsten Errungenschaften nicht zu Glück und dauerhafter Zufriedenheit, wenn da nicht ein »Knüppel aus dem Sack« vorhanden ist, mit dem Sie Ihren Willen, Ihre inneren Werte und berechtigten Ansprüche in die Tat umsetzen.

Machen Sie sich also auf Sonne, Feuer und Blitz gefaßt, wenn Sie diese Karte ziehen, und bringen Sie Ihre Power zur Geltung. Rechnen Sie mit Ihren Trieben und mit denen Ihrer Mitmenschen. Die drei Stufen oder Etagen von Flammen, die das vorliegende Bild zeigt, lassen sich auf Himmel, Erde und Hölle, auf Es, Ich und Über-Ich beziehen. Sie vertreten aber auch die drei hauptsächlichen Brennpunkte des Feuers: Sexualität, Kinder und Kreativität!

Der Stab ist selbstverständlich ein Penis-Symbol, auch wenn davon in Tarot-Büchern nur wenig die Rede ist (dafür in der Literatur zur Traumdeutung um so mehr). Sexualität, Potenz und phallische Kraft gehören nicht nur »dazu«, sie sind Inbegriffe der Feuerkraft. Dabei ist der Penis männlich und, wie es in dem bekannten Lied »Männer« heißt, »in dieser Welt einfach unersetzlich«. Auf der anderen Seite ist die phallische Kraft immer auch eine Domäne der Frauen gewesen. Der Hexenbesen, das Symbol der schwarzen Katze und das Bild der »Königin der Stäbe« legen davon Zeugnis ab. In der Psychoanalyse nach S. Freud stellt der *Penis* (inkl. Penisneid, Kastrationsangst usw.) so etwas wie den roten Faden oder auch das rote Tuch aller Überlegungen dar. Doch Freud und viele andere Analytiker meinen, wenn Sie vom Penis sprechen, zugleich immer auch die »patris potestas«, die *Herrscher*-Macht, die wir heute nicht mehr allein als Eigenschaft der Väter deuten. Der Lebensbaum im oberen Teil des Stabes ist neben anderem auch ein Mutter-Symbol.

Mit der Triebkraft des Feuers sind im weitesten Sinne alle Wachstumsenergien des Lebens dargestellt. Diese Lebensenergie, die sich einfach entfalten und über sich selbst hinauswachsen möchte, finden wir auch im Wachsen der (kleinen) Kinder. Dem Anschein nach wachsen kleine Kinder besonders schnell. Tatsächlich machen Kinder jedoch nur Phänomene sichtbar, die *jedem* Lebensmoment zugehören: Wachstum und permanente Umgestaltung. Wenn ein Kind in seiner Entwicklung nicht gehemmt wird, entfaltet es sich *nach allen Seiten* hin gleichzeitig. – Die *allseitige Entfaltung* ist aber ebenfalls ein Merkmal der *Sonne*. Das Licht, welches von ihr ausgeht, bewegt sich mit gleicher Geschwindigkeit nach allen Seiten. »Kind« und »Sonnenschein« besitzen daher viele tatsächliche und symbolische Übereinstimmungen.

Die Kreativität ist die kunstvolle Nutzung des Feuers. Mit ihr können wir aus dem scheinbaren Stroh Gold spinnen. Damit werden besondere Chancen geboren und neue Lösungen gefunden, die nur dem Weg des Feuers offenstehen. Die Spannbreite der Kreativität reicht von der punktuellen Verschönerung und dem kleinen Ruck, »mehr« zu versuchen, bis hin zu den großen Lebenszielen, der Kreativität als Lebensweg. Im Alltag bleiben Sexualität, Kreativität, Kinderwelt und Sonnenschein (Sonnenhunger, Freizeitkultur) oftmals getrennt, sie stehen nebeneinander oder sogar gegeneinander. Das Feuer in uns möchte diese Unterscheidungen überwinden. Wenn wir das As der Stäbe in die Hand nehmen, möchte es uns zu unserer *Lebensmitte* hinführen, zum Mittelpunkt unserer Lebensenergie, worin wir Künstler und Zuschauer, Kind und Erwachsener, Herrscher und Hexe zugleich sein können.

Die Feuerenergien erneuern sich witzigerweise dadurch, daß sie verbrennen. Es mag Erfahrungen geben, die Sie vom Feuer abhalten. »Gebranntes Kind scheut das Feuer«. Doch gerade solche Verbrennungen zeigen, daß es jetzt Ihre Aufgabe ist, das Feuer zu meistern. Tragen Sie dazu bei, daß menschliche Kälte, Farblosigkeit und »tote Hosen« ebenso in ihre Schranken verwiesen werden, wie die ohnmächtigen und gewaltsamen Feuerkräfte, die über die Erde irrlichten. Es ist ein Geschenk des Lebens, daß Sie jetzt das Feuer noch einmal neuentdecken, selber in die Hand nehmen können. Der *Wille* zu sich selbst und die *Lust*, über sich hinauszuwachsen, stellen die beiden Pole eines Feuerstabs dar. Leben Sie damit.

Kraft des Neuanfangs

Mars in Widder: Mars ist Kriegsgott, aber auch Frühlingsgott. Er macht Neuland urbar...

»Mars in Widder« – das ist der Frühlingsanfang und der Beginn des gesamten Jahreskreises. So stellt diese Karte einen »Anfang des Anfangs« dar, einen Ur-Anfang, in dem sich möglicherweise auch Freuden und Leiden aus ganz anderen Geburtserfahrungen wiederholen. Wie schwierig dabei ein wirklicher Neuanfang sein kann, macht zum Beispiel der Vergleich mit einem Raketenstart deutlich: Jahrelange Vorbereitungen gehen dem Start voraus, wochen- oder tagelang läuft der Countdown, und wenn die Zündung glückt, zählen die ersten Sekunden nach dem eigentlichen Start immer noch zu den kritischsten Momenten der gesamten Reise...

»Aller Anfang ist schwer«, weiß der Volksmund. Dahinter stecken jedoch ein größeres Problem und eine tiefere Wahrheit: *Jeder Mensch ist ein Archetyp.* – Archetypen sind zum einen Urbilder, seelische Muster und kollektive Vorstellungen, die z. B. aus antiken Zeiten stammen und bis heute unser persönliches Seelenleben prägen. Archetyp bedeutet vom griechischen Wort her aber auch: Selber Urheber oder Urheberin zu sein, eben der oder die erste auf einem bestimmten Terrain. »Dominion«, der englische Originaltitel der Karte, wird mit *Herrschaft*, aber auch mit Herrschaftsgebiet übersetzt. So gesehen, geht es hier darum, daß Sie »Herrscher« in Ihrem Leben sind – daß Sie Ihr »Reich« eröffnen und errichten. Dabei geht es um Vertrauen in die eigene Kraft, um Entschlossenheit und Beherrschtheit. Aber doch auch um anderes mehr:

Die Stäbe im vorliegenden Bild sollen eine Art Donnerkeil darstellen, tibetische Dorjes. Wenn Sie sich dann die verschiedenen Donnergötter aus der Mythologie vorstellen, dann wissen Sie, daß es hier um *Urgewalten* geht. Große Aufgaben wollen in »kleine«, handhabbare Stücke geteilt werden. Aus manchen Gründen hat das geflügelte Wort »Teile und herrsche« einen sarkastischen Unterton. Allerdings können Macht, Politik, Kampftaktik u. a. auch positive und angenehme Bedeutungen einnehmen. In diesem Zusammenhang ist die Devise *Teile und herrsche* bei dieser Karte so elementar und so notwendig wie das kleine Einmaleins. Es geht darum, daß Sie machtvolle Instinkte, prägende Urerfahrungen, große Tagesaufgaben oder eine spannungsvolle Ungeduld sich *einteilen* und dadurch regulieren können!

Vermeiden Sie Stückwerk. Gerade wenn Ihnen eine »Arroganz der Macht« zuwider ist, dürfen Sie nicht *Ohnmacht* verfallen. Setzen Sie – wie der Holzfäller im Märchen – auf einen groben Klotz einen passenden Keil. Unterscheiden Sie eigene und fremde Absichten, kurz- und langfristige Aufgaben, und arbeiten Sie, Stück für Stück, *mit* den eigenen und mit den fremden Energien.

Verstehen Sie sich bewußt als *Energiearbeiter* oder *Energiearbeiterin*! Konkret stehen die beiden Stäbe hier oft für machtvolle Interessenkonflikte (siehe die Schlangen und Pferde im Bild): z. B. der Wunsch nach Familie *und* nach Karriere, eine starke Liebe zu zwei Menschen gleichzeitig, die Spannung zwischen Selbstliebe und Nächstenliebe, zwischen Selbstverwirklichung und dem Dasein für andere. In vielen weiteren Varianten läßt sich das Thema dieser Karte beschreiben, z. B.: »Sie küßten und sie schlugen sich«. – Für Sie bedeutet die Karte entweder, daß es in Ihrem Leben zu »ruhig« abgeht. Es darf *ruhig* mehr blitzen und donnern. Oder die Karte signalisiert, daß Sie sich in einem Donnerwetter, in einer Feuerprobe oder in einer besonderen Herausforderung befinden. Sie können dabei zu einer glücklichen Lösung finden, wenn Sie für die beteiligten Motive und Absichten einen gemeinsamen Brennpunkt finden!

Sie müssen sich *ganz* einlassen, um die Sache *Stück für Stück* kennenzulernen und sich damit so vertraut zu machen, daß Sie Ihr Metier *beherrschen*! Wer immer große Herausforderungen zu kleinen Affären herunterspielt und »vom Hölzchen aufs Stöckchen« kommt, der oder die produziert viel *Kleinholz,* viele Scheite – und scheitert! Man kann im Leben vieles erreichen und doch das Ganze verpassen – und umgekehrt, Sie mögen vieles scheitern lassen, doch das Ganze gewinnen! Wenn Sie sich der Interessen und Energien, die hinter bestimmten Problemen stecken, annehmen und diese in handlichen Portionen zum Einsatz bringen, stellen Sie Stück für Stück etwas Ganzes her. Sie produzieren Kleinholz, viele Scheite, um sich Ihr Feuer einzuteilen – das ist *gescheit*. Das hält Ihr Feuer in Gang und spendet »Power auf Dauer«.

Lassen Sie sich nicht in eine Zwickmühle treiben. Keine/r zwingt sie dazu, sich zu verheizen. Der Ball liegt bei Ihnen. Es gibt Probleme, die sich nur Ihnen stellen, *und auch Lösungen, die nur Ihnen möglich sind!* Begreifen Sie, daß Sie Wiederholungen beenden und selber zum Urheber und zur Urheberin werden – oder schon längst geworden sind – und sich in einer Situation befinden, die ohne Beispiel und ohne Vorbild ist.

Kraft der Besonnenheit

Sonne in Widder: Die erhöhte, d. h. stärkste Stellung der Sonne...

Die Gründe sind vielfältig, das Ergebnis aber eindeutig: Wir leben oft mit Alternativen, die *schlechte Alternativen* sind. Da gibt es z. B. abenteuerliche Menschen, die Ihr Feuer leben und überall und nirgends zu Hause sind; auf der anderen Seite die Vertreter eines behaglichen Zuhauses, in dem man »ruhiger« geworden ist und das Feuer nur auf Sparflamme brennt. Da gibt es heiße Sexualität und gefühlvolle Liebe als scheinbar sich ausschließenden Gegensatz. Oder z. B. die Gegenüberstellung von Berufsarbeit und Freizeit: Entweder sind der Streß und die Routine des Berufs so ungeliebt, daß man sich nur in Freizeit und Urlaub als »richtiger Mensch« fühlt, oder umgekehrt weiß man mit Ferien und Freizeit wenig anzufangen, weil vor allem die Arbeit Erfolg und Glück bringt.

Diese und viele andere Gegensätze des Lebens sind nicht immer zu vermeiden und lassen sich nicht alle aufheben. Aber sie bleiben schlechte Alternativen und stellen im Grunde eine *Notlage* dar. Denn irgendwo werden Sie dabei als *ganzer Mensch* in Stücke gerissen. Doch Not macht erfinderisch, wenn Sie sich von ihr nicht schachmatt setzen lassen. Darauf spielt der Titel dieser Karte »Tugend« an: Ihr Feuer, Ihr Tatendrang und Ihr Erfindungsgeist werden da am meisten benötigt und kommen dort am besten zur Geltung, wo es gilt, »aus der Not eine Tugend« zu machen!

Es gibt bessere Lösungen, die Ihren ungeteilten Einsatz und Ihre ganze Kraft erfordern und fördern. Mit Begeisterung erreichen Sie Ihr Ziel. Setzen Sie Ihren Geist in Bewegung und handeln Sie damit. Widersprüche und Gegensätze sollen nicht nur ertragen, sondern selber zum Gegenstand der Entdeckung, zum Anreiz für neue kreative Möglichkeiten gemacht werden.

Kraftmeierei und Willensanstrengung führen Sie jetzt ebensowenig weiter wie ängstliches Zaudern oder geduldiges Zuwarten. Für die gegebenen Probleme gibt es intelligentere Lösungen (»mehr Ideen pro PS«). Diese werden Sie um so leichter finden, als Ihnen die *Doppelnatur der Sonne* bewußt ist. Es gibt eine Sonne am Tag, aber auch in der »Hitze der Nacht«: Eine Bewußtheit, die in Ihren geplanten Handlungen steckt, und eine Logik, die sich in ungeplanten Ereignissen verwirklicht. Sie mögen *die besten Absichten* haben, aber erreichen andere Resultate. – Die Farben des Bildes zeigen *nur* Feuer, nur Sonne. Wenn *andere* mit viel Sonne in Erscheinung treten, kann es Ihnen geschehen, daß Sie geblendet werden. Wenn Sie selber mit viel Sonne leben und handeln, dann blenden Sie möglicherweise andere; und/oder Sie *erschrecken*, weil Sie mit Ihrem starken Licht in Schattenbereiche hineinleuchten, die für andere möglicherweise ein Tabu darstellen.

Sorgen Sie dafür, daß in Ihrem Leben die Sonne scheint – nicht als Verdrängung der dunklen Seiten, sondern als Erleuchtung und Aufhebung von Finsternis und Schatten. Seien Sie geduldig und fest in Ihrem Willen. Halten Sie Ausschau nach neuen Lösungswegen! Suchen Sie *Besonnenheit*, auch und gerade wenn Sie sich mit Entschlossenheit engagieren. Bewußtheit in und bei Ihren Aktionen ist der springende Punkt. So schaffen Sie eine *Begeisterung*, die sich vom bloßem Mitgerissensein dadurch unterscheidet, daß sie weiß, was sie tut.

Das Auge des Tigers

Venus in Widder: Das bringt die Wider-sprüche zum Tanzen...

Die *Taube* steht für die Höhenflüge des Geistes, der Liebe und des Eros. Sie ist Zeichen des Friedens und der Hoffnung, Bote Gottes und als Symbol des Heiligen Geistes auch Teil der göttlichen Dreifaltigkeit. Der *Widder* kann ein Rammbock sein, der mit dem Kopf durch die sprichwörtliche Wand will, ein Rambo, der vom *Mars* nur das kriegerische Erbe begriffen hat. Auf der anderen Seite sind Taube und Widder auch *ein sich ergänzendes Paar*. Die Taube signalisiert u. a. *Taubheit* und damit Ungehorsam und Verständnislosigkeit. Die negativen Attribute dieser beiden Symboltiere können sich ergänzen; und selbstverständlich auch die positiven: Der Widder ist Zeichen des Frühlingsanfangs, der Geburt und des neuen Lebens. Der Widder steht für *Ostern* und die Taube für *Pfingsten* (vgl. die Großen Karten IV-Der Kaiser und XVI-Der Turm).

Das Bild beschreibt somit ein Kraftzentrum, den Ort oder die Zeit der *Hochenergie* (high energy). Die Farben Rot, Gelb, Orange und Weiß drücken diese Energien aus. Das dunkle Grün bringt zusätzlich den Bereich des Vegetativen mit ins Bild.

Das Venus- oder Frauen-Zeichen ist im Bild enthalten wie auch das Widder-Zeichen. Venus gilt als typisch »weiblich« und Widder als typisch »männlich«. Bringen Sie Ihre *Identität*, die eben auch eine geschlechtliche Identität ist, bewußt ins Spiel. Wie bei Widder und Taube, so geht es auch bei Venus und Widder um Gegensatz und Ergänzung. Erfahren Sie die besonderen Energien, die Sie ausstrahlen und die Ihnen zufließen, wenn Sie in den Angelegenheiten des heutigen Tages betonen, daß Sie eine Frau bzw. daß Sie ein Mann sind!

Die Verbindung von Venus und Widder bedeutet zusätzlich, Stärken und Schwächen des *anderen* Geschlechts auch an sich selbst zu entdecken! Eine weitere Herausforderung und Quelle der Kraft. Wer seine Männlichkeit vollendet oder vervollständigt (wie es der Kartentitel sagt), entdeckt auf einmal auch weibliche Züge in sich. Und wer ihre Weiblichkeit *abrundet*, die entdeckt auch männliche Kräfte in sich!

Wie Sie sich als Frau oder als Mann sehen und verstehen, welche Art von Liebe, Lust und Zärtlichkeit Sie in Ihrem *täglichen* Leben pflegen, das rührt in gewisser Weise ans »Eingemachte«. Es geht um Wünsche und Probleme, die nicht einfach in den Griff zu bekommen oder auch nur in Worte zu fassen sind, eben weil sie sich zunächst in einem unterschwelligen, vegetativen Bereich bemerkbar machen. Wenn nicht *alle* wesentlichen Vorlieben und Abneigungen hier berücksichtigt werden, kann es geschehen, daß »übertriebene« Erwartungen in einem Bereich mit einer triebmäßigen Unterversorgung in anderen Punkten einhergehen. Das Wechselspiel von Übertreibung und Untertreibung, Übererregung und Zufriedenheit kann sich dann hochschrauben und bis zur »Massen-Hysterie«, bis zu einem gehörlosen Eigensinn oder einer hörigen Gefolgschaft steigern.

Ihre aktuellen Fragen erfordern einen großen Energieeinsatz und außergewöhnliche Maßnahmen. Die Situation gleicht einer »Quadratur des Kreises« und beinhaltet scheinbar unlösbare Widersprüche. Und doch kommt es jetzt darauf an, daß Sie eine zufriedenstellende Lösung für die gegebenen Widersprüche finden. Diese erreichen Sie, wenn Sie sie *in Bewegung* setzen. *In der Mitte des Zyklons* (eines Wirbelsturms) gibt es einen Punkt, einen Moment von großer *Ruhe*. Finden Sie den Weg in die Mitte, und Sie werden auch rasante äußere Bewegungen mit großer innerer Liebe und Klarheit erleben. Drücken Sie sich nicht um unangenehme Widersprüche herum. Setzen Sie sich für Ihre Ziele ein, und investieren Sie in Ihre Sehnsucht! Bringen Sie Ihre Identität zur Geltung, nicht zuletzt Ihre persönliche Identität als die Frau bzw. der Mann, der/die Sie sind! Bleiben Sie in Kontakt mit der Mitte in Ihnen selber und fördern Sie das selbständige Handeln einer/s jeden Beteiligten.

Die Mitte als Weg

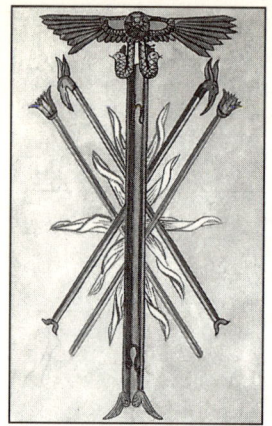

Saturn in Löwe: Die Quintessenz des Feuers...
Was Sie – und was andere – wirklich wollen, steht nicht einfach fest, sondern ist in permanenter Bewegung. Es ist notwendig und sinnvoll, daß die unterschiedlichen Triebe und Interessen miteinander ringen und darum wetteifern, wo es jetzt im Moment langgehen soll. Hier geht es um *Streit, Widerspruch und Wettkampf*. Das drückt auch der englische Kartentitel »strife«, zu deutsch Streit, Zwist, Hader und Kampf, aus.

Gleichgültig, welches Alter Sie erreicht haben, hier ist eine Phase des jugendlichen Werdens angezeigt. Mit anderen Menschen oder in Ihnen selbst (»fünf Flammen in Ihrer Brust«) erleben Sie ein produktives Kräftemessen, einen Wettbewerb, der nichts anderes darstellt als die Lebendigkeit Ihres Willens und Ihren Willen zur Lebendigkeit! Achten Sie dabei auf die Betroffenheiten und treibenden Motive bei allen Beteiligten. Bedenken Sie auch, daß Kämpfe mit anderen ein Spiegel für eine innere Auseinandersetzung in Ihnen sein können und daß Sie umgekehrt vielleicht mit sich selber hadern als Ausdruck davon, daß Sie sich jetzt mit anderen auseinanderzusetzen haben. Behaupten Sie sich! Lassen Sie sich nicht »einmachen«. Vermeiden Sie eine Entweder-Oder-Standpunkt. Bewahren Sie den Blick für das Ganze und finden Sie heraus, was jetzt im Moment (!) das Wesentliche ist.

Nur wenn »viele Flammen« brennen, bildet sich Ihr persönlicher Wille immer wieder neu und bleibt selber lebendig. Die eine Seite in Ihnen möchte sich z. B. »'mal richtig ausschlafen«, eine andere »endlich wieder eine Nacht durchmachen«. Viele andere Hoffnungen und Ängste, Interessen und Erwartungen treten hinzu. Und das nicht nur bei Ihnen, sondern auch bei Ihren Mitmenschen. Und das Zusammenspiel dieser vielen Energien wechselt wiederum von Moment zu Moment.

Für diese vielen beteiligten Kräfte sollen Sie *in jedem Augenblick* einen Nenner, *eine* Linie finden. Dieser Aspekt steht im vorliegenden Bild durch den besonders hervorgehobenen Stab im Vordergrund. Jenseits von Chaos und Verzettelung gewinnen Sie oder bewahren Sie sich etwas Spielerisches, in dem etwas wesentlich Menschliches liegt: »Der Mensch spielt nur, wo er in voller Bedeutung des Wortes Mensch ist, und er ist nur da ganz Mensch, wo er spielt« (Friedrich Schiller).

Diese »Kultur des Spielens«, die in diesem Schiller-Wort anklingt, berührt nun eine weitere wesentliche Deutungsebene dieser Karte, die in dem aufgedruckten Kartentitel, dem deutschen wie dem englischen, *nicht* zum Ausdruck kommt. Diese Karte symbolisiert die *Hochzeit von Himmel und Erde!* Der große Stab in der Mitte trägt das Uräuszeichen, das Zeichen der Sonne, des Sonnengotts und des Pharaos aus dem alten Ägypten. An das Zepter der ägyptischen Könige erinnert dieser hervorgehobene Stab auch durch die forkenartige Spreizung am unteren Ende, die ursprünglich einmal der Abwehr von Schlangen bestimmt war. Somit drückt dieser Stab die ganze Spannbreite von den niedersten Bewegungen und den einfachsten Beweggründen auf der einen Seite (Schlange) bis hin zu den höchsten Motiven und den hellsten Idealen (Sonne) aus. Die Hochzeit von Himmel und Erde, die auch noch in weiteren Stäbe-Karten Thema ist und Große Karten, besonders XIV-Kunst, beschäftigt, bedeutet hier vor allem die Verbindung von *Freiheit und Notwendigkeit.* (Das drückt sich bei den Farben in dem gemischten oder abgetönten Gelb und in der Verbindung von Feuer- und Erdfarben aus). Wie auch die Karten »Sechs Stäbe« und »Sieben Stäbe« zeigt das Bild Stäbe mit einem Phönixkopf und mit einer Blüte. Der Phönix steht für die Läuterung und die Blüte für die Schönheit oder Fruchtbarkeit Ihres Willens.

»Des Menschen Wille ist sein Himmelreich«. Wenn Ihr Wille nicht nur im Himmel, sondern auch auf der Erde zu Hause ist, bekommt er Beine; dann lernt er laufen und vermag etwas auszurichten. Beobachten Sie sich und andere – testen Sie: Welche Bestrebungen des Willen entsprechen wirklichen Wünschen und können deshalb etwas bewegen? Welche Willens- oder Kraftakte sind überflüssig, weil sie etwas erzwingen wollen, das keine wirksame Bedeutung besitzt? Lassen Sie nicht zu, daß jemand sein Spiel mit Ihnen treibt, und verzichten Sie auf bedeutungslose »Spielchen«. Bleiben Sie beim Wesentlichen: »Wenn man in der Mitte zieht, kommt alles Übrige von selbst mit« (Zen-Spruch).

Ganzer Einsatz

Jupiter in Löwe: Gehen Sie durch's Feuer, und Wünsche werden Wirklichkeit...

Drei Stäbe handeln davon, aus der Not eine Tugend zu machen, Stärken *und* Schwächen dadurch aufzuheben, daß etwas Neues aus den vorhandenen Gegebenheiten gemacht wird! *Sechs* Stäbe verdoppeln hier diesen Inhalt der »Drei Stäbe«. Der produktive Umgang mit eigenen Stärken und Schwächen wird hier ausdrücklich ergänzt um ein gleiches für die Stärken und Schwächen des anderen. Mit Jovialität und gutem Willen mögen Sie zwar vieles erreichen. Doch hier geht es um mehr. Ihr ganzer Einsatz ist gefragt. Eine komplexe Situation erfordert vielschichtige Aktionen. Ihre Sonnenseiten wie auch Ihre Schwachpunkte kommen jetzt auf den Prüfstand. Ebenso wirken Stärken und Schwächen der anderen Beteiligten jetzt nachhaltig mit; wobei deren Vorzüge oder Nachteile möglicherweise auch ein Spiegel für bisher unbekannte Stärken und Schwächen bei Ihnen selber sind.

Ihre optimale Kraft entfalten Sie jedenfalls dann, wenn Sie Stärken *und* Schwächen ins Feld führen, wenn Sie bekannte Faktoren genauso wie unerwartete Entwicklungen berücksichtigen. Auch mit den »Schwächen« können Sie viel anfangen. Es stimmt nicht, daß Sie sich nur von Ihrer Sonnenseite zeigen sollten, um einen Sieg zu erringen. Wenn Sie dem folgen, wofür Sie eine Schwäche besitzen, laufen Sie zu voller Form auf, sind ganz bei der Sache und fühlen sich wohl. In diesem Sinne *haben* Sie schon gewonnen, was immer Sie auch tun, wenn Sie vorhandene Schwachpunkte berücksichtigen, natürlich ohne die vorhandenen Stärken zu vergessen. Umgekehrt bleibt jeder Sieg nur ein halber Sieg, solange Sie sich als Mensch halbieren und Ihr Recht auf persönliche Ganzheit opfern.

Sparen Sie sich ein übertriebenes Mißtrauen gegenüber anderen, aber erwarten Sie auch nicht, daß diese Sie auf den Thron heben werden! *Ihr* Einsatz ist jetzt gefragt, und ein *ganzer* Einsatz bedeutet, daß Sie alles auf die eine Karte setzen, die Sie für richtig erkannt haben. Prüfen Sie, ob Sie richtig informiert und sich über Ihre Zielen im Klaren sind. Dann aber lassen Sie sich nicht aufhalten und gehen Sie durchs Feuer, d. h. setzen Sie *alles* ein! Feuerproben sind ein Moment der Läuterung (vgl. dazu den Phönixkopf auf den Stäben links und rechts, jeweils in der Mitte). Viele Flammen werden so zu *einem* Feuer. Im Feuer trennen sich »edle« Energien von Ballast und Schlacke, sinnvolle und sinnlose Ziele und Wünsche trennen sich.

Im Feuer werden aber auch Fakten *umgeschmiedet*. Tatsachen sind eine Sache der Tat, durch Taten entstanden und durch Taten zu verändern.

Die Farbe Lila symbolisiert Grenzerfahrung, Sehnsucht und Leidenschaft. Im Unterschied zur Nachbarkarte »Sieben Stäbe«, ist hier das Lila jedoch sehr hell und leicht. Entweder warnt die Farbsymbolik vor einer noch oder wieder *unbestimmten* Sehnsucht, vor einer emotionalen oder triebmäßigen Ambivalenz (Blau-Rot). Wenn Sie unter Unentschlossenheit handeln (»Ich weiß nicht, was ich will« oder »mein Partner, Kollege usw. weiß nicht, was er will«), dann heißt die Lösung: Auch das Nicht-Wollen ist eine wichtige Energie. Diese schützt davor, sich auf zu kleine oder halbherzige Ziele zu konzentrieren, nur einen Teil zu wählen, wo das Ganze zur Verfügung steht. Wo Sie sich aber mit ganzem Herzen engagieren, da bedeutet das helle Lila ein im wahrsten Sinne des Wortes *lichtes* Bewußtsein, das sich hier erweitert und wächst. Sie sind in der Lage, andere mit Ihrem Feuer *anzustecken*, wenn Sie von Mensch zu Mensch reden und handeln.

Falls Sie sich gegenwärtig zu sehr verzetteln, dann liegt dies am mangelnden eigenen Willen. Wenn Sie aber allzu häufig »anecken«, so brauchen Sie mehr Verständnis für den Willen anderer. Wer sich über Schwächen hinwegsetzt, der verliert etwas – Rückhalt, Bodenhaftung, Selbstachtung und manches mehr. Wenn Sie Schwächen in Stärken verwandeln, *gewinnen Sie* an zusätzlicher Energie, mit jedem Schritt, den Sie tun. – Lassen Sie sich nicht einschüchtern, und stellen Sie Ihr Licht nicht unter den Scheffel! Vertreten Sie, was Sie innerlich bewegt, und setzen Sie sich ganz dafür ein. Dann sind Sie wie ein Lauffeuer: Nicht aufzuhalten.

Energie-Arbeit

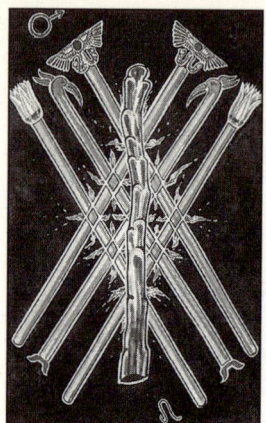

Mars in Löwe: Selber zu »Feuer« werden...

Die drei Symbole – Blüte, Phönix, Sonnenzeichen – , die hier jeweils am Kopf der Stäbe angebracht sind (wie auch bei den beiden Karten mit fünf und sechs Stäben), bezeichnen u. a. die Stufen eines Wandlungsprozesses. Die Blüte steht für den spontanen Willen, für das, was in Ihnen und aus Ihnen wie von selber emporwächst. Der Vogel Phönix ist jenes Fabeltier, das sich von Zeit zu Zeit selbst verbrennt, um aus seiner Asche wieder neu zu erstehen. Der spontane Wille erlebt gleichsam Tod und Wiedergeburt; er wird geläutert und mausert sich vom spontanen zum bewußten Willen. Diese dritte Stufe wird hier durch das Sonnenzeichen angegeben. Es handelt sich hier um eine Situation der Prüfung, der Unterscheidung und der *Transformation* des Willens. Diese ist erforderlich und/oder macht es möglich, daß Sie Triebe und Energien aus *größerer Tiefe* aufnehmen und verarbeiten sowie auf eine höhere Stufe heben und anwenden können. Wenn Sie innerlich in die Tiefe gehen, können Sie äußerlich über sich hinauswachsen. Sie erreichen einen neuen Level, auf dem Sie operieren.

Anders ausgedrückt: Aktivismus und Ehrgeiz würden in der jetzigen Situation nur schaden. Entspannen Sie sich, um sich zu konzentrieren. Jede Art von gewaltsamem Druck und von »heldenhafter« Selbstverleugnung ist hier ebenso fehl am Platz wie eine »optimistische« Arglosigkeit und ein hehrer Idealismus. Entscheidend ist vielmehr ein neues Niveau, ein neuer Stil im Einsatz Ihrer Kräfte. Ziel und Lohn Ihrer Bemühungen wird eine deutliche *Erhöhung der Energiemengen* sein, die Sie tagtäglich ein- und umsetzen und die Sie brauchen, um sich weder unter- noch überfordert zu fühlen.

Die »Wege der Wandlung«, die durch diese Karte angezeigt werden, handeln von der *Hochzeit von Himmel und Hölle*. Die Karte »Fünf Stäbe« hat die Verbindung und Vereinigung von Himmel und Erde zum Inhalt. Hier, bei den sieben Stäben geht es aber darum, daß das Innerste der Erde, der glühende Erdkern, und das Feuer des Himmels, die Sonne, miteinander in Verbindung treten und am selben Strang ziehen.

In der Symbolik wird dies durch die Konstellation »Mars in Löwe« deutlich, die nicht nur Feuer pur ist, sondern auch auf den Pluto hinweist, der im Zeichen des Löwen seine mächtigste und stärkste Stellung erreicht. Die Farbe des Hintergrundes, ein tiefes Violett (in älteren Karten: ein dunkles Blau) weist auf die große Intensität und die völlige Präsenz, möglicherweise auf die besondere Emotionalität, die hier vorhanden ist oder gesucht wird. Das Feuer breitet sich von der Mitte nach allen Seiten hin aus (oder: von allen Seiten zur Mitte hin). *Es brennt!*

Der eine besondere Stab in der Mitte erinnert an das »As der Stäbe« und bringt den »Knüppel aus dem Sack« ins Bild. Im Märchen sind es drei Schneidersöhne, die zweimal alles haben, was sie zum Leben brauchen, und zweimal dies alles verlieren (Elternhaus, Heimat, gedeckten Tisch und Goldesel), bis sie den »Knüppel aus dem Sack« kennen und einsetzen können. Dieser Knüppel ist selbstverständlich ein Phallus-Symbol, er spielt auf manche Hexen- und Zauberbesen an; aber zusätzlich stellt er wirklich eine Kraft dar, die aus dem »Sack«, aus dem Verschlossenen oder Verborgenen erst geholt werden muß! Das sind Ur-Instinkte oder tiefste Kräfte, wie sie auch in Ihrem Leben jetzt von Bedeutung sind oder werden.

Der Stab in der Mitte stellt auch eine Art von Schachtelhalm dar. Er steht damit als Zeichen für die Evolution, für die Entwicklung u. a. des menschlichen Bewußtseins, das es gelernt hat und immer wieder lernen muß, mit den größten Energien und extremen Situationen klarzukommen. – Schließlich stellt der Stab in der Mitte auch die Wirbelsäule dar, den Weg, den nach alter Vorstellung die *Kundalini* nimmt. Damit ist die sogenannte »Schlangenkraft« gemeint, die in uns allen steckt und geweckt und aufgehoben werden will. Voraussetzung und Ergebnis einer solchen Entfaltung und Formung des Willens ist die »direkte Kommunikation«, eine *neue Unmittelbarkeit* in der Begegnung mit anderen Menschen oder mit Dingen und Ereignissen. Eine Kommunikation vom eigenen Zentrum direkt zum Zentrum des Anderen.

Wenn Sie etwas erreichen wollen, müssen Sie Kontakt damit aufnehmen. Möchten Sie etwas bewegen, dann nehmen Sie es in die Hand. Wollen Sie etwas verwandeln, dann müssen Sie es begreifen. Je mehr Sie die Tatsachen anerkennen, um so besser können Sie Ihren Willen zum Erfolg verhelfen. Jeder Versuch, die Dinge zu manipulieren, um dadurch den eigenen Willen »durchzudrücken«, ist überflüssig, ja, sogar hinderlich. Für Sie folgt daraus der unschätzbare Vorteil, daß *Wunsch und Wirklichkeit* für Sie keine unüberwindbaren Gegensätze sind oder bleiben.

Über den eigenen Schatten

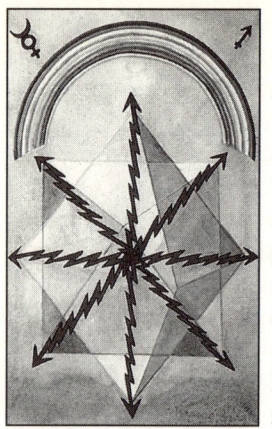

Merkur in Schütze: Nur fliegen ist schöner...
Der »Knoten« ist geplatzt. Sie erleben und erreichen Veränderungen auf vielen Ebenen. »Schnelligkeit« ist jetzt keine Hexerei, sondern steht und fällt mit einem erhöhten Energieumsatz, der vieles leichter und viel mehr möglich macht, als *landläufigen* Vorstellungen entspricht.

»Nix ist los / solang du alles festhältst« (Jo Enger). Viele Projekte scheitern nicht am Mut zum Neuen, sondern am mangelnden Abschied vom Alten! »Liebe Gewohnheiten« folgen uns wie ein Schatten auf dem Fuß und können sich wie ein Rahmen, ein Energiefeld oder ein Magnetschirm darstellen, aus dem es nur schwer gelingt zu entkommen. Da nützt es wenig, wenn Ihnen von Zeit zu Zeit »der Kragen platzt«, und auch das Reich der Fantasie (das u. a. durch den Regenbogen dargestellt wird) hilft Ihnen nicht automatisch, über den Schatten des Gewesenen hinauszugelangen. Worum geht es hier im einzelnen?

Nur bei dieser Karte sind die Stäbe in Form von roten Energiepfeilen dargestellt. Diese bedeuten *keine* Gedankenbewegungen, wie manchmal zu lesen ist (das würde in den Bereich der Schwerter fallen); vielmehr geht es hier um die Macht der Projektionen, um die Übertragung persönlicher Triebe, d. h. innerer Antriebe und Motive, auf die Außenwelt. Die astrologische Definition des Schützen heißt »Ich sehe« (im Unterschied etwa zu den Zwillingen mit »Ich denke«). *Hier*, bei den Stäben, geht es um die *intuitive und ganzheitliche Wahrnehmung.* Mit Ihren Projekten und Ihren Projektionen verlagern Sie innere Regungen und persönliche Ziele nach außen, übertragen sie auf Ihre Umwelt und die Mitmenschen. Die Doppelpyramide, die sich nach oben und nach unten richtet, zeigt, daß dieser Vorgang in beiden Richtungen funktioniert. Mit großer Geschwindigkeit werden innere Impulse nach außen getragen und äußere Anstöße verinnerlicht.

So können Sie gegen Mauern anrennen, die doch ihre eigenen Vor-Wände oder Ein-Wände darstellen. Und vor allem können Sie *wie in einem Film*, wie in einem permanenten Traum leben, ohne daß Sie es bemerken, weil Sie diesen Traum schon immer geträumt haben und für die Realität halten. Projektionen sind eine gesteigerte Form des

Wunschdenkens.

Dieses und anderes mehr spielt sich hier weniger im Kopf als im Bauch oder im Gefühl ab; es geht um Wirkungen, die oft schwer in Worte zu fassen sind, weil sie Sie direkt, ganzheitlich und elementar – eben energiemäßig berühren. Ihre Projektionen eilen Ihnen stets voraus, sie sind immer schon »vorher« da. Wie in der Ballade vom »Zauberlehrling«, der einen Besen zum Wasserholen losschickt und mit allem, was er tut, stets nur mehr Besen und größere Wasserfluten produziert, so vervielfachen Sie die Wirkung Ihrer Projektionen, solange Sie nur mehr *machen.* Erst der Meister kann dem falschen Zauber Einhalt gebieten, und das bedeutet, daß Sie zum Meister oder zur Meisterin in eigener Sache werden müssen, um die großen Energien und die schönen Möglichkeiten, die jetzt in Ihren aktuellen Fragen angelegt sind, zu verwirklichen.

Der *Knackpunkt* ist dabei ein persönliches *Coming out,* das sich hier darauf bezieht, daß Sie in allen wichtigen Lebensfragen so bewußt wie möglich Ihre innersten Wünsche und Ängste nach außen bringen. In der Erfüllung wesentlicher Wünsche und in der Erledigung oder Aufhebung wichtiger Ängste bewähren sich die großen Energien, die hier dargestellt sind. Wenn Sie dabei wie der geflügelte Götterbote Hermes (Merkur) die ganze Spannbreite zwischen *Olymp und Hades* erkunden, wird der Regenbogen auch zum Zeichen der *Erlösung,* der Aufhebung der Projektionen durch Verständnis und Verantwortung, durch Kritik und Liebe.

Beenden Sie einen unerquicklichen Schwebezustand. Bekennen Sie Farbe, kommen Sie aus sich heraus und verwirklichen Sie den Zauber, der in Ihnen steckt! Begreifen Sie das Wunder der Schöpfung und den »göttlichen Funken«, der in Ihnen – und in jedem Menschen – brennt. Sorgen Sie für einen guten Energiefluß und gute »Schwingungen«, im Umgang mit sich selber und mit anderen. – Machen Sie sich bewußt, was Sie und andere wirklich bewegt! Dann werden Sie *ohne jede Manipulation* viele Interessen unter einen Hut und viele Energien in Bewegung bringen!

Hellwach

Mond in Schütze: »Wie kann ich wissen, was ich will, ehe ich sehe, was sich alles tut?«

Sonne und Mond vertreten die bekannten Gegensätze von Tag und Nacht, Bewußtem und Unbewußtem, männlich und weiblich, von Tag und Traum, von bewußtem Willen und unbewußten Wünschen usw. *Wenn* Sonne und Mond an einem Strang ziehen, wie es das Bild illustriert, dann stimmt das, was Sie mit Ihrem Bewußtsein (Sonne) wollen, und jenes, was Sie unbewußterweise (Mond) wünschen, überein. Es ist, als ob der große Bruder und die kleine Schwester sich gegenseitig an die Hand nehmen.

Wenn Sonne und Mond einander gegenüberstehen, dann ist dies eine *Opposition*. Eine mögliche Bedeutung dieser Karte liegt darin, daß Tag und Traum, Wunsch und Wirklichkeit usw. so weit auseinander oder gegeneinander stehen, daß »die linke Hand nicht weiß, was die rechte tut«. Es mangelt am Verständnis für *jede* der beiden Seiten. Ein traumloser, wunschloser Alltag steht unwirklichen Wünschen und Träumen gegenüber. Die Verständigung zwischen Partnern leidet darunter, und auch zur eigenen Person entwickelt sich ein gebrochenes Verhältnis. Es muß eine *Verbindung* zwischen Tag und Nacht, Traum und Wirklichkeit geben, damit diese Kluft aufgehoben wird.

Es gibt nur einen Weg, der die beiden Königskinder zusammenbringt: *Der Weg der Wünsche!* Die Aufhebung der persönlichen Wünsche und Ängste ist der *rote Faden,* der Tag und Traum miteinander verbindet und – deutlich voneinander abhebt:

Genauso schädlich wie die Spaltung zwischen diesen beiden Polen ist nämlich ein *Kurzschluß*, die Verschmelzung von Sonne und Mond. Dann wissen Sie nicht mehr genau zu unterscheiden, was Traum ist und was Wirklichkeit. *Gelebte Träume* sind die schönsten Träume, wenn Sie damit erreichen, daß wichtige Wunschträume sich erfüllen und wesentliche Angstträume erledigt und aufgehoben werden. *Gelebte Träume* sind aber auch die festesten oder hartnäckigsten Träume, wie ein Schlaf, eine Nacht oder ein Film, welche auch am Tage, im Wachen nicht enden wollen!

Es ist keine Frage von bloßer Willensentscheidung oder Kraftanstrengung, aus einem solchen *Film* auszusteigen. Die Stab-Karten brin-

---

gen »Himmel und Erde« zusammen (s. »Fünf Stäbe«), sie bringen »Himmel und Hölle« in Bewegung (s. »Sieben Stäbe«), und die »Neun Stäbe« erfordern und ermöglichen, dies alles ins persönliche Bewußtsein zu heben. Den »Film« abzuschalten und die wirklichen Wünsche zu verwirklichen, ist bei dieser Karte im allgemeinen mit der Aufarbeitung von *verdrängten* Wünschen und Ängsten verknüpft. Sozusagen der Keller und der Dachboden müssen aufgeräumt werden.

Wenn Sonne und Mond einander gegenüberstehen, dann ist Vollmond! Und wie in einer Vollmondnacht, so bringt es möglicherweise einige Aufregung und Erregung mit sich, wenn Sie den Bereich Ihrer Aufmerksamkeit erweitern, Vergessenes und Verstaubtes, bloß Erahntes und Vermutetes nun auf einmal in die Hand nehmen und erfahren. Wenn Sie vom Bewußtsein her erkennen, was Sie von Ihrem Unbewußten her tatsächlich wollen, *dann haben Sie sich verstanden!* Und Verstehen ist in den klassischen Psychotherapien stets gleich Heilung.

Sonne und Mond oder Auge und Ohr sind für Sie wie Kimme und Korn! Loten Sie den Augenblick aus, achten Sie auf leise Bewegungen und verborgene Signale, und erweitern Sie die Bandbreite Ihrer Wahrnehmungen. Die Aufmerksamkeit für alles Lebendige zählt zu den typischen Feuer-Merkmalen. Hier geht es um eine Wachsamkeit, die kaum etwas mit kontrollierenden Gedanken zu tun hat, sondern die auf Intuition, allseitiger Wahrnehmung (!) und der persönlichen Anteilnahme, an allem, was lebt, aufbaut. Intuition heißt wörtlich: Etwas ansehen, (sorgsam) betrachten, erwägen, im Auge behalten, beachten und in sich bewahren. (In einer Nebenbedeutung auch: sich schützen oder etwas schützen.) So ist Intuition nicht nur die Gabe der ganzheitlichen Betrachtung, sondern auch der schützende Blick für alles, was in Bewegung, Entwicklung und Wachstum begriffen ist. Nehmen Sie sich selbst an die Hand, und Sie werden Tag und Nacht neu erleben!

STAB 9

Ganz präsent

Saturn in Schütze: Eine durchaus vorteilhafte Konstellation, auch wenn dies sehr lange für unmöglich gehalten wurde...

Die Feuerkräfte der Stäbe können sich wechselseitig blockieren und »unterdrücken«. Sie stellen aber auch ein komplexes Energiemuster, ein hintergründiges Kraftfeld dar, das – markiert durch die zwei hervorgehobenen Stäbe – einen Kanal findet, in welchem sich die starken Energien gebündelt und gerichtet ausdrücken können. *Wenn die großen Linien stimmen, dürfen kleinliche Zweifel durchaus unterdrückt werden.* Um so deutlicher tritt in Folge das Wesentliche hervor.

Jeder Mensch und jeder Sachverhalt besitzen eine eigene Logik, ein eigenes »Gesetz« und somit – im konkreten oder übertragenen Sinne – einen eigenen Willen. Erfolg oder Mißerfolg hängen jetzt davon ab, ob Ihr eigener Wille und der Wille des anderen (der Wille einer anderen Person oder der »Wille« bestimmter Fakten) miteinander harmonieren oder gegeneinander arbeiten.

Wenn Sie das Gefühl haben, sich zuviel aufgeladen zu haben oder in einer Sackgasse zu landen, dann liegt vielleicht Ihr momentaner Wille quer zu dem Willen der/des anderen. Finden Sie heraus, wo Ihre Willenskraft oder Ihre Einsatzbereitschaft zu schwach ist, und steigern Sie an diesen Punkten Ihren Einsatz auf 100 Prozent! Aber dort, wo Sie versuchen, mit Gewalt oder Selbstverleugnung etwas zu erreichen, geben Sie Ihre vergebliche Mühe auf, lassen Sie los und werfen Sie Ballast ab. Erst wenn Sie einem Menschen oder einer Sachfrage Ihre *ungeteilte* Zuneigung schenken, verstehen Sie ihn oder sie in seiner oder ihrer Logik. Setzen Sie nicht »viele«, sondern *alle* Energien ein. Sie müssen sich nach vorne neigen, sich vorwagen und hineingeben. So haben Sie die Nase vorne!

Die beiden großen Stäbe (die an die »Donnerkeile« der Karte »Zwei Stäbe« erinnern) bedeuten auch, daß zwei Partner sich auf *parallelen Linien* finden, verstehen und begleiten, obwohl jede/r der beiden durchaus den eigenen Weg verfolgt. Ob sich zwei oder mehr Menschen dabei begleiten und unterstützen können, mit ganzer Kraft zu leben, ist ein Spiegel dafür, ob jede/r Einzelne auch für sich selber die großen Konfliktthemen wie Wunsch und Wirklichkeit, Wille und Notwendigkeit, Trieb und Tugend usw. als parallele Kräfte erschließt und »auf die Reihe bekommt«.

Konflikte werden lösbar, und Widersprüche lassen sich aufheben, wenn sie soweit »zum Tanzen« gebracht werden, daß sie sich in ein prächtiges Muster wandelnder und gegenwärtiger Energien, Bewegungen und Ereignisse verfeinern und verstetigen. So wird das Feuer tatsächlich Ihre *Heimat*! Überall dort finden auch Sie Ihr Zuhause, wo Sie alle Ihre Kräfte verwirklichen und vielfältige Neigungen und Interessen miteinander verbinden können. *Heimat*, das ist nicht nur ein Ort, nicht nur ein Gefühl – das ist auch ein Energiezustand! Und nirgends anders als da, wo Sie mit der größten Selbstverständlichkeit all Ihre Energien einsetzen und umsetzen können, sollten Sie auch Ihr Zuhause wählen.

Um alle Kräfte einzusetzen, müssen Sie zunächst jedoch alle vorhandenen Kräfte erst einmal annehmen. Über *viel* Energie zu verfügen, ist ein Glück, wenn Sie wissen, *wohin* damit. Sie brauchen geeignete Aufgaben, die den Energieumsatz im Fluß halten. Unterforderung hemmt dabei ebenso wie Überforderung. Gestaute Energien aber belasten, sie ermüden und erschweren jeden Schritt. Sie stehen vor oder suchen nach Aufgaben, die Sie ein Leben lang fördern und fordern – *Lebensaufgaben*, an denen Sie weiter wachsen können und die mit Ihrer Entwicklung Schritt halten. Jede *sinnvolle* Lebensaufgabe führt über sich selbst hinaus; neben der reinen Selbsterhaltung und Selbstverwirklichung existiert dann *ein zweiter Brennpunkt* in Ihrem Leben. Und wo Sie in diesem Sinne über sich hinauswachsen, sind Sie zu 100 Prozent präsent.

Geeignete Lebensaufgaben zeichnen sich dadurch aus, daß Sie alle Ihre Kräfte mobilisieren und alle Ihnen zugänglichen Energien *bündeln*. Sie führen Sie über sich selbst hinaus, schaffen Ziele außerhalb der eigenen Person und verhindern ein »Doppelleben«, indem Ihre Wünsche zur Wirklichkeit und der Alltag zum Abenteuer werden. – In Ihren aktuellen Fragen ist jetzt Ihr ganzer Einsatz gefragt. Geben Sie alles. Der Erfolg in Ihren jetzigen Bemühungen wird wesentlich dadurch bestimmt, daß Sie Ihre Herkunft und Ihr Ziel vor Augen haben – oder danach suchen!

Kelche

»Auf die innere Einstellung kommt es an«: Kelch-Karten stellen ein Angebot dar, etwas zu empfangen (passiv) oder (von anderen) empfangen zu lassen (aktiv). Ihre Seele zeigt Ihnen die richtige Antwort oder Lösung. Bleiben Sie auf dem Laufenden, und halten Sie die Dinge im Fluß. Beachten Sie die Bedürfnisse Ihrer Mitmenschen, und berücksichtigen Sie alle wirksamen Gefühle.

- »Wer kann etwas für seine Gefühle...?«
- »Und solang du das nicht hast, / Dieses: Stirb und werde! / Bist du nur ein trüber Gast / Auf der dunklen Erde.«
- »Alles fließt, und das Harte unterliegt.«

Das Gefäß, das dem Wasser Halt gibt: Die Kelche, auch Pokale genannt, werden traditionell dem Element Wasser zugeordnet. Von daher hat sich eine Gleichsetzung Kelche = Wasser eingebürgert, die jedoch verdient, genauer betrachtet zu werden. Merkmal des Wassers ist sein *flüssiger*, formloser Zustand; Kennzeichen des Kelches dagegen seine feste Form. Wasser ist an sich ungreifbar (und im übertragenen Sinne unbegreifbar); durch die Kelche wird es faßlich, erfaßbar und handhabbar. Wenn das Wasser unsere Gefühle symbolisiert, so stellen die Kelche all das dar, was unseren an sich ungreifbaren Gefühlen eine faßbare Form verleiht. Die Kelche sind ein *Inbegriff bestimmter Gefühle*.

Sinnbildlich kann demnach alles, was dem Wasser eine bestimmte Form gibt, den Kelchen entsprechen: Quelle, Brunnen, Flußbett, See und Stausee bis hin zur Landschaft, der Ökologie, den Meeren und dem Wasserkreislauf insgesamt. Jedesmal drückt die Gestalt des Kelches dabei den Widerspruch zwischen Fließendem und Bestehendem aus: Ohne Flußbett keine Strömung, kein Fließen, und ohne *bestimmte* Gefühle kein persönliches Fassungsvermögen für die Energien der Seele. Doch wie ein stehendes Gewässer auch abgestanden und »gestaut« sein kann, so bewirkt eine allzu starre Fixierung auf bestimmte Gefühle möglicherweise eine Eintrübung oder einen Stau der Gefühle, so daß wir betrübt werden, im Trüben fischen oder Trübsal blasen... Eine Wasserverschmutzung gibt es jedenfalls auch im seelischen Bereich; auch da müssen ganze Flüsse saniert werden.

Bestimmte Gefühle sind vor allem unsere Wünsche und Ängste, allgemeiner: alle seelischen Bedürfnisse sowie das Verlangen und der Glaube. Denn Wünsche und Ängste, die so groß sind, daß sie die gesamte Lebensspanne umfassen, sind eine Sache des Glaubens.

In zahlreichen Erzählungen wird der Mensch selbst als Gefäß aufgefaßt, welches am großen »Wasserkreislauf« – am Meer der Seelen und am Strom der Zeit – teilhat. Der heilige Gral wurde als Schale oder als Kelch verstanden; er läßt sich ebenfalls im Sinne der Tarot-Kelche interpretieren. Einerseits gleicht der Mensch, der zur Person wird und ein eigenes seelisches Fassungsvermögen entwickelt, dem Kelch. Andererseits gilt: Wenn wir von der Ökologie, den Meeren und dem kompletten Wasserkreislauf als größter Form des Kelches ausgehen, dann gleichen wir nicht dem Kelch, sondern sind ein *Teil* seines *Inhalts*.

Als Symbol des weiblichen Schoßes verkörpern die Kelche Sexualkraft und *Weiblichkeit*. Als Attribut fürstlicher Gelage und religiöser Zeremonien besitzen die Kelche auch eine traditionell *männliche* Komponente. Ein Kelch kann Quelle und Mündung darstellen, im übertragenen Sinne auch Ursprung und Ziel, Leere und Erfüllung. – Weitere Stichworte: »Hoch die Tassen«, das Wasser bis zum Halse, untertauchen, »badengehen«, sich freischwimmen. Die Suppe auslöffeln. Träume, Tränen, Trunk und auf dem Trockenen sitzen.

Das Wasser des Lebens: Bis in die Frühzeit der abendländischen Kultur läßt sich die Vorstellung vom »Wasser des Lebens« zurückverfolgen. Die Ägypter glaubten z. B., daß das Wasser aus der Todesstarre befreie. Die babylonische Göttin Ischtar mußte in die Welt der Toten hinuntersteigen, um das Wasser des Lebens zu holen. – Weil das Wasser den Ursprung allen irdischen Lebens darstellt, symbolisiert das Wiedereintauchen in das Wasser u. a. eine Rückkehr zu verflossenen Urzeiten. In der Evolutionsgeschichte stellt die Zeit des Lebens *im* Wasser aus menschlicher Sicht eine *Vorzeit* dar, eine Zeitspanne, die der Entstehung der menschlichen Rasse vorausging. In der Individualgeschichte wiederholt sich im kleinen Maßstab und im Zeitraffer die gesamte Entwicklung. Im Mutterleib macht jeder Mensch bekanntlich den Weg gleichsam von der Kaulquappe bis hin zur Menschwerdung durch, um dann mit der Geburt das große Wasser zu verlassen. Das Wasser kann für den Menschen einen Ort der vollkommenen Geborgenheit, aber auch der vollständigen Umschließung und Gefangenschaft darstellen. Aus der Perspektive eines Menschen, der den aufrechten Gang und die frische Luft schätzen gelernt hat, bedeutet die Rückkehr zum Wasser und ein gänzliches Wiedereintauchen in das nasse Element möglicherweise eine Art Selbstaufgabe. Das Wasser besitzt von daher auch einen bedrohlichen Charakter, der in Bildern und Geschichten der Vernichtung Ausdruck gefunden hat: Etwa im Mythos der Sintflut, in den Erzählungen von Jonas und anderen, die von einem Wal verschlungen werden.

Doppelnatur des Wassers: Wir haben Wasser *in uns*, so bringt es der menschliche Körper auf einen Wasseranteil von 60-70 Prozent bringt. Auf der anderen Seite sind wir vollständig *vom Wasser umgeben*. Bis zu den Tiefen der Erde und den Höhen des Himmels reicht der Wasserkreislauf, und etwa drei Viertel der Erdoberfläche bestehen aus Wasser. Wir haben »es« in uns und »es« hat uns umschlossen. Weil das so ist, gibt es überhaupt die Möglichkeit der Resonanz, des »Verständnisses« zwischen Innen- und Außenwelt, des Mitgefühls (Sympathie und Antipathie) zwischen verschiedenen Menschen, ein Mitgefühl, das so groß sein kann, daß es Kontinente verbindet oder sogar die ganze Welt umfaßt. So, wie das Individuum als eine Massentatsache aber eine ganz junge Errungenschaft der Geschichte darstellt, ist es ein großes, oft auch schwieriges Thema, die geeignete Resonanz, die richtige Stimmung und Wechselwirkung zwischen den eigenen, privaten und andererseits den »ozeanischen« Gefühlen, den kollektiven Stimmungslagen und Trends herauszufinden. Das Eigene abzugrenzen, ohne sich gleichzeitig für das Größere zu verschließen, ist eine der wesentlichen Aufgaben des Wasserelementes für uns.

Deren glückliche Lösung wird durch das häufige Vorurteil erschwert, Wasser kenne keine Trennungen. Angeblich sei es allein Kennzeichen des analytischen Verstandes, zu trennen und zu unterscheiden. Tatsächlich aber nimmt *jedes* Element Unterteilungen vor. Das Wasser in der Natur weist die verschiedenartigsten Sorten, Formen und Aggregatszustände auf. Im Seelenleben entspricht diesen eben die Unterscheidung von Eigenem und Anderem, von stimmigen und unstimmigen Gefühlen. Eine Seele besitzen alle Lebewesen. Aber erst die Unterscheidung der Gefühle, durch die Ausbildung eines individuellen seelischen Fassungsvermögens wird der Mensch zur Person, zu einem eigenen Resonanzkörper für das große kosmische Geschehen, zu einem Wesen mit *persönlicher* Seele.

Große Passion: Wenn der private »Wasserhaushalt« und der kosmische, kollektive »Wasserkreislauf« eine stimmige Resonanz, eine harmonische Übereinstimmung bilden, wird aus dem einzelnen Leben ein großes Leben. Wir finden uns dann mit unseren Gefühlen, mit unserer innersten Befindlichkeit in unserer Umgebung und Außenwelt wieder, genauso wie die große Welt ihren Widerhall und Nachklang in uns selber besitzt. Diese Harmonie zwischen Seele und allem Leben auf der Welt in Vergangenheit, Gegenwart und Zukunft ist selbst ein seelisches Bedürfnis. Wo dieses existentielle Bedürfnis verletzt wird, leiden wir in großem Umfang. Und wo dieses Bedürfnis erfüllt wird, erfahren wir das Leben mit einer Kraft und Leidenschaft. Große Passionen sind unser »Kelch« für die Grenzerfahrungen, für die größtmögliche seelische Spannbreite unseres Lebens. Es hängt tatsächlich viel von unserer inneren Einstellung ab. Wir müssen die »Grammatik der Gefühle« kennen und zu benutzen verstehen, damit wir in kleinen und großen Gefühlen, bis hin zu Glaube, Liebe und Passion, *fruchtbare Resonanzen* erzeugen und empfangen.

Zusammenfassung: Wir selber gleichen dem Kelch, der dem Wasser der Seele Fassung, Form und Ausdruck verleiht. Zugleich sind wir selber Inhalt eines viel größeren Kelches, der nichts anderes ist als das Ergebnis der bisherigen Natur- und Menschheitsgeschichte.

Kelche stellen bestimmte Gefühle dar, Zuneigungen und Abneigungen, Wünsche und Ängste, Freude und Trauer, Leere und Erfüllung. Sie entsprechen dem Element Wasser.

Wasser bedeutet Lebenselixier, Lebensfülle, Seele und Seligkeiten. In der Natur bringen der Mond sowie Gewässer jeder Art die Kraft des Elements Wasser zum Ausdruck. Im menschlichen Verhalten sind es vor allem innere *Bedürfnisse*, seelisches *Verlangen* und der persönliche *Glaube*, die der Wasserkraft Ausdruck verleihen. – Weitere Merkmale: Mitgefühl, Eingebungen, Träume, Stimmungen und Ahnungen. Charakteristisch für das Element Wasser sind Offenheit, Empfänglichkeit und Hingabe. Schwierige Situationen (sich freischwimmen müssen) werden gemeistert, indem man die Gefühle prüft: »Auf die innere Einstellung kommt es an«.

Kostbarkeit der Seele

Tierkreiszeichen Krebs: Chaos und Geborgenheit...

Die verschlungen Pfade der Gefühle sind ein Ausdruck der Abenteuer und der Schönheit des Lebens, die sich Ihnen öffnen, wenn Sie in jedem Menschen eine lebende Seele erkennen. – Die Kommentare zu dieser Karte zeichnen sich häufig durch Einseitigkeit aus. Entweder wird die »Königin« nur gelobt – für ihre einfühlsamen, emotionalen, medialen usw. Fähigkeiten. Oder sie wird mit Skepsis beschrieben – wegen ihrer Verschlossenheit, ihrer Nabelschau oder dem Sog, der von ihr ausgeht usw. Der Witz besteht jedoch darin, daß *alle* diese Aspekte – und noch weitere – zutreffen; es kommt darauf an, eben die *Widersprüchlichkeit der Gefühle* auf *einen* Begriff zu bringen!

Die Gestalt der »Königin« verrät, daß sie vom Wasser durchdrungen ist. (Das entspricht der biologischen Tatsache, daß der menschliche Körper zu 60-70 Prozent aus Wasser besteht; was wiederum verdeutlicht, daß die »Königin« uns alle betrifft und nicht nur einige wenige »mediale« Personen.) So haben auch Sie »nahe am Wasser gebaut«. Sie verfügen über reiche Gefühle. Wenn Sie mit sich im Reinen sind, beziehen Sie daraus Kraft und fruchtbare Fantasie.

Wenn wir dem Reichtum unseres Gefühlslebens begegnen, glauben wir aber oft, wir hätten »zu viel« Gefühl oder zu verschlungene, zu wechselhafte Seelenklänge, die eine gute Beziehung zu sich selbst oder zu anderen erschwerten. Doch im allgemeinen trifft das nicht zu, im Gegenteil. Erst reich fließende Gefühle machen die natürlichen *Grenzen* des Einfühlungsvermögens deutlich, jene Grenzen, an denen spürbar wird, daß das eigene Fassungsvermögen gefüllt ist, und an denen sich der andere Mensch in seiner seelischen Besonderheit unterscheidet.

Einige Deutungen dieser Karte kommen recht schnell auf eine mögliche (sexuelle) Gefühlskälte der »Königin« zu sprechen. Doch diese Auffassung beruht auf einem Mißverständnis. *Alle* Gefühle können der »Königin« sehr wohl vertraut sein, u. a. auch hitzige Gefühle, »Wildwasser« usw. Viel eher geht es hier um eine stark ausgeprägte Neigung zum Eigenleben und um den Schutz der Eigendynamik der persönlichen Gefühle. Die Konsequenz daraus ist heute jedenfalls viel eher das »Single«-Dasein als eine emotionale oder sexuelle Verfrorenheit. Die

Kunst besteht darin, seelische Offenheit und seelische Abgrenzung miteinander zu verbinden. Das Bild macht deutlich, daß dies zwei Seiten derselben Sache sind:

Die Seele gleicht einem großen *Spiegel*, der auf der einen Seite offen für alles ist, um auf seiner anderen Seite sein Eigenleben für sich zu behalten. Beide Pole bedingen einander, die eine Seite des Spiegels existiert nicht ohne die andere, und so verbindet das Bild der »Königin« mit dem großen Wasserspiegel in sich Mitgefühl und Selbstgefühl, Spiegelwirkung und Eigenleben, Gemeinsamkeit und Autonomie usw. Diese Pole zusammen sind die Quelle der *Persönlichkeit*. Sie sorgen dafür, daß Sie weder zerfließen noch verhärten.

Zustimmung und Ablehnung, Offenheit und Abgrenzung sind die Polaritäten des Seelenlebens, die überhaupt für seelische Spannung oder für das Energiegefälle sorgen, so daß etwas *fließen* kann. Die Unterscheidung der Gefühle nach Sympathie und Antipathie, die Differenzierung von Wünschen und Ängsten sind die Voraussetzung für eine wirksame seelische Offenheit, die den anderen Mensch als solchen berücksichtigt und beachtet (und nicht nur in seiner möglichen Spiegelwirkung für die eigene Person). Wann immer dies gelingt, »stimmen« Ihre Gefühle. Dann sind Sie guter Stimmung und sprechen als Person mit *einer* Stimme.

Die Karte ermuntert Sie, in Ihren Gefühlen auf's Ganze zu gehen. Verteidigen und vermehren Sie Ihre Selbständigkeit und Ihre Kreativität in allen Fragen der persönlichen Betroffenheit. Verharren Sie nicht in Selbstbespiegelung. Für Frauen wie für Männer ist es bei dieser Karte wichtig, die eigene Persönlichkeit so weiterzuentwickeln, daß tatsächlich »zwei Seelen« in der eigenen Brust Platz haben: Die Liebe zu sich und zu der, dem oder den anderen.

Tragendes Verlangen

Im Zeichen des Skorpions: Geheimnis und Leidenschaft ...

Wie Lohengrin kommt der »Prinz der Kelche« hier daher. Er symbolisiert die Umsetzung von seelischen Trieben und Spannungen in Würde und Leidenschaft. Ihr Innenleben und Ihre Gefühle sind für Sie sehr bestimmend. Solange Sie das nicht anerkennen, können Sie sich selber stark verletzen. Wie dieser »Prinz«, so fühlen auch Sie sich haltlos, solange Sie nach *äußerer* Sicherheit suchen. Sie finden, umgekehrt, einen sicheren Rahmen und eine beflügelnde Festigkeit in Ihrem Leben, wenn Sie sich Ihrer *inneren Antriebe* sicher sind und Sie sich an das halten, was Ihnen *Auftrieb* gibt. Sobald Ihnen auch unterschwellige Gefühle deutlich werden (wie die Schlange, die sich erhebt), besitzen Sie eine Plattform, eine Basis echter Gefühle, auf die Sie bauen können.

Vermeiden Sie in Ihren aktuellen Fragen jede unangebrachte Fixierung oder Verhärtung. Bleiben Sie offen dafür, Sympathie und Antipathie neu zu verteilen. Auch die Seele muß zwischen Ja und Nein wählen können, sonst geht die Spannung, der Fluß des Seelenlebens verloren. Wahre Sicherheit und Festigkeit im Gefühlsleben entstehen aus und führen zu einer gut ausgebauten *inneren Mitte*. Für diese Mitte, die den Weg weist, ist u. a. wiederum die Schlange ein Zeichen, die – neben sonstigen Bedeutungen – auch das Mittelstück der Transformationsreihe Skorpion – Schlange – Adler darstellt.

Der »Prinz« macht die Doppelnatur des Wassers deutlich. Er zeigt auf der einen Seite, daß wir einen bestimmten Teil der Gefühle in den Griff bekommen können (Kelch) und daß es wesentlich ist, daß wir diesen Teil auch begreifen. Zugleich demonstriert er, daß die Welt des Wassers, d. h. des Seelenlebens, größer und umfassender ist, als der einzelne Mensch, der sich in dieser Wasserwelt bewegt.

Wie alle Hofkarten im Bereich der Kelche, so fordert und fördert der »Prinz« Ihren *Mut zum Gefühl*. Trauen Sie Ihren Gefühlen – und den Gefühlen Ihrer Mitmenschen – im Guten wie im Schlechten einiges zu. Bauen Sie auf die verwandelnde Kraft der Seele, wie sie in den Worten des Märchens anklingt: »In den alten Zeiten, wo das Wünschen noch geholfen hat...«. Bezeichnenderweise ist es Ihr *Verlangen*, das Ihnen festen Boden unter den Füßen – inmitten einer uferlosen Wasserwelt – verleiht. Das Verlangen unterscheidet sich vom bloßen Gefühl dadurch, daß es eine zusätzliche Dynamik sowie eine erhöhte Betroffenheit und Verbindlichkeit ins Spiel bringt. Sehnsüchtiges Verlangen und leidenschaftliches Begehren *verdichten* die Gefühle und machen Sie zur *Grundlage* des persönlichen Verhaltens. Wie heißt es so schön: »Wer nicht begehrt, lebt verkehrt…«.

Bei allem, was Sie begehren, bleibt es wichtig zu wissen, daß – wie jedes Ereignis – auch jedes Verlangen eine *symbolische* Bedeutung besitzt. Die Traumdeutung für die Nachtträume läßt sich ohne große Mühe auch auf die Deutung der Lebensträume anwenden. Echtes Verlangen drückt sich in der Befreiung und im Fluß der Seelenenergien aus, während ein im persönlichen Sinne verkehrtes Begehren *Fetische* produziert, Ersatzleidenschaften, die daran zu erkennen sind, daß Sie statt zur Befriedigung zum Wunsch nach »Mehr« führen. – Der Schwerpunkt Ihrer Bemühungen sollte darauf liegen, die wichtigsten und spannendsten Wünsche und Ängste aufzuheben. Ihr Leben lang werden Sie von Wünschen und Ängsten begleitet werden. Aber es gibt *wesentliche Begierden*, echte seelische Notwendigkeiten, ohne die Ihr Leben unter Niveau und unter Ihrer Würde bliebe. Diese wesentlichen Wünsche und Ängste herauszufiltern und zu erfüllen bzw. zu erledigen, ist im allgemeinen nicht ohne innere Wandlung möglich. Ergebnis des Prozesses ist aber eine Wandlung auch des gesamten Lebensgefühles, wenn man einmal und grundsätzlich erfahren hat, daß es möglich ist, *wunschlos glücklich zu sein,* weil nichts Wesentliches mehr fehlt.

Trennen Sie sich von fruchtlosen Träumen. Bewahren und verlangen Sie, was Ihr Herz wirklich höherschlagen läßt. Gehen Sie in Ihren aktuellen Fragen den Gefühlen (aller Beteiligten) auf den Grund. Lassen Sie sich von Tabus und Schattenseiten weder erschrecken noch verzaubern. Je mehr Sie auch vage Gefühle wahrnehmen und andererseits unverblümte Emotionen aufgreifen, konkretisiert sich Ihr wahres Verlangen, welches das Fundament und die Krone Ihrer persönlichen Einmaligkeit darstellt.

Flügel für die Seele

Im Zeichen der Fische: Glaube und Vertrauen...

Weil Sie viele Gefühle besitzen und weil große Gefühle in Ihren momentanen Fragen mitschwingen, kommen Sie nur weiter, wenn Sie voll und ganz mit Ihren Emotionen leben und gleichsam in Ihrem seelischen Element aufgehen. Wenn Sie von Gefühlen überflutet werden, kommt es jetzt darauf an, daß Sie sich *freischwimmen*, Deiche und Kanäle für Ihr reiches »Wasser« bauen. Falls Sie, umgekehrt, momentan eher auf dem Trockenen sitzen, dann sollten Sie »die Seele baumeln« lassen und Ihren Gefühlen, Ihren Träumen und Stimmungen mehr Spielraum geben.

Wo Gefühle, seelische Bedürfnisse und seelisches Verlangen so groß werden, daß sie sich z. B. auf eine ganze Lebensspanne beziehen, können sie nie durch die bisherigen Erfahrungen allein widerlegt oder bestätigt werden. Die »großen Gefühle« sind also ganz wesentlich eine Sache des *Glaubens*. Ein vernünftiger oder bewußter Glaube verträgt sich wunderbar mit Wissen und Bewußtsein. Nur daß der Glaube erst da anfängt, wo das Wissen seine tatsächlichen Grenzen erreicht hat.

Der Glaube kann und soll eben *kein Ersatz* für Wissen und Bewußtsein sein. Vielmehr sind Geist und beschwingte Begeisterung nötig und hilfreich, um einen funktionierenden, einen persönlich richtigen Glauben auszubilden. Es geht hier also um einen *bewußten Umgang mit dem Unbewußten*. Dies illustriert das vorliegende Bild sehr schön: Der Krebs, der in historischen Darstellungen der Karte »XVIII – Der Mond« als Inbegriff der ältesten Zeiten der Seele auftaucht, wird hier emporgehoben (in mehrfacher Bedeutung *aufgehoben*)!

Ihre beflügelte Fantasie, Ihren Vorstellungsreichtum können und sollen Sie jetzt dazu nutzen, die blinde, namenlose, rohe und verletzliche Tiefe der Gefühle ans Licht zu heben. – Nicht, um »das Kind mit dem Bade auszuschütten«! Wohl aber, um den Pfau, sprich: die Eitelkeit der Gefühle zu überwinden, um auf einer anderen Ebene den Pfau, hier: die majestätische Schönheit der Seele und ihre Schöpfungen, zu feiern.

Wenn Sie im vorliegenden Bild Roß und Reiter als eine Einheit betrachten, so erkennen Sie darin auch *Pegasus*, das geflügelte Roß der

Musen und der Dichtkunst. Im Namen Pegasus klingt das altgriechische Wort für Quelle mit; und Pegasus galt als »Mondpferd«, angeblich wegen des mondförmigen Hufabdrucks. Der griechische Mythos erzählt in Gestalt des Pegasus von der Aufgabe (und deren Lösung), die ungeheuren Kräfte des Wasserelements (die unbewußten Seelenkräfte) aus zerstörerischen, in beflügelnde, inspirierende und festliche Gefühle umzuwandeln.

Pegasus entsprang nämlich der *Medusa*, der schreckenerregenden Tochter eines Meergottes und eines Seeungeheuers. Erst mußte der Medusa das Haupt abgeschlagen werden; aus dem Halse der Medusa sprang Pegasus hervor. Das geflügelte Pferd ließ sich fangen und zähmen, stieg später zum Himmel auf (und wurde zu einem Sternbild, ganz in der Nähe des Sternbildes Fische), vor allem jedoch zum Sinnbild der Verwandlung einer betörend-zerstörenden Seelentiefe in eine kunstvoll-erhebende Kultur der Seelenkräfte, der Verwandlung eines »trockenen« Alltags in einen beschwingten Lebensgenuß mit Musenkuß!

Es geht jetzt darum, daß Sie Ihren Glauben prüfen, damit Sie sich ihm anvertrauen können. Schützen Sie sich vor allgemeinem Mißtrauen, vor Aberglauben und Unglaube. Vervielfachen Sie Ihre Fähigkeiten, Gefühle zu verstehen und auszudrücken. Riskieren Sie mehr Mut und Konsequenz in Gefühls- und Glaubensentscheidungen. Als Frau müssen Sie dabei vielleicht besonderen Wert darauf legen, für Ihr Gefühl, Ihr Verlangen und Ihre Sicht der Dinge nicht auf einen reitenden Retter zu hoffen, sondern selbst die Welt zu erobern. Als Mann mag es für Sie eine besondere Herausforderung bedeuten, neben Berufswünschen und anderen handgreiflichen Zielen auch die »Karriere« Ihrer Seele zu planen und die »Laufbahn« Ihrer Gefühle aktiv zu suchen und zu gestalten. – Ob Mann oder Frau, in jedem Fall sind Sie sich jetzt diese seelische Konsequenz schuldig – man gönnt sich ja sonst nichts.

Seelische Leidenschaft

*Die Prinzessin der Kelche symbolisiert seeli-
sche Leichtigkeit und seelische Neuigkeit. Sie
steht im Zeichen der Sommersonnenwende...*

Faszinierend und facettenreich – so stellt
die »Prinzessin der Kelche« den *Inhalt* des Seelenlebens dar. Wasser an sich ist für uns kaum
faßbar, im übertragenen Sinne kaum begreifbar. Die Kelche aber erlauben als Gefäße, das
Wasser in die Hand zu nehmen. So beziehen
sich die Kelche stets auf die *greifbaren Momente* des Seelenlebens: Gefühle, Stimmun-
gen, Träume, usw. Wichtig ist dabei zu verstehen, daß Gefühle nicht
einfach und immer nur Gefühle bleiben. Sie können sich zum *Verlangen*
verdichten, sie können sich zum *Glauben* ausweiten und – *Gefühle kristallisieren sich zu seelischen Leidenschaften.*

Ihre Leidenschaften lassen Sie die *Inhalte* des Seelenlebens klar erkennen. Was sonst *unter* der Wasseroberfläche haust (im Bild: Der Del-
phin, die Muschel und die Schildkröte), taucht nun auf und wird gleichsam flügge (wie der Schwan im Bild). In den Leidenschaften *kristallisieren* sich Ihre Gefühle; das zeigen die Kristalle, welche die »Prinzessin« auf ihrem fließenden Gewand trägt. Seelische Leidenschaften sind
deutliche Gefühle.

Je deutlicher sie sind, um so besser lassen sich die Gefühle *deuten.*
Undeutliche Gefühle bleiben unverständlich. Ohne Deutung kein Verstehen, und ohne Verständnis keine Erfüllung seelischer Bedürfnisse.

Tragen Sie zu einer neuen Klärung und Bereinigung bei. Nur die Erfüllung, die Sie in Ihrer Seele finden, ist in der Lage, Sie wirklich zufrie-
denzustellen. Diese Zufriedenheit ist ein Merkmal von klaren seelischen Leidenschaften.

Um die Leidenschaften Ihrer Seele zu genießen und ungetrübt zu feiern, müssen Sie »nur« dafür sorgen, daß aus der Kristallisation der Gefühle keine Fixierung wird. Fixierte Gefühle sind wie Fische auf dem
Trockenen. Eine wirkliche Leichtigkeit der Gefühle setzt (Er-)Lösungen
voraus oder macht sie sich zum Ziel. Fruchtbare Leidenschaften fördern den Fluß der Dinge, schaffen bleibende Momente und Kostbarkeiten im Strom des ewigen Wandels. Schenken Sie reinen Wein ein! Offenbaren Sie, was Sie sich und/oder anderen zu »beichten« haben, und
erledigen Sie, was noch zu bereinigen ist. Die Kristalle stellen dann ein

---

Sinnbild für *geklärte* Gefühle, für ein *reines* Verlangen und für einen *transparenten*, durchsichtigen Glauben dar.

Gefühl, das sich mit Wille und Eifer paart, also eine bestimmte Leidenschaftlichkeit, erleichtert das Verständnis von Gefühlen und Bedürfnissen: Sie müssen nur wissen und fühlen, daß Sie dabei zuerst und zuletzt auch nach Ihren eigenen Deutungen (!), d. h. nach der Deutlichkeit der eigenen Person in dieser Welt suchen. So führt Sie das Bild wieder an den Ausgangspunkt des persönlichen Seelenlebens: Sie sind dem Wasser nahe, ihm einst entsprungen und jetzt wieder vertraut – frei, Ihre persönliche Erfüllung darin zu finden und mitzuteilen.

Kraft der Seele

Alles, was das Element Wasser beinhaltet, finden Sie hier möglicherweise in konzentrierter, dichter Form. Im praktischen Verhalten geht es darum, es fließen zu lassen, Gefühle zu klären und dem an sich Unfaßbaren Form und Gestalt zu verleihen...

Jetzt ist eine gute Zeit, Gefühle neu zu begreifen! Legen Sie sich, ohne Zensur oder Vorbewertung, Rechenschaft über Ihre Gefühle ab. Geben Sie auch »unangenehmen« Gefühlen Ausdruck, und schauen Sie sich bisher unbekannte Gefühle und seelische Bedürfnisse an.

Das kann manchmal mit innerer Erregung und äußerer Anspannung verbunden sein. »Alles fließt«, so heißt es. Doch oft fließt es nicht, sondern es tröpfelt nur. Tabus werden berührt und Schwellen müssen überschritten werden, damit es fließt.

»*Alles* fließt« – für manche ein Schreckensschrei: Löst sich denn alles auf? Müssen alle festen Werte »badengehen«?

Ohne Flüssigkeit sind die Kelche leer; es herrscht *Ebbe*. Ohne Kelche aber gibt es keinen Halt; es herrscht Überschwemmung oder *Flut*. Oft werden diese einfachen Wahrheiten auseinandergerissen. »Mehr« Gefühl, »mehr« Offenheit des Herzens, »mehr« innere Stimme usw. erscheinen dann als Garant für »mehr« Glück. Doch diese Vorstellungen sind genauso einseitig und unzutreffend wie einseitig umgekehrte Parolen nach dem Motto »Träume sind Schäume«, »Gefühl ist Schwäche«, »Psychologie ist Luxus« usw. Jedesmal handelt es sich dabei um Einbahnstraßen. So, wie die Schwerter ihre Zweischneidigkeit oder die Scheiben die *zwei Seiten* der Medaille beinhalten, so besitzen die Kelche in sich den Widerspruch von Öffnung und Schließung. Diese Doppelnatur besitzt auch *ein* Kelch allein, wie hier das »As der Kelche«. Kelch-Karten handeln jedesmal von der doppelten Aufgabe, die Seelenkräfte möglichst gut *fließenzulassen und* möglichst gut aufzufangen, zu verstehen und zu begreifen!

Es stimmt ja auch nicht, daß Gefühle immer nur glückliche Gefühle sein müßten. Das weiß zwar jede/r; aber trotzdem wird es häufig genug noch anders behauptet. Viele Tarot-Kommentare teilen die Reihe der Kelch-Karten auf. Manche, wie z. B. das »As der Kelche« werden *nur* gut bewertet, andere Kelch-Karten dann *nur* negativ. Tatsächlich besitzt *jede* Kelch-Karte positive und negative Bedeutungen. *Ein* Kelch kann stets verschiedene Inhalte transportieren: Wasser und Wein, Sekt und Selters, Süßes, Saures, Bitteres, Geschmackloses und vieles mehr.

Diese Unterscheidungen sind bei jedem einzelnen Kelch vorzunehmen. Erst aus der *Aufhebung der Unterschiede* entsteht eine höhere Einheit. Dies bedeuten die drei miteinander verschränkten Kreise auf dem Kelch im vorliegenden Bild. Der dritte Kreis ist dabei erhöht. Er zeigt die Synthese. Je deutlicher die Unterschiede, desto fruchtbarer die Gemeinsamkeiten.

Diese glückliche Lösung kommt nicht zustande, wenn auf der unteren Ebene die beiden Kreise nicht klar voneinander getrennt werden. Solche Unterscheidungen werden aber durch das häufige Vorurteil erschwert, das besagt, Wasser kenne keine Trennungen. Angeblich sei es allein Kennzeichen des analytischen Verstandes, zu trennen und zu unterscheiden. Tatsächlich aber nimmt *jedes* der vier Elemente Unterteilungen vor. Das Wasser in der Natur weist die verschiedenartigsten Sorten, Formen und Aggregatszustände auf. *Die Grundpolaritäten des Seelenlebens sind Sympathie und Antipathie, Zuneigung und Abneigung.* – Eine Seele besitzen alle Lebewesen. Aber erst durch die Unterscheidung der Gefühle, durch die Ausbildung eines seelischen Fassungsvermögens wird der Mensch zur Person, zu einem eigenen Resonanzkörper für das große kosmische Geschehen, zu einem Wesen mit *persönlicher* Seele.

Betrachten Sie es für Ihre aktuellen Fragen als Geschenk und als Herausforderung, daß Ihnen der Kelch und das Wasser neu angeboten werden. Möglicherweise ist auch ein Wechselbad der Gefühle damit verbunden. Doch fürchten Sie sich nicht. Mit ihren Höhen und Tiefen, mit Seligkeiten oder Wachstumsschmerzen bieten Ihre aktuellen Fragen Ihnen jetzt vor allem die besondere Chance, Ihre Gefühle zu *leben*.

Wahre Liebe

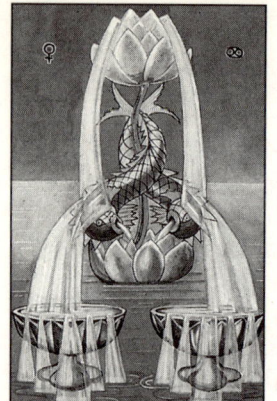

Venus in Krebs: Liebe und Eigensinn...

Diese Karte gehört zu den wenigen Tarot-Karten, die für die meisten Betrachter/innen zunächst *nur* »positiv« aussehen. So, wie es bestimmte Schwerter-Karten gibt, die für sehr viele Menschen in der spontanen Betrachtung erst einmal »schlimm« scheinen, so bewirken *kollektive Sehgewohnheiten* u. a. bei dieser Karte eine zunächst ausschließlich oder weitgehend positive Wahrnehmung.

Gerade die Karten, die vorwiegend in nur einer Wertungsrichtung wahrgenommen werden, verdienen jedoch eine genauere Betrachtung. Und das gilt hier, obwohl der Titel der Karte »Liebe« lautet. Was ist nicht schon alles im Namen der »Liebe« behauptet und getan worden? – Das Bild zeigt überfließende und aufblühende Emotionen, eine Situation des Teilens, des Austauschens und des Miteinanders. Die Bedeutung dieser Situation hängt aber davon ab, *was* in den Kelchen enthalten ist, welche Wasser hier fließen.

Unbewußt sucht die Seele in Beziehungen und Begegnungen nach *Übereinstimmungen.* Sie möchte im anderen Menschen Vertrautes wiedererkennen. Dieser Prozeß der wechselseitigen Identifizierung kann ungemein beflügeln, die Gefühle und alle seelischen Kräfte zu reichem Fließen veranlassen. Dies geschieht gewöhnlich in Phasen erster Verliebtheit, und dies wäre bis hierher eine erste Deutung der Karte. Irgendwann wird in jeder Beziehung deutlich, daß nicht nur die Übereinstimmung, sondern auch der *Unterschied* zwischen dem eigenen und dem anderen Kelch zu den Voraussetzungen eines gedeihlichen und liebevollen Miteinanders gehört. Solche Unterscheidungen bringen um so mehr Glück, je mehr die Gefühle, die zuvor in der Suche nach Übereinstimmung keinen Platz hatten, nun zum Tragen kommen dürfen. So kann sich sogar zeigen, daß die Grundlage des bisherigen Austausches eine *beiderseitige Halbheit* war, so daß jede/r der Beteiligten in dem oder der anderen die »bessere Hälfte« suchte.

So können die beiden Lotusblüten ein Wechselspiel von persönlicher Über- und Unterordnung anzeigen. Die beiden Fische bezeichnen möglicherweise eine unselige Klammer, welche aus innerem Zwang oder seelischer Not entspringt: Eine Verklammerung von Wünschen und Ängsten, eine Verquickung der Gefühle, die auch »Doppelbindung« genannt wird. Alles hängt hier davon ab, den *Sinn* der Gefühle und der seelischen Schwingungen zu verstehen. Erst wenn es gelingt, auch in Gefühlsdingen, die »guten ins Töpfchen und die schlechten ins Kröpfchen« zu sortieren, erkennen Sie *die andere Seite der Seele* auch in sich selbst, die berühmten »zwei Seelen in der Brust«. Erst dann, wenn Sie Ihre »bessere Hälfte« in sich selbst entdeckt haben, suchen Sie Zufriedenheit und Glück nicht mehr bei anderen und werden offen dafür, den oder die andere/n so zu nehmen, wie er oder sie ist. *Wahre Liebe* setzt voraus und wirkt darauf hin, daß jede/r Beteiligte sich in der ganz persönlichen, *ungeteilten Wahrheit* versteht und erblüht. Dann hört die Liebe auf, Ersatz für persönliche Ganzheit und Selbstverwirklichung zu sein, und wird zu dem, was sie immer schon war: Zur Freude am Dasein und zum Glück, dieses mit anderen teilen zu können.

Der christliche Grundsatz »Liebe deinen Nächsten wie dich selbst« ist oft belächelt, oft mißverstanden und oft auch für merkwürdige Zwecke mißbraucht worden. Aber für sich genommen, drückt dieser Satz aus, worum es bei dieser Karte geht. Er stellt eine Aufgabe heraus, die tatsächlich eine enorme psychische und persönliche Leistung darstellt: Sich selbst und andere in gleicher Intensität zu lieben. Je besser Sie Gefühle zu *deuten* verstehen, desto klarer können Sie geeignete von ungeeigneten Wünschen unterscheiden, berechtigte und unberechtigte Ängste auseinanderhalten. Wenn Sie Gefühle differenzieren können, gewinnen Sie neue Alternativen, neue Chancen für die Liebe.

Berücksichtigte Bedürfnisse

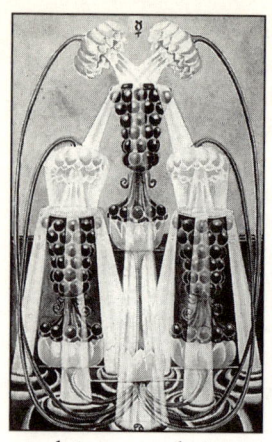

Merkur in Krebs: Die Grammatik der Gefühle...

Jemanden auf angenehme oder unangenehme Weise zu verzaubern, heißt im Englischen *to put a spell on someone*, d. h. wörtlich, einen *Spruch* auf jemanden zu richten, *buchstäblich* jemandem etwas einzutrichten oder einzureden. Hier ist im Sprachgebrauch direkt etwas von der magischen Wirkung der Sprache des Wortes und der Gesten erkennbar geblieben. Wenn wir »Simsalabim« in Zaubervorführungen hören, erscheint uns dies zumeist als Floskel. Der »Hokuspokus« besitzt jedoch eine tiefere Bedeutung. Die Karte mit den zwei Kelchen handelt von der Unterscheidung seelischer Bedürfnisse. Hier, bei den drei Kelchen, geht es darum, unterschiedliche Gefühle auch zu benennen, auf *einen* Nenner und damit auf den Begriff zu bringen. Ihre aktuelle Frage gleicht damit der aus dem Märchen bekannten *Suche nach dem Zauberwort*.

Ihre Situation ist durch Gefühle geprägt und wird durch seelische Belange entschieden. Es kommt jetzt darauf an, die/den Beteiligte/n in der jeweiligen Betroffenheit und Besonderheit einzubeziehen. Aber gerade das macht Schwierigkeiten. Das Bild zeigt zunächst eine *Vermischung der Gefühle*. Darin kann sich durchaus ein *Wir-Gefühl* darstellen. Das kann sehr animierend und bestätigend wirken. Doch es besteht die Gefahr, daß die einzelne Persönlichkeit darunter leidet und untergeht. Außerdem kann das Bild auch *gemischte Gefühle* zeigen. Es regiert der Kompromiß, und aus heiß und kalt entsteht eine lauwarme Angelegenheit. Wenn diese Karte Glück signalisieren soll, dann besteht dies in der *Fülle von begriffenen Gefühlen*. Eine Fülle von verwirklichten Wünschen und ebenso eine Fülle von erledigten Ängsten setzen eine ebenso große Menge von unterschiedlichen und begriffenen Gefühlen und Bedürfnissen voraus. Wenn es um das Glück im Zusammenleben einer Partnerschaft oder Gruppe geht, so geht es hier um erfüllte Wünsche und Erwartungen des einzelnen in dieser Gemeinschaft. Da ist es nötig, die jeweils individuelle Besonderheit deutlich zu machen. Die Kelche zeigen Granatapfelkerne: Das fruchtbare Innenleben soll sich veräußern, nach außen ausdrücken und darstellen.

Damit wird die große Bedeutung der Worte, die Zauberkraft der Begriffe unterstrichen. Manche Wünsche und Ängste kommen uns leicht über die Lippen; andere zu benennen, fällt manchmal schwerer, als sich in einer Fremdsprache auszudrücken. Ein richtiges Wort zur richtigen Zeit kann Wunder wirken und verborgene Welten zum Vorschein bringen!

Der Zauber der Gefühle braucht den Zauber der Gedanken, Worte und Taten, einen Reigen persönlicher Ausdrucksformen. Denn erst wenn Ihre Gefühle Sie selber ganz durchdringen, wachsen Sie mit Körper, Geist und Seele zu einer Person zusammen. Dieser *innere Zusammenhalt* aber ist Voraussetzung und Ergebnis eines glücklichen und dauerhaften Zusammenhalts mit anderen.

Persönliche Gründe

Mond in Krebs: Seelische Ganzheit...

»Vier Kelche« signalisieren ein ausgebautes Gefühlsleben nach allen vier Himmelsrichtungen, mit allen Temperamenten.

Das bedeutet im negativen Fall eine unselige Besessenheit: Ein und dasselbe Gefühl wird in alle möglichen Richtungen übertragen und damit verlängert und ausgeweitet. Wohin man sich auch wendet, man findet immer wieder die Bestätigung des seelischen Zustandes, von dem man ausgegangen war.

Auf der anderen Seite bedeutet dieselbe Symbolik auch eine Vollständigkeit und Ganzheit in Gefühlsdingen, die erfreuliche Fähigkeit, im Rhythmus mit den seelischen Wechsellagen zu leben. Man findet sich im guten Sinne überall zurecht.

Zur Vollständigkeit der seelischen Erfahrung gehört es aber, daß auch vormalige Schattenbereiche, noch fehlende seelische Erfahrungen ergänzt und angenommen werden.

Wenn Sie diese Karte ziehen, dann achten Sie darauf, welche seelische Erfahrung es jetzt zu vervollständigen gilt. Akzeptieren Sie Freude und Trauer, Ebbe und Flut als unterschiedliche Aspekte einer und derselben Realität – der Wirklichkeit der Seele. Verstehen Sie, daß es *bestimmte Gründe* für Ihre Gefühle und Ihre inneren Betroffenheiten gibt, auch wenn diese im Einzelfalle sehr unterschiedlich aussehen. Diese persönlichen Gründe, die Ihre Gefühle auf eine besondere Grundlage stellen, sind durch das Wurzelwerk der Lotusblume im Bild deutlich dargestellt. Nur in diesem einen Bild sind die Wurzeln bzw. grundlegenden Verschlingungen vollständig enthalten.

Die Kraft der Seele ist Grundstock und Motor Ihrer Persönlichkeit, und die Einmaligkeit Ihrer Person prägt Ihre Gefühle, bestimmt Art und Inhalt Ihrer Wünsche und Ängste. Gerade unter Einschluß ihrer Widersprüche und Gegensätze zeigen Ihnen Ihre Gefühle, woher Sie kommen und wohin die seelische Reise geht. – Das ist ein echter »Luxus« (so der englische Originaltitel): Ein Überfluß an verstandenen Bedürfnissen, verwirklichten Ideen und befriedigten Wünschen. Dieser Luxus sollte eigentlich selbstverständlich sein, und doch fließt er Ihnen erst dann zu, wenn Sie unbewußte Selbstverständlichkeiten in ein bewußtes Selbstverständnis umwandeln. Andererseits ist diese Fähigkeit,

sich selbst zu verstehen, alles andere als ein Luxus. Sie ist einfach notwendig, eine Frage der Selbsterhaltung und der Selbstachtung.

Stimmige und unsinnige Wünsche, sinnvolle und unbegründete
Ängste sollen hier bilanziert und auf einen Begriff gebracht werden.
Doch dieser Begriff sind diesmal Sie selber. Es geht um Ihr Selbstverständnis und um die persönlichen Gründe, die nur Sie vertreten können.

Wirkliches Verlangen

Mars in Skorpion: Die Quintessenz des Wassers...

Unter allen Kelch-Karten ist dies die einzige, worin *alle* Kelche leer sind. Leere Kelche symbolisieren aber einen seelischen Mangel – oder eine *vollständige seelische Offenheit.*

Als Karte des Mangels geht es hier um eine Situation der *seelischen Ebbe.* Es herrscht Stillstand, noch weniger kann nicht fließen. Und wenn es eine Karte für seelische Krisen gibt, dann ist es diese. Insoweit – und *nur* insoweit – ist der Titel Enttäuschung zutreffend. Wenn die Seele »schwarz« sieht, ist dies in diesem Zusammenhang ein ernstzunehmendes Alarmsignal. Machen Sie sich dann nichts vor. Klären Sie, was Ihnen Angst macht, wovon Sie sich enttäuscht oder bedroht fühlen. Ziehen Sie sich zurück oder suchen Sie Hilfe und Begleitung, je nachdem; sorgen Sie auf jeden Fall dafür, daß Sie Ihren Gefühlen freien Lauf lassen können. Wenn sich noch etwas nachholen läßt, dann tun Sie es jetzt. Und fangen Sie etwas an mit dem, was vorhanden ist.

Die Trauer über Tod, Verlust und Abschied ist unvermeidlich. Aber die schleichenden Ängste, die durch *verdrängte Wahrheiten* entstehen, sind unnötig und unwürdig. Kummer, Sorgen und Trauer treten an diesem Bild auch deshalb in den Vordergrund, weil sie bisher zu kurz gekommen sind. Wut, Groll, Gram und viele andere »blinde« oder »dunkle« innere Haltungen können an dieser Karte sichtbar werden. Wenn dem so ist, sollten Sie die Ermutigung berücksichtigen, daß es besser ist, richtige Dinge »spät« zu akzeptieren als gar nicht. Eine Enttäuschung bietet immer auch die Gelegenheit zur Ent-täuschung, d. h. zum Abschied von Illusionen und zum Start in eine neue Klarheit. Das Ende einer Täuschung, deren Lektion Sie gelernt haben, setzt enorme Energien frei!

Aber die Begegnung mit seelischer »Ebbe« muß gar nicht mit einer – wie auch immer gearteten – Enttäuschung verbunden sein! Möglicherweise kommen auch neue Lösungen, neue vorteilhafte Möglichkeiten auf Sie zu, die für Sie schlicht und ergreifend *seelisches Neuland* darstellen. Sie stehen in einer seelischen »Stunde Null«. Die »schwarze Nacht der Seele« besitzt nämlich, außer dem erwähnten Alarmsignal, noch eine völlig andere Bedeutung. *Von allem, was für sie wirklich neu ist, besitzt die Seele zunächst nichts als eine dunkle Ahnung!* Diese (!) Begegnung mit Leere oder Finsternis äußert sich z. B. durch *Vorfreude*. Die leeren Kelche bedeuten in diesem Sinne eine gänzliche Öffnung für das, was kommen wird. – Wo Wünsche und Hoffnungen begraben werden müssen, stellt der rote Bildhintergrund einen Sonnenuntergang dar. Das ist auch eine starke Energie, wenn Sie durch Trauer gefühlt und angenommen werden kann. – Aber da, wo es um den Weg in seelisches Neuland geht, bedeutet derselbe rote Bildhintergrund ein Morgenrot und die Kraft zum seelischen Aufbruch.

Damit die Gefühle fließen können, muß die Seele wachsen. Dieses Wachstum erfordert aber auch eine ständige Transformation: Den Abschied von Wunsch- oder Angstvorstellungen, die für Ihr jetziges Leben nicht mehr zutreffend sind. Und den Mut zum Neuanfang, damit Ihre Gefühle und seelischen Bedürfnisse neue Wege gehen können. »Und solang du das nicht hast,/Dieses: Stirb und werde!/Bist du nur ein trüber Gast/Auf der dunklen Erde!. (J.W. v. Goethe). Um diese Metamorphose von seelischem Trübsinn zu seelischem Leuchten geht es jetzt in Ihren aktuellen Fragen. Das Bild macht dies durch den *Schmetterling* deutlich, der im Wurzelwerk der Wasserpflanzen zu sehen ist.

Das Pentagramm mit der Spitze nach unten warnt vor deprimierenden oder niederträchtigen Gefühlen, die mit verdrängter Trauer oder mangelndem seelischen Neuanfang einhergehen. Dasselbe Pentagramm bedeutet aber auch, daß verschiedenartige Gefühle hier überhaupt zusammengefaßt und auf ihre Grundlagen zurückgeführt werden. So bildet sich aus vielen, verschiedenartigen Gefühlen *ein* Verlangen, das in der Lage ist, unterschiedliche Wünsche und Ängste auf einen Nenner zu bringen und diesen mit Nachdruck zu vertreten.

Verdrängen Sie Trauer oder bestimmte Schmerzen nicht, vergrößern oder dramatisieren Sie sie auch nicht, sondern setzen Sie sich auseinander und leben Sie damit. Akzeptieren Sie auch, wenn andere jetzt Ihre praktische Hilfe oder Ihren seelischen Beistand brauchen. Lassen Sie es zu und fördern Sie es, wenn Sie selber und andere sich jetzt seelisch weiterentwickeln und wandeln. Sie haben die Möglichkeit, alten Streß zu verabschieden und Ihre innere Kraft, Ihre ganze Liebe wirken zu lassen. Es steckt ein besonderes Glücksmoment in Ihren aktuellen Fragen, weil Sie wieder neu erfahren, wonach Sie verlangen, d. h. was Sie wirklich wünschen.

Innere Wandlung

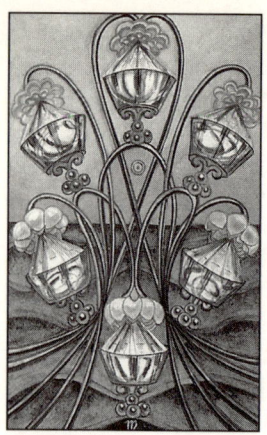

Sonne in Skorpion: Tiefe Gefühle, komplexe Bedürfnisse...

Bei keiner anderen Kelch-Karte ist die *Tiefe* der Gefühle so betont wie hier. Ein Ende der Stengel und Zweige, der blühenden Wasserpflanzen ist *nach unten hin* nicht absehbar. Tiefe Gefühle können ein *Jungbrunnen* sein: Der Jungbrunnen im Märchen entspricht dem Ritus der Taufe (in seiner ursprünglichen Form, wobei man in ein Gewässer oder Taufbecken stieg, um mehrmals vollständig darin einzutauchen). Damit werden symbolisch *Tod und Wiedergeburt* vollzogen.

Durch den Wiedereintritt in die Wasserwelt erlebt das gewohnte, bisherige »Ich« eine Auflösung, es erfährt auf einer sehr ursprünglichen Stufe seine Verbundenheit mit und seine Ähnlichkeit zu *allen* Lebewesen. Damit werden die Grenzen eines jeden individuellen Lebens spürbar, was auch die Gewißheit einschließt, daß der Tod zu diesem Leben dazugehört. Das Glück und die befreiende Wirkung an diesen Erfahrungen liegen nun im Wiederauftauchen: In einer Neugeburt, welche nun ein Bild des eigenen »Ich« besitzt, worin eine allzu starre Fixierung auf das Ego aufgegeben und ein fließender Begriff einer erweiterten Individualität gewonnen wird.

Diese persönliche Wandlung ist Ihre Aufgabe und Ihre Chance in den aktuellen Angelegenheiten. Daß es sich dabei um eine *innere Wandlung* handelt, erkennt man im Bild besonders daran, daß *in* jedem der sechs Kelche sich eine Schlange befindet, die als solche Tod und Wiedergeburt sowie die Verwandlung vom Niederen zum Höheren symbolisiert.

In Ihren jetzigen Fragen ist es deshalb wichtig, alte Träume und tiefe Wünsche zu erinnern. Arbeiten Sie mit Ihren Erinnerungen ebenso wie mit Ihren Fantasien und Erwartungen. Vielleicht macht sich dies in vermehrten Träumen und Tagträumen bemerkbar, vielleicht auch in Unruhe oder Schlaflosigkeit, möglicherweise in einem Unwohlsein, in vorübergehender Betäubung oder umgekehrt in der momentanen Wirkungslosigkeit üblicher Betäubungsmittel...

Tiefe Gefühle kommen ans Tageslicht, oder – anders ausgedrückt – die Sonne sinkt in sonst unerreichte Tiefen. Manchmal kann sich dies wie Niedergeschlagenheit oder Depression anfühlen. Tatsächlich handelt sich jedoch darum, daß *Schattenbereiche sichtbar gemacht werden.* Neue seelische Kräfte wachsen in Ihnen heran, und diese geben Ihnen jetzt Gelegenheit, Ihre Wünsche und Ängste neu zu verstehen. Das gibt Ihnen auch die Möglichkeit, Ihre seelischen Reaktionen zu verändern. Die Verschlungenheit des Wurzelwerks der Kelche zeigt ein durchaus *komplexes Gefühlsleben* an. Merkmal eines Komplexes ist es aber, daß man in seinen Reaktionen wenig Freiheit besitzt: Wird auf eine bestimmte Taste gedrückt, klingelt es gleichsam im ganzen Haus nach einem bestimmten, fixierten Muster.

Wenn Sie Ihre momentanen Aufgaben nicht nur erledigen, sondern auch als Jungbrunnen erleben, dann werden Sie diese Fixierungen auflösen.

Wiedergeburt der Seele bedeutet, daß Sie über neuartige Alternativen für Ihre Gefühle verfügen. Sie lernen viele Pfade der Seele kennen und kommen in die glückliche Lage, seelisch die Weichen neu zu stellen. Nutzen Sie die Gunst der Stunde, um alte Ängste abzulegen und tiefe Wünsche zu erfüllen. Ihre positiven Erfahrungen begleiten Sie dabei und geben Ihnen Kraft und emotionale Wärme für die zukünftige Entwicklung. Das kann ein »Genuß« sein, wie der Titel verheißt (pleasure, *Freude, Vergnügen, Lust,* heißt der englische Titel). Andererseits bedeutet die Karte auch, daß Sie an Erfahrungen erinnert werden, wo Sie als »Kind in den Brunnen« gefallen sind. Das ist nicht immer ein Vergnügen, aber eine Herausforderung, dieses Kind nun abzuholen und aus dem Schattendasein zu befreien. – Wenn tiefe Wünsche angesprochen sind, spielt die Sexualität eine große Rolle; was u. a. hier durch das Schlangensymbol in den Kelchen angedeutet wird. Andererseits geht es hier um die Heilung alter seelischer Wunden und die Einlösung uralter Verheißungen, auf die die Seele wartet. Es ist wichtig, diese und andere Herzensbedürfnisse miteinander nicht zu verwechseln.

Stunde der Wahrheit

Venus in Skorpion: Leidenschaftliches Verlangen...

Wie so oft, zeigt auch hier das Bild *mehr* als sein Titel aussagt. Überflüssige Gefühle tropfen ab. Haltlose Wünsche, aber auch unbegründete Ängste (!) werden damit hinfällig. Auch der Titel »Illusion«, den manche Kommentare dieser Karte gegeben haben, wird dem Inhalt des Bildes nicht gerecht. Zu den bemerkenswerten Eigenschaften der Seele gehören die Fähigkeiten, Schattenseiten anzunehmen, über den eigenen Schatten zu springen und über sich selbst hinauszuwachsen. Illusionär und gefährlich ist nur ein Bewußtsein, das für den größeren Reichtum der Seele kein Verständnis besitzt und deshalb entweder die größeren Gefühle nicht begreift oder seinen Geist aufgibt, sobald es um Bedürfnisse und Träume geht, die das bisherige Ich übersteigen. Hier ist also eine Bewußtseinserweiterung angezeigt, die der persönlichen Wahrheit Rechnung trägt, auch wenn das Ego zu »schwimmen« beginnt.

Der deutsche Kartentitel lautet »Verderbnis«, in der älteren Ausgabe der Karten »Ausschweifung«. Beide Versionen sind Übersetzungen des englischen Titels »debauch«, der allerdings auch Schwelgerei, Schlemmerei und Orgie bedeutet. Nun handeln Kelch-Karten von Gefühlen im allgemeinen und – hier – vom Verlangen im besonderen. Wenn eine gewisse »Ausschweifung« Ihr wirkliches Bedürfnis ist, dann sollten Sie diese Karte als »grünes Licht« betrachten und sich diese gönnen. Die Erfüllung berechtigter Wünsche und die Erledigung unbegründeter Ängste ist der beste Weg, um ungesunde Ausschweifungen und eine sinnlose Prasserei zu vermeiden.

Jedes »Zuviel des Guten« ist ja ein indirekter Ausdruck dafür, daß auf einem anderen Gebiet ein *Mangel* besteht. Solange Wünsche und Verlangen nicht bewußt kultiviert werden, mischen sich Askese oder Selbstkasteiung in einem Lebensbereich mit unmäßiger Verschwendung in einem anderen Bereich der betreffenden Person. Wenn Sie *das* nicht wollen, dann hilft hier allein die *Aufhebung der Wünsche und Ängste*. Wünsche und Ängste, alle seelischen Bedürfnisse und Leidenschaften müssen jetzt überprüft werden. Sinnlose Erwartungen, Verheißungen oder Befürchtungen müssen tatsächlich *überflüssig* werden

– sie müssen abtropfen, bis im Kelch das zurückbleibt, was dem persönlichen Glück ein harmonisches Maß verleiht. *Klären* Sie Ihre Wünsche und Ängste, bis Sie mit Ihren Erfahrungen und Erwartungen zufrieden und einverstanden sind. In dem Moment wandelt sich jedoch die Bedeutung des Bildes:

Wenn Sie wunschlos glücklich sind, nicht, weil Sie keine Wünsche hätten, sondern im Gegenteil weil die Wünsche wie die Ängste aufgehoben sind –, dann symbolisieren die Wassertropfen im Bild, die nicht in die Kelche hineinpassen, nicht länger überflüssige Wünsche. Vielmehr symbolisieren sie *zusätzliche Gefühle*, eben größere Gefühle. In dieser Betrachtung zeigt das Bild keine überflüssigen, sondern *überpersönliche* Gefühle und Leidenschaften. Das hat dann mit den oben genannten Titeln dieser Karte nicht unbedingt noch etwas zu tun. Es gibt übergeordnete oder tiefere Bedürfnisse der Seele, ozeanische Gefühle und spirituelle Leidenschaften, die das Fassungsvermögen eines einzelnen Menschen übersteigen.

Ein notwendiger und wertvoller Teil Ihrer Gefühle sind Träume und Visionen, die sich nicht unmittelbar begreifen lassen. Verabschieden Sie sich von der Vorstellung, alle Gefühle »in den Griff« zu bekommen. Lassen Sie Ihr Bewußtsein und Ihr Urteilsvermögen wachsen. Lernen Sie, die Dunkelheit zu unterscheiden und sich auch im Zwielicht sicher zu orientieren. Schauen Sie sich Ihre Träume an und deuten Sie sie. Lassen Sie Ihrer Seele Flügel wachsen. Akzeptieren Sie die Sehnsucht nach spiritueller Heimat und nach seelischem Aufgehobensein. Gönnen Sie sich und anderen glückliche Leidenschaften.

Persönliche Bestimmung

Saturn in Fische: »Gottes Mühlen mahlen langsam« – aber wenn sie mahlen, dann zur richtigen Zeit...

Volle und leere Kelche, seelische Erfüllung und Offenheit halten sich hier die Waage: Ein ausgeglichenes Bild der tragenden Kraft des Wassers und ein machtvolles Bild einer höheren Ordnung der Gefühle und des seelischen Verlangens. Die Macht des Bestehenden im Seelenleben wird hier deutlich. Und die gebrochenen oder lückenhaften Griffe der Kelche machen es deutlich: Es geht um übergeordnete Bedürfnisse, um größere Gefühle, die nicht einfach zu (be)greifen und zu (er)tragen sind.

Die Karte handelt von Situationen, wo Sie deutlich spüren, daß »die Macht des Schicksals« Ihr individuelles Fassungsvermögen übersteigt. Daß es Gefühle gibt, die Sie selber nie gehabt haben und vielleicht nie haben werden. Daß Sie sich seelischen Einflüssen und Bestimmungen ausgesetzt sehen, deren Wirksamkeit Sie nicht leugnen oder abstellen können oder wollen. Aus diesen und anderen Gründen kann dies eine Karte des *Fatalismus* sein. Selbstmitleid, Teilnahmslosigkeit und Weltschmerz können Ihnen hier begegnen und mögen vielleicht auch den Titel »Trägheit« rechtfertigen.

Die glücklichen Möglichkeiten dieser Karten haben jedoch mit »Trägheit« *nichts* zu tun, sondern damit, daß Sie der tragenden Kraft Ihrer persönlichen Bestimmung sich anvertrauen. Der englische Originaltitel heißt »indolence«. Indolenz meint *Schmerzlosigkeit* und kann eine Empfindungs- und Teilnahmslosigkeit im Sinne der Apathie, aber auch eine fakirhafte Schmerzfreiheit und Gelassenheit bedeuten.

Ihre einzige Aufgabe, um das Blatt zu wenden, besteht darin, sich selber ins Spiel zu bringen! Richtig ist, daß diese Karte von der Macht des Bestehenden handelt, doch zum Bestehenden gehören auch Sie selber. Glauben Sie an sich selber, so, wie Sie auch an das »Schicksal« glauben. Sagen Sie: »Ich traue mir«, und beginnen Sie eine *Kooperation mit dem Schicksal.*

Bilanzieren Sie Ihre seelischen Erfahrungen. Bringen Sie alle Gefühle zusammen, stellen Sie Freude, Trauer, Verlust und Erfüllung in Rechnung. Finden Sie zu einem Ausgleich zwischen Zustimmung und Ablehnung, von Abgrenzung und Offenheit. So destillieren Sie aus Ihren seelischen Erfahrungen bleibende Werte. Sie wissen dann *aus Erfahrung*, was Sie trägt und weiterbringt – und was nicht. Ihre persönliche Bestimmung ist eine Frage des bewußten Glaubens und ergibt sich als Summe aller seelischen Erfahrungen!

Es ist irreführend, wenn manche Kommentare diese Karte zur schlimmsten »Krise« erklären. Tatsächlich kann *jede* der 78 Karten u. a. mit persönlichen Krisen verbunden sein. Die größte *Ebbe* findet sich auch nicht hier, sondern bei den »Fünf Kelchen«. Die »Acht Kelche« bedeuten vorwiegend dann eine Krise, wenn man sich in den Kopf gesetzt hat, über seine Gefühle selber zu bestimmen. – Unzutreffend erscheint auch die Interpretation dieser Karte als »völliges Scheitern«. Es gibt Mißerfolge und notwendige Abschiede; aber im Rahmen einer seelischen Bilanz besitzen selbst negative Erfahrungen ihren Wert. Für die Seele gibt es kein endgültiges Aus, nur für das Ego. – Die Karte erscheint sehr finster (aber nur in der neueren Ausgabe; die ältere Ausgabe zeigt durchgängig ein dunkles Grün). Jedoch auch die »schwarze Nacht der Seele« besitzt erstrebenswerte Bedeutungen als »Stunde Null« (vgl. ebenfalls die Karte »Fünf Kelche«). – Schließlich ist diese Karte auch als Situation der »Faulheit« beschrieben worden. Doch das muß nicht nur etwas Negatives sein. »Wer faul ist, ist auch schlau«, weiß der Volksmund. Damit muß nicht nur der feige Versuch, auf Kosten anderer zu leben, gemeint sein. Im Gegenteil: Wenn Sie einmal über den eigenen Tellerrand hinausgesehen haben, dann finden Sie hinter aller Aufregung und Unruhe auch einen tiefen Frieden, der für Sie da ist. Sie verstehen die Einheit von allem Leben und merken, wie das Leben in Ihnen selber und auch außerhalb von Ihnen, ohne Sie fließt. Wenn Sie diese Erfahrungen zu Ihrem Weg machen, dann sind Sie »faul« *und* »schlau«: Wer dem Fluß der Energien in und um sich folgt, der oder die strengt sich vergleichsweise am wenigsten an und erreicht zugleich am meisten!

»Der Glaube versetzt Berge«: Wenn Sie an die falschen Dinge glauben, türmen Sie ein Hindernis nach dem anderen vor Ihren Füßen auf. Kein Wunder, wenn Sie »träge« werden. Ein geeigneter Glaube bündelt Ihre Energien, bilanziert und aktualisiert alle überhaupt zugänglichen seelischen Erfahrungen. So kommen hier Flut und Ebbe, Wandel und Kontinuität auf einen Nenner. Sie verstehen, daß alles seine Zeit hat: *Zur richtigen Zeit das Richtige tun – und auf alles andere verzichten!*

Heile Gefühle

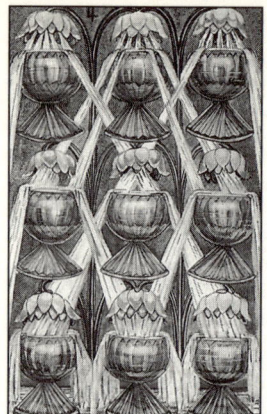

Jupiter in Fische: Von der Gutgläubigkeit zu einem guten Glauben...

Viele Gefühle zu haben, ist ein Geschenk »Gottes«, eine Gnade, die viele Menschen erst einmal dankend ablehnen. Lassen Sie sich durch den aufgedruckten Titel Freude (im Englischen *happiness*, Glück und Glückseligkeit) nicht zu voreiligen Schlußfolgerungen veranlassen. Dagegen steht zum Beispiel die verbreitete Meinung, *zu viele Gefühle* brächten Unglück. Vom Bild her ist klar, daß hier »alle Brünnlein« fließen. Aber selbstverständlich ist die volle Entfaltung der Gefühle nicht automatisch gleichbedeutend mit Glück! Auch Haß, Neid, Rache usw. sowie Angst-, Scham- und Schuldgefühle gehören in den Bereich der Seelenkräfte, die hier fließen. Ein ungefiltertes Fließen von »häßlichen« Gefühlen ist keineswegs wünschenswert und stellt eine Gefahr bei dieser Karte dar.

Eine andere Gefahr besteht gerade umgekehrt darin, daß »unerwünschte« Gefühle verdrängt werden. Das Bild zeigt nicht nur reichlich fließende Gefühle, sondern macht auch deutlich, daß alle Seelenströme miteinander verflochten sind. Hier kann es besonders schwerfallen, einmal »aus der Reihe zu tanzen«. So kann hier ein enormer »Anpassungsdruck« vorliegen, den Sie ausüben oder erleiden. Ein Druck, dessen Wirkung dadurch noch gesteigert wird, daß er nicht auf direkter Gewaltanwendung, sondern »nur« auf seelischer Beeinflussung beruht. So vermittelt diese Karte *auch* eine Erinnerung an all die Gefühle, die in Ihnen einmal *untergegangen* sind. Das Verhältnis von Teil und Ganzem ist bei dieser Karte und in Ihren aktuellen Fragen, wenn Sie diese Karte ziehen, eine schwierige Beziehung. Die Gefühle, die inneren Empfindungen und Einschätzungen scheinen so stark *vernetzt* zu sein, daß sich Ihrem Bewußtsein Vorstellungen wie »wenn schon, denn schon«, »alles oder nichts« aufdrängen. Da entsteht möglicherweise die Hoffnung oder die Befürchtung, daß, sobald Sie an einer Stelle anpacken, eine ganze Lawine ausgelöst wird!

Lassen Sie sich jedoch nicht einschüchtern. Und versuchen Sie nicht, alle anderen in den Schatten zu stellen. Diese Gedanken sind Reflexe des Ego, eines Bewußtseins, das sich zu eng an das Gewesene klammert. Üben Sie, sich freizuschwimmen.

Im Meer der großen Gefühle existieren möglicherweise Seeungeheuer und andere unliebsame Wasserwesen. Aber hier befinden sich auch verlorene Schätze, untergegangene Wünsche und unverstandene Ängste der eigenen Person. Wir alle besitzen ein »Atlantis«, gewisse Werte und Kostbarkeiten, die einst oder im Laufe der Jahre untergegangen sind. Wenn Sie *schwimmen*, werden Sie auch in großen Gefühlen nicht untergehen. »Es« trägt Sie, »*es ist gut so*«. Wenn Sie zusätzlich auch noch tauchen, dann finden Sie am leichtesten zu Ihren versunkenen Schätzen. Sie lernen es, wie ein Fisch inmitten des Wassers Heimat zu finden und Heimat zu haben.

Jetzt kommt es darauf an, daß ganze Spektrum der Gefühle zu berücksichtigen. Sie besitzen so umfangreiche und reichhaltige Gefühle, daß Sie eine ganze Klaviatur, eine große Skala seelischer Ausdrucksformen besitzen und benötigen. Akzeptieren Sie, daß unterschiedliche Wahrheiten nebeneinander Platz haben und daß dies nicht mit Beliebigkeit verwechselt werden darf, solange der eine Teil bereit ist, vom anderen zu lernen. »Jeden mit Glück zu erfüllen, auch sich selbst, das ist gut.« Lieben Sie die »ozeanischen Gefühle«, leben Sie mit Ihrer großen Seele – nichts Menschliches bleibt Ihnen fremd und keines Ihrer Bedürfnisse ohne Echo!

Kultivierte Leidenschaften

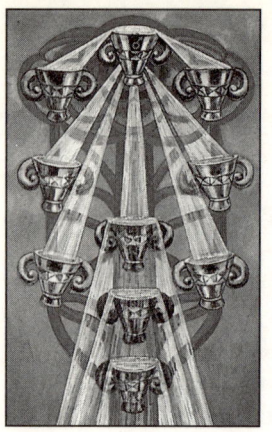

Mars in Fische: Heiße Gefühle und große Herausforderungen...

»Große Gefühle« betreffen solche Gefühle und Einstellungen, die z. B. so weitreichend sind, daß Sie sich auf die gesamte Lebensspanne beziehen. Bei diesen Gefühlen stecken Sie immer *mittendrin*. So, wie man einen Menschen nicht erst zur Probe und dann richtig lieben kann, so gleichen die großen Gefühle Lebenseinstellungen und Lebensträumen, bei denen deutendes Verstehen und praktisches Erleben stets zusammenfallen.

Noch mehr als bei jeder anderen Kelch-Karte ist es hier wichtig, im Gefühls- und Seelenleben die notwendigen Unterscheidungen vorzunehmen. Die bloße Verschmelzung von Feuer und Wasser, Wille und Seele kann durchaus auch zu einer unproduktiven oder egoistischen Emotionalität werden. Wie in dem Märchen »Vom Fischer und seiner Frau« werden dann immer größere Erfolge oder Sensationen benötigt, um aufgeregte Gefühle zu befriedigen, die immer schon nahe am Überdruß sind. Wunschdenken und Angstvorstellungen können sich dann sehr durchschlagend im Verhalten auswirken. Vieles geschieht wie unter Zwang – natürlich »nur« unter innerem Druck – und sorgt u. a. für eine regelrechte Abschirmung. Diese wird im Bild durch die rote Wolke (oder große Blüte) dargestellt, die die oberen drei Kelche umgibt. Was im günstigen Fall einen wunderbaren Schutzschirm bedeutet, stellt im ungünstigen Fall eine Art Glasglocke, einen Magnetschirm dar, der nur mühsam zu durchbrechen ist.

Die vielen Gefühle, die durch die zehn Kelche angezeigt sind, können auf der einen Seite eine übertriebene Weichheit und Ziellosigkeit mit sich bringen. Als Gegenreaktion kommen eine emotionale Steifheit und eine allzu strenge Kanalisation der Gefühle und seelischen Bedürfnisse in Betracht. So wirkt der Lebensbaum im vorliegenden Bild möglicherweise wie ein *Gefühlskorsett*, wie ein starres Muster von Kanälen und Leitungen. Kurz, hier geht es *auch* um die Gefahr, sich aus Angst vor »zu viel« Gefühl hinter steifen Ritualen oder hermetischen Glaubensvorstellungen zu verschanzen.

Die kunstvolle Komposition des Bildes spricht im übrigen für sich: *Kunst* ist hier tatsächlich gefragt – Lebenskunst und Seelenkunst,

---

während jede Künstlichkeit hier von übel ist. Es ist nicht wünschenswert, »das Leben zum Ritual« zu machen, auch wenn dies ein Motto klassischer Esoterik ist. Spannender und befriedigender ist es, Rituale mit Leben zu erfüllen. Während Sie so geistlose Normen und lieblose Vorschriften auflösen, wachsen Sie daran, sich selber und Ihr Leben als *Gesamtkunstwerk* zu gestalten.

Die großen Emotionen zu befriedigender Erfüllung zu führen, ist eine »Kulturarbeit«, in der Sie selber als Teil enthalten sind. Dies gleicht einer Landschaftsgestaltung, einer Ökologie der Seele und der praktischen Spiritualität. Dabei müssen Sie sich auch von inneren (seelischen) Abhängigkeiten lösen und zum Pionier der Liebe werden, worauf die *Widderhörner* an den zehn Kelchen hinweisen. Das Leben schenkt Ihnen alles, was Sie für Ihr Glück brauchen; geben Sie es ihm mit Dankbarkeit zurück!

Jetzt ist eine gute Gelegenheit, psychische und spirituelle Leidensgeschichten anzunehmen und aufzuheben und kühnen Leidenschaften beherzt ins Auge zu schauen. Trau, schau wem: Prüfen Sie sich selber, Ihre Freunde und Ihre Feinde. Stellen Sie Ihre Glaubensvorstellungen einmal bewußt in Frage. Klären Sie die Erwartungen aller Beteiligten und tragen Sie dazu bei, daß »hundert Blumen« blühen!

Schwerter

»Das ist doch klar«: Schwerter-Karten stellen die Aufgabe oder eine Gelegenheit dar, etwas geistig zu durchdringen (aktiv) oder sich durchleuchten, aufklären und erleuchten zu lassen (passiv). Auf der geistigen Ebene finden Sie die gesuchte Antwort oder Lösung. Folgen Sie Ihren Gedanken und Erkenntnissen, behalten Sie den Überblick und erweitern Sie Ihr Wissen. Beachten Sie die Entscheidungen Ihrer Mitmenschen und berücksichtigen Sie alle denkbaren Möglichkeiten.

- »Das Denken ist eines der größten Vergnügen der menschlichen Rasse.«
- »Wissen ohne Gewissen ist Halbwissen.«
- »Wer seine Lage erkannt hat, wie soll der aufzuhalten sein …«

Schwerter oder die Waffen des Geistes: Die *Schwerter* stellen ein Zeichen der Rüstung dar, ein Werkzeug, ein Mittel des Kampfes und des Kriegs, der Verletzung und der Befreiung. Sie verkörpern – jeweils mit positiven und negativen Aspekten – Mündigkeit, Selbständigkeit und Freiheit; Ritterlichkeit, Autorität oder Arroganz; Schärfe und Zuspitzung; Härte, Durchschlagskraft u. a. m.

Ein Schwert zu tragen, war in der Geschichte ein Privileg der adeligen Ritter, Symbol ihrer Freiheit und Autonomie im Rahmen der mittelalterlichen Ständegesellschaft. Von daher liegen beim Symbol des Schwertes neben den Bedeutungen von Krieg und Kampf auch die Stichworte Freiheit, Mündigkeit, Eigengesetzlichkeit usw. nahe.

Sodann ist seit alten Zeiten das Schwert ein Inbegriff der *Urteilskraft*, der Fähigkeiten, sich ein Urteil zu bilden und zu vollstrecken. Mit dem Schwert werden in diesem Sinne Bestimmungen, Unterscheidungen und Klassifizierungen vorgenommen. Mit dem Unterscheidungsvermögen wachsen auch die Aufgabe und die Fähigkeit, sich zu entscheiden und Erkenntnisse zu sammeln. Kurz, damit kommt das gesamte Luftreich des Geistes in Beziehung zur Schwerter-Symbolik.

Hauptinhalt der Schwerter als Waffen des Geistes sind *Denken, Wissen und Urteilskraft*. Darüber hinaus kommen alle »Techniken der geistigen Arbeit« (von einfachen Rechenoperationen bis hin zu komplexen Gedankengebäuden, von den enggefaßten Regeln der traditionellen Logik bis hin zu den fließenden Bewegungen oder den sprunghaften Betätigungen des Geistes, z. B. in Meditationen oder in einem brainstorming) als praktische Bedeutung der Schwerter in Betracht.

Die Luft der Freiheit: Es ist nicht zu übersehen, daß die Schwerter in der Tarot-Literatur bis in die heutige Zeit oft nicht sonderlich beliebt sind. Die Voreingenommenheit gegenüber dem Geist, die nur ein bestimmtes Denken zulassen möchte, ist immer ein Anzeichen für unausgesprochene Tabus im Hintergrund. Die Waffen des Geistes sind an sich neutral. Auch darin besteht ihr Prinzip der Freiheit, daß sie sich zu vielerlei Zwecken einsetzen lassen. Ein »positives Denken« läuft genauso wie die Vorstellung von »negativen Schwertern« auf eine Halbierung und Entwertung des Geistes hinaus. Denken ist denken. Denken ist (zuerst und zuletzt) weder positiv noch negativ, sondern entschiedet sich danach, ob es funktioniert oder nicht – wie das Abzählen, das Buchstabieren und das Zusammenzählen.

Die Luft vermag bis in die kleinste Zelle alles Lebenden einzudringen und sich zugleich von jeder einzelnen Gegebenheit zu entfernen und weit über die Erde tragen zu lassen. Ein Körper im Wasser, eine Flamme im Feuer oder ein Objekt in der Luft bekommt *Auftrieb*, wenn ihm Luft zugeführt wird. In diesem Sinne kann die Luft alles *leichter* machen. Ihre Merkmale sind Freiheit und Erleichterung. Und das gleiche verkörpert auch das Schwert, insofern es in Dinge und Sachverhalte eindringen, sie aufschließen und unterscheiden kann.

Die Doppelnatur der Luft: Das Reich der Luft ist der Raum *zwischen* Himmel und Erde. Auf diesen Luftraum des Geistes ist das geflügelte Wort gemünzt: »Es gibt mehr Dinge zwischen Himmel und Erde, als die Schulweisheit sich erträumen mag« (W. Shakespeare). – Der Luftraum aber war die längste Zeit der Menschheitsgeschichte relativ wenig benutzt. Erst einige Jahrzehnte ist es her, daß wir nicht nur in Traum oder Fantasie, sondern auch in Wirklichkeit *fliegen* und uns in diesem Luftraum bewegen können. So ist es auch neu, daß Abermillionen von Menschen den Luftraum als ihr geistiges Zuhause schätzen lernen und nicht nur für gelegentliche kleine Luftsprünge nutzen. Fliegen können, das steht im übertragenen Sinne für die Höhenflüge des Geistes – und der Liebe. Diese Wechselbeziehung von Geist und Liebe, die sich traditionell in der Symbolik des *Vogels* niedergeschlagen hat, hat wiederum

SCHWERTER

W. Shakespeare in dem treffenden Spruch zusammengefaßt: »Die Augen des Geistes sind die Augen der Liebe«.

Die eigenen geistigen Kapazitäten zu erforschen und einzusetzen, ist jedenfalls was die Masse der Bevölkerung, auch in den »entwickelten« Ländern angeht – historisch ebenso neu und jung, wie die Möglichkeit freigewählter, persönlicher Liebesbeziehungen. Während noch im vergangenen Jahrhundert das Reich der Notwendigkeit nur wenig Raum für Freiheit und Freizeit übrigließ, und während noch im Anfang dieses Jahrhunderts das Fliegen erst einmal erfunden werden mußte, – wird heute in den Medien schon die Frage diskutiert, ob angesichts der Zahl der Linien-, Charter- und Frachtflüge der Luftraum nicht allmählich zu eng werde! (Aber vielleicht wird tatsächlich nicht der Luftraum zu eng, sondern nur der geltende geistige Horizont, das *bisherige* Verständnis unserer geistigen Möglichkeiten und Aufgaben.) Auch angesichts der erheblichen Luftverschmutzung kristallisiert sich als die entscheidende Zukunftsfrage heraus, wie wir den irdischen Luftraum in sinnvoller, vergnüglicher Weise nutzen können.

Die Doppelnatur der Luft besteht in ihrem Zwischenzustand. Solange wir nur zwischen den Welten zuhause sind und hin und her pendeln, wie der Fährmann im Märchen, der ruhelos von einem Ufer zum anderen fährt, solange »hängen wir in der Luft« und haben nirgends wirklich Heimat. Erst wenn wir die Geister vertreiben und beerben und selber im Reich des einen und einenden Geistes heimisch werden, kann der uralte Gegensatz von Geist und Natur, Himmel und Erde überbrückt werden, und wir sind überall zuhause.

Fruchtbare Erkenntnis: Es gibt Tatsachen, Gegebenheiten und Kenntnisse, die für alle Menschen gleich sind. Aber was sie bedeuten, ist eine Frage ihrer individuellen Wahrheit. Die Tarot-Karten sind selber dafür ein gutes Beispiel. Im Unterschied zu früheren Zeiten gelten heute weder abstrakte Wahrheiten, die für alle Menschen eine gleiche Gültigkeit beanspruchen, noch die bloße Auflösung ewiger Werte und Wahrheiten in eine pure Beliebigkeit. Der Satz »Alles ist relativ« wird oft so verstanden, als sage er, es sei alles egal. »Relativ« heißt jedoch »zurückbezogen«. Alles ist *zurückbezogen* – und die Natur der Sache, auf die Perspektive der Betrachtung, auf die Persönlichkeit des, Betrachters oder der Betrachterin, auf die Qualität der Zeit und anderes mehr. Es *gibt* verläßliche Erkenntnisse und gültige Wahrheiten, deren Kenntnis für jeden Menschen einen wesentlichen Unterschied im Leben ausmacht; neu ist nur, daß diese verbindlichen Wahrheiten heute stets an das einzelne Individuum geknüpft sind. Dabei wird jedoch die individuelle Besonderheit eines Menschen erst deutlich, wenn wir *allgemeine* Begriffe und Vorstellungen besitzen.

Zusammenfassung: Wir selber gleichen dem Schwert, sind Produkt und Wegbereiter des menschlichen Geistes. Traditionell lag das Augenmerk auf der Frage: Wozu benutzen wir die Schwerter? Nachdem der Gang der Erkenntnis heute mit dem *Luftraum* eine komplette Welt *zwischen* Himmel und Erde zugänglich gemacht hat, erreichen Gefahren und Chancen der »Schwerter« eine neue Dimension. Wir müssen buchstäblich flügge werden und die Frage beantworten: Wie gestalten wir dieses Reich der Lüfte, und wie gehen wir mit dieser Situation um, für die wir aus der gesamten Geschichte kein Beispiel und kein Vorbild kennen?

Schwerter stellen die Waffen des Geistes dar. Sie entsprechen dem Element Luft.

Luft bedeutet menschliche Atmosphäre, Lebensgeister, geistige Energie und Gedankenwelt. In der Natur sind es der Luftraum und die Erdatmosphäre und im übrigen die Sterne (die durch die irdischen Luftschichten erst für uns funkeln), die die Kraft des Elements Luft in seinen verschiedenen Formen zur Geltung bringen. Im menschlichen Verhalten sind es besonders *Denken, Wissen* und *Urteilskraft*. – Weitere Merkmale des Elements Luft: Geistesgegenwart und Vorstellungskraft, Begriffe, Bewertungen und Beurteilungen, Mitteilungs- und Darstellungskünste. Charakteristisch für das Element Luft: Erkenntnisse und Entscheidungen. Schwierige Situationen (»harte Nüsse«) werden gemeistert, indem man die erforderlichen Lernprozesse bewältigt: »Jetzt ist es klar«.

Jenseits der Halbheiten

Im Zeichen der Waage: Was wiegt im Leben? Hier geht's nur um eins: *Um alles!* Die *Ganzheit des Bewußtseins* ist gefragt, und dabei geht es sowohl um die Einheit des Geistes wie auch um die Einheit von Geist und Person.

Die Farbe Blau bestimmt das Bild. Blau ist eine »coole« Farbe – kalt, kühl, aber auch leidenschaftlich und stark. Blau ist die Farbe der Sehnsucht und der Entgrenzung. Es ist die Farbe der Romantiker und – der Trinker. Auch der spirituellen Leidenschaft: In einigen mystischen Überlieferungen, z. B. bei den Sufis, gilt das Blau als das Innerste einer Flamme und drückt die *Einheit von Leidenschaft und Erkenntnis* aus. Begriffe, wie »Blues«, »Blaue Stunde«, »Blaumachen«, »Blue movie« oder »ins Blaue fahren« u. a. m., zeigen, wieviel Sehnsucht und welch starke Bedürfnisse mit *Blau* symbolisiert werden. Das bedeutet für die »Königin der Schwerter«, daß ihr Thron selbstverständlich in der *Luft*, aber gleichwohl nicht *ohne Grund* errichtet ist. Blau und Weißgrau stellen die Fundamente des Throns dar. Während Weiß und Grau verschiedene Erscheinungsformen des Geistes selber darstellen, bedeutet das Blau, daß die innersten Bedürfnisse und die größten Leidenschaften die Grundlagen, Fundament und Krone, für einen souveränen Geist darstellen, wie ihn die Königin der Schwerter im glücklichen Fall bedeutet.

Grau ist die Farbe des Unbunten, des Ungeschiedenen und Unentschiedenen (die Farbe des *Schattens* in seiner Bedeutung als das Unbewußte und Ungeahnte); auch eine Farbe der Grausamkeit. Weiß signalisiert Unschuld durch entweder Unwissen oder aber Weisheit. – Wie jede Karte, so besitzt auch diese eine enorme Spannbreite an Bedeutungen. Hier erstreckt sich die Skala tatsächlich von der *Grau*samkeit auf der einen bis zur Weisheit auf der anderen Seite. Die Königin der Schwerter kann *Kopfjägerin* sein. Von den Sammlern von Skalps und Schrumpfköpfen bis hin zu Headhuntern und den Dieben von geistigem Eigentum gibt es ein vielfältiges Spektrum. Stets handelt diese Jagd auf (fremde) Köpfe von einer *fehlenden* Einheit des Bewußtseins bei dem oder der Jagenden; je schwächer die Einheit des Bewußtseins, desto zerstreuter und unberechenbarer wird es.

Der Kopf in der Linken der Bildfigur symbolisiert aber auch, daß es gelingt, den Geist – die Gedanken, den Sinn – *von jemand anderem*

wirklich zu begreifen (anstatt nur »an den Haaren herbeizuziehen«!).
Die Schatten der Vergangenheit (Gesicht mit Bart; aber auch: Der Kinderkopf, insofern er die persönliche Vergangenheit darstellt) und die
Schatten, die die Zukunft vorauswirft (Kinderkopf als Zeichen des
Neuwerdenden), wollen verstanden und aufgehoben werden. Die drei
Köpfe oder Gesichter können selbstverständlich auch weitere Drei-
klänge ansprechen: Die dreifache Göttin und die göttliche Dreifaltigkeit; Himmel, Welt und Unterwelt; Es, Ich und Über-Ich; usw. – jedesmal geht es um Integration von »allem« in das ureigene Bewußtsein.

Persönliche Freiheit ist stets auch die Freiheit des *Anderen* – das gilt
für den zwischenmenschlichen und politischen Bereich und ebenso für
das Reich des Geistes. Dem Anderen Freiraum zu geben, heißt z. B., die
Maske abzunehmen und sich – und anderen – ins Auge zu schauen. Das
Andere kann sich auf Unbekanntes und Fremdes im zwischenmenschlichen Bereich beziehen, – möglicherweise auch auf »Gott« und das sogenannte Jenseitige. Das Andere betrifft aber auch die noch nicht verwirklichten Wünsche und die noch nicht erledigten Ängste in Ihnen selber, höhere Ziele und tiefere Bedürfnisse, die auf Erfüllung warten.

Jetzt ist keine Zeit für schnelle Selbstgerechtigkeit und vordergründige Ängste. Lassen Sie sich nicht durch Kulissenzauber beeindrucken.
Aufgabe der Schwerter ist es, neue und glückliche Alternativen für die
Verwirklichung Ihrer Bedürfnisse aufzutun. Diese Aufgabe werden Sie
nicht nur bewältigen, sondern souverän lösen, wenn Sie behutsam mit
vorhandenen Ängsten umgehen. Vorurteile und Ängste sind in vielen
Fällen sicherlich nur Hindernisse, Masken, Vorwände usw. In ebenso
vielen Fällen aber drücken sich in Vorurteilen und Ängsten berechtigte
Bedürfnisse aus, die noch kein besseres Sprachrohr gefunden haben. In
der Entfaltung und Verfeinerung der Bedürfnisse bewähren sich die geistigen Kapazitäten. Und dazu gehört es an hervorragender Stelle auch,
Wörter und Worte für Erfahrungen zu finden, bei denen bisher Sprachlosigkeit herrschte.

Auf der Höhe der Zeit

Im Zeichen des Wassermanns: Richten Sie sich ein – im »Strom« der Zeit und im »Fluß« der Ereignisse ...

Das Bild gibt für viele Betrachter/innen einige Rätsel auf. Und damit ist bereits ein wesentlicher Inhalt dieser Karte angesprochen: Die Aufgabe und die Fähigkeit, persönliche Lebensrätsel aufzugreifen, ohne »den Faden zu verlieren« und ohne »von der Rolle« zu kommen.

Die Rätsel beziehen sich zumeist auf die Bildbeschreibung. Was bedeuten die kleinen Gestalten an den Leinen?

Das vorliegende Bild ist eine Abwandlung des älteren Bilds aus dem Golden-Dawn-Orden (vgl. Anm. S. 224 ff.) und wurde von Crowley 1912 (30 Jahre, bevor er mit Hilfe von Lady Harris eigene Tarot-Karten herausgab) so beschrieben: »Ein geflügelter König mit einer geflügelten Krone sitzt in einem Wagen, der von Oberfeen (oder Schalckgeistern) gezogen wird (...). In der einen Hand hält er ein gezücktes Schwert, in der anderen eine Sichel. Mit dem Schwert herrscht und mit der Sichel tötet er.« – Die kleine Figuren stellen also Luftgeister dar und symbolisieren die vielen unterschiedlichen Gedanken und die verschiedenen Richtungen, die diese einschlagen können. Aufgabe des »Prinz der Schwerter« ist es, die *Summe* der Gedanken in der Hand zu halten.

Ein häufiges »Argument« für eine emotionale Ablehnung der Schwerter als Waffen des Geistes besteht in dem Hinweis auf die *trennende Wirkung des Geistes* (das Bewußtsein wolle alles zergliedern, während die Seele oder das Gemüt die Einheit betone). Tatsächlich verhält es sich so, daß geistige Arbeit sortiert, klärt, Trennungen, aber auch Verbindungen schafft. Das Problem besteht nicht in einem trennenden Denken, sondern in der *Trennung des Denkens* von den wirklichen Erfahrungen. Manche Kommentare beschreiben den Prinzen der Schwerter als eine torkelnde Gestalt am Gängelband purzelnder Luftgeister. Diese Beschreibung ist nur solange zutreffend, wie der Prinz an den tatsächlichen Erfahrungen vorbeifährt. Eine positive Bedeutung des Bildes besteht jedenfalls gerade darin, daß er die Kluft zwischen Denken und Tun überbrückt, gerade indem er die Gedanken gleichsam an die Leine legt. Im positiven Sinne sammelt er, was vorher zerstreut war, und sorgt so für die *Einheit des Bewußtseins.*

Die Farben Gelb und Grün warnen vor unverdauter Schwäche (Unreife) und unproduktiven geistigen Energien (Neid, Absolutheitsansprüche u. a.); sie symbolisieren aber auch geistige Frische (grünes Wachstum) und eine produktive geistige Spannung (gelb). Die gelbe Pyramide in der Mitte des Prinzenwagens bedeutet, alle vorhandenen Erfahrungen immer und immer wieder durchzuspielen, zu akzeptieren, sie aufzuarbeiten, sie zu verstehen und zu verwerfen, sie aufzuheben usw. – solange, bis sie *klar* sind.

Erfahrungen zu verarbeiten, bis sie klar sind, wird in der Symbolik auch damit beschrieben, Diamanten zu fördern oder seinen Stern zu finden! Dieselbe Brillanz oder Klarheit drückt die gelbe Pyramide im Bild aus, die nicht zufällig zu gleichen Teilen nach oben und nach unten ragt. Wenn sie nicht den warnenden Hinweis auf ein Glashaus oder auf einen *gläsernen Berg* darstellt, ein Zeichen der Verhärtung der Gedanken und der Vereisung der Gefühle, – dann bedeutet die doppelte Pyramide hier Transparenz, Klärung und darum Reinheit der Erfahrung.

»Erinnern, wiederholen und durcharbeiten«: Damit Erfahrungen *klar* sind und bleiben, dürfen sie nicht zu »Museumsstücken« werden. Sie sollen frisch bleiben, und das gelingt Ihnen, wenn Sie stets mit der Summe der Erfahrungen auf der Höhe der Zeit sind. Sie müssen Ihre Erfahrung sozusagen immer wieder auf's Neue in die Hand nehmen und Ihre bisherigen Urteile oder Schlußfolgerungen immer wieder aufheben. Die Drähte oder Fäden im Bild sind u. a. eine traditionelle Darstellung der Nerven und Nervenbahnen. Es ist Ihre Aufgabe, wie in einer Schaltzentrale zur richtigen Zeit Verbindungen aufzubauen und wieder abzubrechen. Merken Sie sich all diese Vorgänge und ziehen Sie daraus die Summe (Bilanz, Quintessenz). So pflegen und behalten Sie ein zuverlässiges Bewußtsein und Ihre *persönliche Frische*.

Ihre geistigen Kapazitäten bewähren und bemessen sich in der Aufhebung von Wünschen und Ängsten, Problemen und Notwendigkeiten. Sie besitzen und Sie brauchen jetzt starke geistige Kräfte und die Fähigkeit, sich selbst zu steuern. Kommen Sie mit sich und den anderen Beteiligten ins Reine, bis alle wesentlichen Bedürfnisse und Erwartungen klar sind!

Schneller als der Schatten

Im Zeichen der Zwillinge: Überraschend und temporeich, manchmal atemberaubend ...

Da das Schwert für das Luftelement des Geistes steht, bezieht sich das außerordentliche Tempo von Roß und Reiter hier vor allem auf die *Geschwindigkeit der Gedanken*. Die höchste bisher bekannte Geschwindigkeit ist die Lichtgeschwindigkeit. Wenn es *im* Menschen eine Entsprechung für diese in der Außenwelt gefundene Größe gibt, dann ist dies die Bewegung der Gedanken. Von der Lichtgeschwindigkeit wissen wir, daß sie traditionelle Vorstellungen von Raum und Zeit, von Ursache und Wirkung aufhebt. Das Licht breitet sich nach allen Seiten zur gleichen Zeit und mit gleicher Geschwindigkeit aus. Es erreicht also »gegensätzliche« Zielpunkte zur gleichen Zeit, bewegt sich mit einem Moment in die verschiedensten Richtungen und *existiert* zeitgleich an vielen Schauplätzen. – Was auf den ersten Blick vielleicht wie die Rotorblätter eines Hubschraubers aussieht, bedeutet noch mehr: Das Bild zeigt, wie enorme Lichtquanten von der Helmspitze des Ritters in alle vier Himmelsrichtungen ausgehen bzw. von dort aus bei ihm eintreffen. Damit wird ein Denken symbolisiert, das sich eben gleichzeitig nach vielen Richtungen hin entwickelt und dem sofort und in rascher Folge Orts-, Personen- und Perspektivenwechsel gelingen.

Die Symbolik der Karte lebt zum einen von den Farben, worin das Blau-weiß/Blau-grau der Königin sich wiederfindet, mit leichten Anklängen an die Farben des Prinzen. Die Dynamik ist gesteigert. Die Menschengestalt klebt auf dem Pferd; ihre propellerartigen Flügel zeigen zugleich die Möglichkeit, abzuheben (gleichsam »abzuschnallen« und sich geistig in die Lüfte zu schwingen). Daraus lassen sich unterschiedliche Rückschlüsse ziehen.

Erstens ist der Ritter möglicherweise dem Pferd gleichsam ausgeliefert. Dann handelt das Bild von einem sogenannten »wilden Denken«. Das Denken folgt dem Chaos des Unbewußten und ist somit zwar schneller, vielfältiger und beweglicher als das Denken in einer begrenzten Logik. Aber es wird selber chaotisch. Als »Ritter der Schwerter« laufen Sie dann Gefahr, zum »Geisterfahrer« zu werden. Es kommt zu Spaltungstendenzen im Bewußtsein und im Verhalten (eine geistige

Vielseitigkeit oder aber Vielgeteiltheit, wie die Flügel oder Energie-strahlen am Kopf des Ritters anzeigen). Viele Phänomene aus dem Spiritismus (Geistererscheinungen) und die sogenannten »out-of-body«-Erlebnisse (Vorstellung, daß der Geist sich vom Körper trennt oder daß sich ein Teil des eigenen Ich vom andern Teil abhebt und diesen wie aus der Vogelperspektive betrachtet) gehören in diesen Zusammenhang. Der Schatten – das Unbewußte – verselbständigt sich insoweit auf geistiger Ebene – eine Entwicklung, die als Überbrückung gewisser Schwierigkeiten vielleicht nützlich, als Dauerzustand alles andere als förderlich ist.

In einer *zweiten* Bedeutung zeigt sich hier ein/e Fanatiker/in – ein Mensch, dessen Denken besessen ist. In irgendeiner Weise macht dabei das Bewußtsein Jagd auf alles Unbewußte. Das kann z. B. so aussehen, daß Sie generell oder in einer bestimmten Angelegenheit »alles in den Griff« bekommen und kontrollieren wollen, daß Sie gegen die »Schwäche« oder gegen die »Dummheit« bei sich und bei anderen zu Felde ziehen, daß Sie Nähe, Freundschaft und Vertrauen zu vermeiden suchen, weil Sie den Verlust der Kontrolle oder der (geistigen) Überlegenheit fürchten.

Eine *dritte* Möglichkeit ist schließlich der bewußte Umgang mit dem Unbewußten. Der Geist dient nun dazu, die Bewegungen des Unbewußten zu koordinieren und auszurichten. Erst in der *Freundschaft* zwischen bewußten und unbewußten Seiten (in einem Menschen und zwischen verschiedenen Menschen) lassen sich die beschriebenen Gegensätze bearbeiten und aufklären. Das Wohlergehen und die Reichweite des einen hängen vom Spielraum und der Qualität des anderen ab. Und wenn der Geist nicht auf ein Schneckentempo gedrosselt werden soll, brauchen auch der Körper, die Seele und der Wille freie Bahn zu ihrer Entfaltung. »Ohne Politik der Ekstase keine Politik der Erkenntnis« (Wolfgang Neuss). Die Aufgabe des Schwertes und die praktische Bedeutung dieser Karte liegen eben darin, die Reichweite, die Intensität und die Qualität des Lebens zu erhöhen und *dafür* den Weg freizumachen.

Gehen Sie in Ihren aktuellen Entscheidungen aufs Ganze: Bevorzugen Sie solche Lösungen, die Ihre persönliche Ganzheit auf Dauer fördern. »Ventilieren« Sie die Lage, interpretieren und verstehen Sie Gedanken, so wie andere Träume deuten und interpretieren! Für Frauen ist dabei oft besonders wichtig, Gedanken nicht nur zu verstehen, sondern auch in die Tat umzusetzen. Für Männer hingegen, die Gedanken *der anderen* in ihren wirklichen Bedeutungen zu verstehen.

Geistesgegenwart

Die Prinzessin der Schwerter ist wie frische Luft an einem grauen Herbsttag. Sie steht im Zeichen der Herbsttagundnachtgleiche …

Die Farbe Blau, die als Zeichen u. a. der Sehnsucht bei der Königin und beim Ritter der Schwerter eine große Rolle spielt, ist hier nur in geringem Umfang enthalten. Das Grün und das Gelb zeigten auch hier die Spanne zwischen hoffnungsvollem Wachstum und ausgewachsener Unreife. Im übrigen lebt das Bild von Grautönen. Stärker als jede andere Schwerter-Karte betont die »Prinzessin der Schwerter« eine Situation, worin der Geist *auf sich selbst gestellt* ist.

Die Zickzack-Linien in der Luft signalisieren ein unkonventionelles, freies und abenteuerliches Denken, das als *brain-storming* für den Austausch vielfältiger, auch sprunghafter Ideen und Assoziationen sorgt. Geistige Vielfalt bewährt sich im »Mut zur Lücke« und in der zügigen Klärung von Entscheidungen. Es geht nicht darum, daß Sie Ihre aktuellen Entscheidungen auf die leichte Schulter nehmen. Vielmehr darum, daß Sie selbst schwierige Fragen dadurch leicht *machen*, daß Sie das Notwendige tun, den nächsten Schritt gehen, bewußt und gerecht im Augenblick urteilend, auch wenn der Gesamtzusammenhang des Woher und Wohin im Moment nicht abzusehen oder zu klären ist.

Hüten Sie sich vor Gutgläubigkeit und Ahnungslosigkeit, die in der Folge zu hilflosem Protest, allgemeinem Mißtrauen, beliebigen und dogmatischen Entscheidungen führen können. Lassen Sie sich nicht in sinnlose Auseinandersetzungen verwickeln. Bewahren Sie sich Ihre Leichtigkeit, Ihren Witz und Ihre Frische. Vielleicht spüren Sie, daß der Teil, den Sie jetzt begreifen können, kleiner ist als das, was insgesamt ist. Aber ob Sie *Ihren Teil jetzt* begreifen und nutzen, das macht einen großen Unterschied aus.

Ein unreifes Bewußtsein glaubt an die Allmacht der Gedanken. Man verwechselt sich mit dem, was man im Kopf hat. Man kämpft gegen »Windmühlen«, gegen Gefahren und Ängste, die der eigenen Vorstellung entspringen. Ein sich selbst überlassener Geist kann auf der Stufe des *Animismus* stehen. Dabei werden eigene Bewußtseinsinhalte auf andere Personen, auf Tiere, Dinge, Geschehnisse und Äußerungen so übertragen, daß man meint, diese würden mit einer/m selber reden. In dem Fall, daß Sie bei sich selber und/oder bei anderen auf solche Projektionen stoßen, besteht Ihre Aufgabe darin, die Gedanken zu sammeln und herauszufinden, welche Motive oder Absichten in ihnen zum Ausdruck kommen.

Eine andere Variante des unbegriffenen Geistes ist die *Animus-Besessenheit*. Animus ist der Bruder der *Anima*. Eine unbewußte Anima kann zu *animalischen* Verhaltensweisen führen; und ein unbewußter Animus zu der erwähnten Animus-Besessenheit. Ein solcher Mensch ist weniger Opfer, als vielmehr Täter in Sachen geistiger Vorspiegelung. Auch die absurdesten Behauptungen mögen hier recht sein, um zu bluffen, um einen Ehrgeiz oder Absolutheitsanspruch des Ego zu befriedigen. Wer sich selber und/oder anderen *immer* etwas vortäuschen will, kann auf diesem Wege weit gelangen. Es gibt keinen Garanten dafür, daß jemand, der oder die von der Abgehobenheit und Eitelkeit des Geistes besessen ist, davon abläßt.

In den Tarot-Kommentaren des Golden-Dawn-Ordens und anschließend von Crowley wird Wert darauf gelegt, daß der Kopf der Medusa zu den Attributen der »Prinzessin der Schwerter« zählt. Die Medusa ist zwar ein Meeresungeheuer und paßt daher viel besser zu Kelch-Karten; aber durch die Verwandschaft von Animus/Geist und Anima/Seele läßt sich eine Ausstattung dieser Karte mit dem Medusenkopf eventuell begründen. Daß auf dem vorliegenden Bild am Helm der Prinzessin eben jener entsetzliche, von Schlangen umzuckte Kopf der Medusa sich befindet, ist indes mehr eine Frage der Vorstellung als der Wahrnehmung; es ist im Bild nicht deutlich sichtbar. – Die Befangenheit im Dunstkreis des eigenen Ego ist dagegen im Bild zu erkennen, nämlich in Gestalt des Kreuzes (weiß mit schwarzem Rand), das den Oberkörper der Bildfigur umgibt. Positiv bedeutet dasselbe Kreuz Konzentration plus Offenheit.

Nehmen und halten Sie das Schwert selbst in der Hand. Geben Sie Ihr Urteilsvermögen nicht an andere ab. Der Wert einer neuen Idee bemißt sich nicht an dem, was ist, sondern an dem, was *wird*. – Hüten und schützen Sie sich vor Behauptungen und »Argumenten«, die lediglich aus der Luft gegriffen sind. Gehen Sie kreativ und aufmerksam mit den Vorstellungen um, die Sie und Ihre Mitmenschen im Kopfe haben.

Krönung des Geistes

Alles, was das Element Luft beinhaltet, finden Sie hier möglicherweise in konzentrierter, dichter Form. Im praktischen Verhalten geht es darum, klare Entscheidungen zu treffen, das persönliche Bewußtsein zu entwickeln und den »Luftraum« auf eine vergnügliche Art zu nutzen und zu gestalten ...

Schon in einem Schwert ist die ganze Zweischneidigkeit des Geistes enthalten. Der menschliche Geist stellt auf der einen Seite die Krone der Schöpfung dar, auf der anderen Seite die maximale Entfernung und Entfremdung von der Natur.

Die Krönung ist das persönliche Bewußtsein. Bewußtsein heißt *bewußtes Sein*, es stellt als solches die Verbindung von abstraktem Geist und konkreter Existenz her. Im Bild zeigt sich dies als Verbindung von Geist (Krone, Farbe Gelb) und Wasser (die Monde und die Farbe Blau). Die *Wiedergeburt aus Wasser und Geist* bezeichnet in der christlichen Überlieferung die Taufe und in der esoterischen Tradition die Geburt des Neuen Bewußtseins.

Dem Schwert ist das griechische Wort »Thelema« eingeprägt. Dieses Wort spielte eine besondere Bedeutung in Crowley's Leben (vgl. dazu die ersten Kapitel dieses Buches). Aber die Bedeutung dieser Inschrift im vorliegenden Bild bliebe auch gültig, wenn man von der Person Crowley's gänzlich absehen wollte. Sie vermittelt eine bemerkenswerte Erkenntnis: »Thelema« heißt aus dem Griechischen *Wollen, Wille, Gebot, Gelüst, Wohlgefallen*. Der Materie (hier: dem Schwert) ist ein »Wollen« eingeprägt.

Jedem Lebewesen, jedem Ding, aber auch jedem Ereignis, jedem Gedanken usw., wohnt eine bestimmte Logik oder Unlogik inne. Eben das ist der *Geist* oder der *Sinn* davon! Hermann Hesse spricht von dem *Eigensinn*, der in jedem Lebewesen steckt. Für uns Menschen gilt dabei, daß der Eigensinn untergehen muß, damit der Sinn des Eigenen sich entfalten kann. Immerhin könnte die Krone im Bild, im Unterschied zur obigen Deutung, auch ein Zeichen des Ego sein. Der bloße Eigensinn benutzt das Schwert als verlängerten Arm für die Launen des Augenblicks.

Der Begriff »Thelema« auf dem Schwert weist auf eine *Bestimmung des Denkens*, auf eine feine Gratwanderung, einen Weg durch die Klippen von Abgehobenheit und reinem Zweckdenken.

Der »Wille«, der hier gefragt ist, umfaßt im traditionellen Sinne auch den »Willen Gottes« oder das »Karma«, das quasi umgekehrt – als Hypothek – zeigt, was nun gewünscht ist. Man kann diesen Willen auch gut durch den Vergleich mit einer Märchenszene verstehen. Wenn in der Geschichte von »Frau Holle« die Brote im Backofen rufen: »Hol uns raus«, und wenn die Äpfel verlangen: » Schüttel uns wir sind schon alle reif«, – dann wird spürbar, was mit diesem »Thelema«, diesem wirkenden Willen oder tätigen Geist gemeint ist.

Konkret geht es also bei dieser Karte und bei den Schwertern insgesamt weniger um den Verstand und um die praktische Klugheit, die mehr in den Bereich der Scheiben und des Elements Erde gehören. Hier geht es um den Geist, der *zwischen* den Zeilen und zwischen den Dingen, auch zwischen den Menschen, existiert.

Die Schlange am Schwertknauf ist ein doppeldeutiges Symbol wie das Schwert selber. Sie symbolisiert Falschheit und Verführung wie auch wirkliche Weisheit. Das Schwert, die Waffe des Geistes verbindet Sonne und Mond, Geist und Wasser; die doppelte Mondsichel drückt dabei aus, daß *beide Seiten des Mondes* hier ins Bewußtsein gehoben werden »wollen«.

Außerdem geht es hier um die Bündelung von Einheit und Vielfalt. Die Menschheit erschließt derzeit den »Luftraum« in einem Umfang und in einer Intensität, die historisch ohne Beispiel sind. Damit es nicht zu einer neuen Herrschaft von unbegriffenen, unpersönlichen Geistwesen kommt, damit also ein neuer Spuk uns erspart bleibt, ist die gedeihliche Fortentwicklung der *Einheit des Bewußtseins* der Angelpunkt. *Geister* sind Zerfallsprodukte einer verlorengegangenen Einheit des Geistes – aber auch Bausteine einer neuen Einheit, Bildungsmomente des *einen* und geeinten Geistes, den ein Mensch besitzt, wenn er sich in der Welt und im Universum selbst versteht.

So bedeutet die Karte für Ihre aktuellen Fragen, daß Sie Ihr Bewußtsein schärfen und erheben sollen, um Widersprüche zuzuspitzen und auf einen Nenner zu bringen. Sorgen Sie für die Einheit von Denken und Tun. Befreien Sie sich von unangebrachten Zweifeln und Zweideutigkeiten. Nehmen Sie das Schwert als Geschenk des Lebens neu in die Hand und begreifen Sie, welcher »Wille« und »Sinn« sich im gegebenen Augenblick offenbart!

Doppelte Wahrnehmung

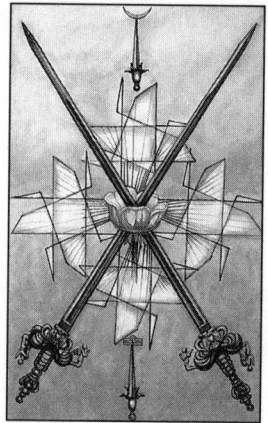

Mond in Waage: Auch vage Gefühle wiegen...
Wenn Sie hier doppelt sehen, dann sehen Sie richtig! Dies ist die einzige Karte im Crowley-Tarot, bei der die kennzeichnenden Symbole gleich zweimal angegeben sind: Die »zwei« Schwerter tauchen hier insgesamt zu viert auf, ein Phänomen, das dieser Karte etwas Geheimnisvolles und Rätselhaftes verleiht.

Tatsächlich geht es hier darum, daß Sie besonders wach Vorgänge beobachten, die im Zwielicht, im Halbschatten liegen. Werden Sie hellhörig und hellsichtig und verstehen Sie, was geschieht.

Der Bildhintergrund zeigt einen feinen, fast stufenlosen Übergang zwischen Grün und Gelb. Damit wird eine Phase der Dämmerung, eine delikate Gratwanderung zwischen Bewußtem und Unbewußtem dargestellt. Von oben nach unten betrachtet, läßt sich dieser Farbverlauf wie ein Abtauchen in tiefere Schichten der Person verstehen. So, wie man sich manchmal ins Bett legt und deutlich empfindet, das man sich mit dem Schlaf einem anderen Raum überläßt, von dem man nicht genau weiß, was in ihm geschehen wird. Oder von unten nach oben betrachtet, zeigt derselbe Farbverlauf eine Situation des Auftauchens und Aufwachens. Stellen Sie sich die Situation vor, wenn man in einem abgedunkelten (nicht völlig dunklen) Zimmer aus dem Schlaf erwacht und sofort die Augen öffnet. Man sieht etwas, aber (er-)kennt es nicht, obwohl es vielleicht das eigene Zimmer ist. Es dauert eine Weile, die lang erscheint, obwohl es oft nur Sekundenbruchteile sind, bis man bestimmte Dinge als solche erfaßt, und dann noch mal eine Weile, bis man die wahrgenommenen Dinge in bekannten Formen und Bedeutungen sieht. Der Augen-Blick wirkt in solchen Situationen gedehnt, wie in Zeitlupe, und zugleich wirkt er verdichtet, weil in winzigen Zeitabschnitten buchstäblich ungeheuer viel durchlebt wird!

Suchen Sie diesen Moment *zwischen* Tag und Traum, zwischen Schlafen und Wachen auf. Ihnen bietet sich jetzt eine gute Gelegenheit, Gedanken auf ihre Bedeutung und Ereignisse auf ihren Sinn hin zu verstehen – sowie Gefühle und Träume zu deuten, Erinnerungen und Erfahrungen zu beherzigen. Bewußtes und Unbewußtes, die linke und rechte Körperhälfte und – umgekehrt – die rechte und linke Gehirnseite werden auf diese Art und Weise synchronisiert. Je deutlicher Fantasie und Wirklichkeit unterschieden werden, um so bessere Möglichkeiten besitzen Sie, Träume und Wünsche im Tagesgeschehen zu berücksichtigen und umzusetzen.

Die beiden großen Schwerter lassen sich als Sinnbild der Verbindung von Oben und Unten, Links und Rechts verstehen. Die weißblaue Blume bezeichnet das »Herz«, die Mitte der Person. Und zugleich beschreibt die Blume den Augenblick, der aufblüht und verwelkt. Die Schwerter mit der Blume sind eine andere Darstellung des Rosenkreuzes und des Lotus, der im Herzen erblüht. Wach sein für den Augenblick ist die Keimzelle des Bewußtseins.

Dabei spielen sich alle Ereignisse stets zeitgleich in mehreren Dimensionen ab, wie die origamiartigen Windspiele verdeutlichen. Diese stellen die sprichwörtlichen »Windmühlen« des Geistes dar. Im Unterschied etwa zum Bild der »sieben Schwerter«, sind diese »Windmühlen« hier ganz im Bild enthalten. Damit werden die Chancen von geistiger Übersicht und Einheit, möglicherweise aber auch die Gefahren einer relativ geringen Reichweite des Bewußtseins angedeutet. Auf jeden Fall soll sich das Bewußtsein bis zu den größten Höhen und Tiefen erstrecken, wie die beiden kleinen Schwerter, ganz oben und ganz unten im Bild, betonen. »Wie oben, so unten« – dieser Zusammenhang wird durch die beiden kleinen Schwerter angezeigt. Außerdem tragen die beiden großen Schwerter jeweils kleine Engelfiguren an ihrem Knauf. Daraus läßt sich, zusätzlich zu den bisherigen Deutungen, schlußfolgern, daß die großen Schwerter für ein »himmlisches« und die kleinen Schwerter für ein »irdisches« Bewußtsein stehen; die Aussage »wie oben, so unten« wäre damit auch ein zweites Mal im Bild enthalten.

Einmal bezieht sich dieser Zusammenhang auf die Einheit der Person. »Wie oben, so unten« bedeutet dann: Kopf und Bauch, die Bewegung der Gedanken und die Bewegung der Füße korrespondieren in einer bestimmten Weise miteinander. Dem Gesicht oben entspricht das Gesicht unten, das »zweite Gesicht« ist das Geschlecht!

Zum zweiten geht es um die Wanderung zwischen den Welten. »Wie oben, so unten« bedeutet dann, im Diesseits und im Jenseits zuhause zu sein, beide Welten zu erkunden und sich zu eigen zu machen.

Persönliches Verständnis

Saturn in Waage: »Harte Nüsse« werden geknackt, wenn Saturn auf den Punkt kommt ...

Kaum eine andere Karte ist so gründlich mißverstanden worden wie diese. Wußten Sie, daß ursprünglich auch Aleister Crowley (1912) diese Karte u. a. mit »Gesang, Treue und Ehrlichkeit« interpretierte? Die Festlegung auf »Kummer«, die Crowley dann von einigen Vorgängern übernahm, hat jedenfalls einen großen Haken! Wenn in heutigen Kommentaren diese Karte nur negativ gesehen wird, wenn von einer »düsteren« Karte oder von einer verletzten oder gar zerstörten Rose in einer Art gesprochen wird, als gäbe es keine andere Möglichkeit, – dann zeigt diese Blindheit für Alternativen zumindest ein wesentliches Thema dieser Karte: den Blinden Fleck.

Der Begriff vom Blinden Fleck stammt bekanntlich aus der Optik. Das menschliche Auge ist an der Stelle blind, wo der Sehnerv die Netzhaut berührt. Diese stellenweise Blindheit macht sich während der meisten Zeit nicht bemerkbar, weil das Gehirn darauf trainiert ist, die Wahrnehmung beider Augen aufzunehmen und daraus ein Bild herzustellen. – Dieser Blinde Fleck bezieht sich auf das Wechselspiel von Sehen und Erkennen und steht zugleich exemplarisch für Ihre Fähigkeit, den Sinn Ihrer Wahrnehmungen zu verstehen. Stellen Sie sich im Bild die beiden gekrümmten Schwerter als die Sinneseindrücke vor, die von Augen, Ohren und anderen Organen aufgenommen werden. Sie sehen dann, wie an der Stelle, wo die beiden Schwerter aufeinandertreffen, das dritte Schwert hinzutritt. Dieses große Schwert, das im übrigen an das »As der Schwerter« erinnert, bezeichnet Ihr Bewußtsein, das sich an der Verarbeitung der Erfahrungen stärkt und das erforderlich ist, um diese kleine Lücke zwischen den beiden Schwertern zu überbrücken.

Zusätzlich stellen die beiden gekrümmten Schwerter aber auch geistige Verzweigungen und Ambivalenzen, gleichsam »himmlische« Antennen dar, die durch das große Schwert in dieser Betrachtung nun nach unten geführt und »geerdet« werden. – Die Betrachtungsweisen für dieses Bild können wechseln, die Bedeutung bleibt gleich, die Frage nach dem *Zusammenspiel von Sinnen und Sinn:* Aufgrund welcher Erfahrungen kommen Sie zu welchen Schlußfolgerungen? Die Frage berührt den Kern Ihrer Gedanken und Ihres Bewußtseins.

Sobald Sie nun mit Themen konfrontiert sind, bei denen Sie selber direkt betroffen sind, besagt die vorliegende Karte nichts anderes, als daß der Kern Ihrer Vorstellungen von sich selbst, Ihr Selbstverständnis an einem zentralen Punkt getroffen ist!

Der Blinde Fleck ist immer vorhanden, aber wir bemerken ihn nur in Ausnahmefällen, etwa dann, wenn so verschiedenartige Erfahrungen zur gleichen Zeit auf uns einwirken, daß das bisherige Bewußtsein nicht in der Lage ist, diese zu verbinden. Es kommt an der Stelle zu einem black out. Möglicherweise erleben Sie einen solchen »black out« als unfreiwillige Niederlage, und Kummer könnte damit verbunden sein. Auf der ganz anderen Seite ist der »black out«, die Erfahrung der Grenzen des Bewußtseins durchaus heilsam und umwerfend: Dieser Moment gehört »Gott«, und Sie finden sich in irgendeiner Weise getragen und fortgeführt, auch wenn Ihr Bewußtsein vorübergehend einen Aussetzer hatte. Im glücklichen Fall geht es dabei überhaupt nicht um Kummer, sondern um die Erfahrung von existentieller Liebe und Dankbarkeit. Selbstverständlich stellt die Blume im Bild nicht nur eine zerrupfte Blüte dar, sondern auch einen durchaus haltbaren Kern – Ihre Menschlichkeit, die ihre Blüten wie kleine Herzen nach allen Richtungen aussendet.

Wenn Sie diese Karte ziehen, können Sie aufhören, sich oder anderen etwas vorzumachen. Verstehen und äußern Sie Ihre Betroffenheit, und erforschen und verstehen Sie, was andere mit ihren Worten oder Taten im Kern zum Ausdruck bringen. Kommen Sie jetzt auf den Punkt, halten Sie sich an das Wesentliche: »Geh, dahin, wo Dein Herz schlägt«.

Ruhiges Gewissen

Jupiter in Waage: In Ihren aktuellen Fragen schlummern große Gedanken!

Ihr »Kopf« braucht Ruhe und Klarheit, damit er voll funktionieren und produktiv arbeiten kann. Aber dieses geistige Bewußtsein läuft nur dann rund, wenn die verschiedenen Koordinaten, die vier »Himmelsrichtungen« des Daseins ins Bewußtsein gehoben werden. Fehlt eines der vier Schwerter oder einer der geistigen Bereiche, die durch die Schwerter symbolisiert werden, ist es mit Ihrer Ruhe vorbei. Wie z. B. in einem Vierzylindermotor, in dem nicht mehr oder noch nicht alle vier Brennkammern richtig zünden.

Die vier Schwerter verkörpern Ihre bewußten Gedanken, aber auch Ihre unbewußten. Was Sie wissen, aber auch, was Sie nicht wissen. Ferner die Art von Unwissenheit, die Sie von sich und anderen kennen, sowie jene Bereiche des Unwissens, von denen Sie bislang noch gar keine Kenntnis besitzen. Vollständigkeit oder Einheit des Geistes schließt stets eine Komponente mit ein, die alles bisherige Wissen übersteigt.

Die vier Schwerter entsprechen dabei den vier Bewußtseinsebenen von Körper, Geist, Seele und Wille. Wenn diese sich zusammenfügen, blüht in der Mitte als fünftes Element die Quintessenz auf, die durch das Mandala in der Mitte des Bildes so schön und deutlich dargestellt wird. Nun gehört es zu den Erfahrungswerten der Psychologie, insbesondere der Analytischen Psychologie nach C.G. Jung (die sich ausdrücklich mit der Lehre der vier Elemente beschäftigt hat), daß wir im allgemeinen die vier Bewußtseinsbereiche (Körper, Geist, Seele und Wille entsprechend Erde, Luft, Wasser und Feuer) keineswegs in auch nur annähernd gleichem Ausmaß entwickelt haben. Gewisse Bereiche unseres Bewußtseins stehen gleichsam im Rampenlicht, und andere stehen im Schatten.

Das scheinbar so harmonische Bild führt gelegentlich dazu, daß diese Karte in ihrer Bedeutung unterschätzt wird. Fantasien und Einbildungen, die keine Grundlage in Ihren wirklichen Erfahrungen besitzen, können Sie lähmen und in jeder Richtung blockieren. Wenn diese Fantasien nicht korrigiert, sondern noch gesteigert werden, dann wirken hier Schwindel und Wahnvorstellungen. Der »Motor« fängt gleichsam an durchzudrehen.

Ein inaktiver und ein überaktiver Geist ist jedoch jedesmal ein ungenutzter Geist; er entzieht Ihnen nicht nur Lebendigkeit, er sondert Sie auch gegenüber vielen Erfahrungsbereichen des Lebens und der Liebe ab (was denn auch eine mögliche Betrachtung des gelbgrünen Kreuzes ist, eine hermetische Abschirmung in einer geistigen Windmühle, die letztlich nur um das eigene Ich kreist).

Wenn Ihre Fantasien und Vorstellungen jedoch auf tatsächlichen Erfahrungen beruhen und zu diesen auch wieder zurückkehren, bedeutet Einbildungskraft die wunderbare Fähigkeit, Zerstreuung und Fixierung des Denkens zu überwinden, nämlich die Kraft, sich aus vielen Gedanken und Eindrücken *ein Bild* zu machen. Ruhiges Gewissen – das kann der Versuch sein, unangenehme Widersprüche zu verdrängen und in Schach zu halten. Mit diesem Problem oder mit dieser Gefahr müssen Sie für sich selber oder für die beteiligten Anderen in Ihren aktuellen Fragen rechnen. Unruhe, Nervosität, Müdigkeit oder Unzufriedenheit deuten im Zusammenhang mit dieser Karte darauf hin, daß wichtige Erfahrungen jetzt darauf warten, von Ihnen gemacht und/oder verarbeitet zu werden! Wenn Sie den Mut und die Ehrlichkeit aufbringen, Licht in bisherige Grauzonen oder Tabubereiche zu bringen, dann wird es Ihnen jetzt gelingen, sich aus vielen Erfahrungen wieder ein umfassendes Bild zu machen und zu einem ruhigen Gewissen zu finden, das deshalb so ruhig ist, weil es voll funktionieren und ungestört arbeiten kann.

Pflegen Sie Ihre geistige Kapazität. Je mehr Sie sie gebrauchen, desto stärker wird sie. Verstehen Sie, was geschieht, und was es bedeutet! Nur ein ungenutzter Geist verschleißt. Gehen Sie Störungsquellen in Ihrem Denken nach, und beheben Sie sie. Arbeiten Sie Ihre Erfahrungen und Gedanken durch, bis Sie zufrieden sind.

Fruchtbarkeit des Geistes

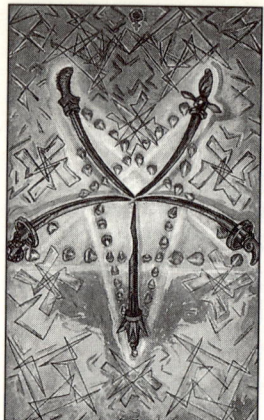

Venus in Wassermann: Wissen und Liebe ...

Die Quintessenz des Geistes stellt sich hier ganz bildhaft dar. Herz und Verstand, die Waffen des Geistes und die persönliche Betroffenheit (das, was Ihnen im Blute liegt) bilden zusammen ein Pentagramm. Mit der Spitze nach unten gerichtet, warnt es Sie vor geistloser Liebe und lieblosem Geist ...

Auch bei dieser Karte ist der aufgedruckte deutsche Titel eine äußerst unzureichende Übersetzung der englischen Beschriftung, wobei auch diese nur einen recht winzigen Ausschnitt der Bildbedeutungen ausdrücken kann. Defeat, so der Originaltitel, heißt nicht nur Niederlage, sondern z. B. auch, einen Gegner, einen Angriff, eine Schwierigkeit usw. zu besiegen, was geradewegs das Gegenteil von »Niederlage« bedeutet. Feat besagt im Englischen soviel wie Großtat und Heldentat, und de-feat betrifft rein vom Wort her das »Ende einer Heldentat«, eine »Ent-Heldung«. Das Wort defeat ist identisch mit unserem aus dem Französischen entlehnten Fremdwort »Defätismus«. Ein Defätist ist ein Mensch, der sagt: »Das wird schon schiefgehen« oder »das wird böse enden« – ein Schwarzseher und/oder ein Anti-Held!

Soviel zum Wort. Das Bild sagt noch wesentlich mehr:

Die fünf Schwerter sind verbogen und angeschlagen, also sind sie geschwächt. So läßt sich schlußfolgern; aber auch: Sie sind gebraucht, mit ihnen wurde Erfahrung gesammelt. – Blutstropfen verbinden die Schwerter. Mögliche Bedeutung: Sie zeugen von Verletzung und Leid; aber auch: Hier werden mit Herzblut die Waffen des Geistes geführt. Die roten Tröpfchen zeigen die »feinstoffliche« Wirkung des Geistes: Die fünf Schwerter stellen quasi das Gerüst, die Techniken der geistigen Arbeit dar, und der Sinn des Ganzen, der »Geist«, der zwischen den Zeilen oder inmitten der Buchstaben wohnt, wird durch die roten Tropfen oder Edelsteine dargestellt; er vollendet erst das Werk der Schwerter und macht den Geist fruchtbar. – Schwerter und Tropfen bilden einen fünfzackigen Stern, das Pentagramm. Mit der Spitze nach unten, lassen sie sich als Zeichen für negative, abwärtsgerichtete Energien auffassen; aber auch so: Hier geht es um die Rückbindung des Geistes an die Materie, darum, daß die Saat des Geistes in die Erde kommt, damit sie Früchte trägt. Theorie und Praxis sollen auf einen Nenner kommen und sich im persönlichen Leben bewähren. – Die Schwerter richten sich gegeneinander. Aber auch: Sie treffen sich in der gemeinsamen Mitte. – Fisch, Schlange, Krone, Widderhorn und Schneckenhaus/Muschel an den fünf Schwertgriffen zeigen die umfassenden Dimensionen der Situation – aber welcher Situation?

Seitdem Bewußtsein nicht mehr nur als geistiger Prozeß, sondern auch als Frage der Persönlichkeitsentwicklung verstanden wird (»bewußtes Sein«), sind viele vorherige Alternativen hinfällig geworden. Man muß kein »Held« sein, nur um kein Verlierer oder keine Verliererin zu sein. Das »Schlachtfeld« liegt heute woanders: »Es ist so leicht, ein Held zu sein, und so schwer, ein Mensch im Alltag« (E. Cassirer). Die Saat des Geistes kann nur da aufgehen, wo sich der Geist den wirklichen, konkreten und praktischen Bedürfnissen widmet.

Schalten Sie also nicht ab, wenn es Schwierigkeiten gibt. Sondern mobilisieren Sie Ihre gesamten geistigen Kräfte. Auch für den Bereich des Geistes gilt, daß wir unsere oder anderer Leute Schwächen nicht verachten sollen. Es kann sehr stark sein, dem zu folgen, wofür man eine Schwäche hat! Und wenn Schwäche bei dem einen nicht mehr überhebliche Stärke bei dem anderen provoziert, hat die Liebe gewonnen! Dann braucht man nicht mehr die Probleme des anderen, um sich über die eigenen Probleme zu erheben. Wenn aber die Stärke des einen nicht mehr Minderwertigkeitsgefühle beim anderen hervorruft, triumphiert die Liebe vollends! Auch dann benötigen Sie nicht mehr andere als Entschuldigung für sich.

Seien Sie gründlich in Ihren Auseinandersetzungen! Suchen Sie nach dem Sinn von Siegen und Niederlagen, und erkennen Sie den Wert der Erfahrung, der darin zum Ausdruck kommt. Nutzen Sie die Waffen des Geistes als Mittel der Heilung. Setzen Sie Ihre geistigen Kapazitäten zur Steigerung der Lebensqualität und für einen langen, fruchtbaren Lebensweg ein. Fassen Sie jetzt wieder den Sinn, die Quintessenz Ihrer Gedanken und Eindrücke zusammen. Ziehen Sie Konsequenzen daraus und setzen Sie diese um.

Übersetzungsarbeiten

Merkur in Wassermann: Gerade das Selbstverständliche ist manchmal schwer zu erklären ...

Innenwelt und Außenwelt in effektiver Weise miteinander zu vernetzen, persönliche Wahrheit und die Wahrheit des anderen in ein ausgeglichenes Verhältnis zu bringen, das ist eine komplexe Angelegenheit und im wahrsten Sinne des Wortes eine Wissenschaft für sich. Es handelt sich um ein großangelegtes Experiment, bei dem Sie selber mittendrin und beteiligt sind.

Das Kreuz steht für die Verwirklichung der vier Elemente, für deren Einheit in Ihrer Person, aus deren Mitte sich die Rose entfaltet. In diesem Sinne besitzt der Ausdruck »sein Kreuz auf sich nehmen« eine wichtige und akzeptable Bedeutung (vgl. S. 214). Bauen Sie also Ihr »Kreuz«, finden Sie zur Mitte, und handeln Sie von dort aus. – Achten Sie (auch körperlich) auf Ihr »Kreuz«, das heißt auf Rücken und Rückgrat. Das wiederum heißt symbolisch: Achten Sie auf die Kehrseiten und Schattenbereiche sowie auf Gradlinigkeit und Aufrichtigkeit! – Dadurch werden Sie auch das große Problem überwinden, für welches diese Karte ein Anzeichen darstellt: Die Trennung von Wissen und Betroffenheit, die im unglücklichen Fall zu einer herz- oder seelenlosen Wissenschaft und zu einer geistlosen Betroffenheit oder gewissenlosen Persönlichkeitsentwicklung führen kann.

Lebensgeschichten verlaufen unglücklich oder finden als individuelle Lebenswege gar nicht statt, solange eine junge oder schwache Individualität sich von einer Vielzahl geistiger Kontrollen und Vorschriften regelrecht eingekreist und überwältigt sieht. Das folgende Zitat bezieht sich auf die Märchen und die Märchenforschung, doch es läßt sich auf die Thematik dieser Karte übertragen: »Die Wächter rückten ihm mit Lupen und Sonden und hundert Fragen zu Leibe, bis aus dem harmlosen, lieben Ding ein Problem wurde. Weshalb Hexen? Dahinter steckt etwas. Weshalb Tiere, die sprechen, weshalb Wünsche nach Gold, weshalb Blutstropfen und Stich in die Finger? Warum Lösungen aller Bedrängnisse? Wunschträume, wie? *Das Märchen, von lauter Brillen umstellt, sah ein, daß es das dunkelste und hintergründigste Ding auf Erden sei ...*« (Otto Flake, Hervorhebungen v. Verf.).

Es gibt einige Methoden von Gewalt und Mißbrauch. Die Übergriffe, die mit Worten und den Waffen des Geistes ausgeübt werden, sind darunter nicht unbedingt die harmlosesten. Wie etwa bei der Parallelkarte, den »Sechs Kelchen«, ist es auch hier mitunter dringend notwendig, sich innerlich von dem Gift oder dem Mist zu trennen, das oder den man vielleicht schon lange, möglicherweise wie selbstverständlich in sich getragen hat ...

Die sechs Schwerter lassen sich u. a. wie Injektionsnadeln verstehen. Wehren Sie sich dagegen, wenn Ihnen irgendwer etwas Unverträgliches eintrichtern will. Und freuen Sie sich auf verträgliche Einflüsse, auf »Impfungen«, die Ihre Immunität erhöhen und dadurch den Wirkungskreis vergrößern, in dem Sie schadlos operieren können!

Die Schwerter stehen u. a. für das Wissen, das in allen möglichen Lebensbereichen angesammelt worden ist. Dieses nicht zu nutzen, wäre ebenso dumm, wie sich nur nach dem bisherigen Kenntnisstand zu orientieren. Bei »Gott« ist kein Ding unmöglich, und jeder Mensch, der zum Individuum wird, entwickelt auch etwas Eigenes, das über alles Vorwissen und alle Vorurteile hinausgeht. Dieses Eigene entsteht nicht aus Selbstherrlichkeit und auch nicht aus dem Glauben, im eigenen Selbst seien bereits alle Erfahrungen der Welt enthalten. Eine Perle entwickelt sich erst, wenn Sand oder Dreck in die Perlmutter eingedrungen ist. Und ein starkes persönliches Bewußtsein, das weltoffen und zugleich immun gegen vielerlei schädliche Einflüsse ist, braucht ebenfalls das Fremde oder Andere, das es in sich aufhebt wie die Perlmutter das Sandkorn. Sie brauchen viele »Impfungen«, um Ihre Meinung auf vielen Erfahrungen aufzubauen und in vielen Sprachen auszudrücken.

Studieren und probieren Sie, lernen Sie, lustvoll und lohnend zu lernen. Suchen Sie die *Erfahrungen*, die hinter den Lehrsätzen stehen. Klären Sie Interessen und Bedürfnisse auf. Verstehen Sie, was andere im Grunde mit dem meinen, was sie tun oder sagen. Und machen Sie anderen begreiflich, was Ihnen am Herzen liegt. Setzen Sie jetzt Ihre Intelligenz, Ihre ganzen Kombinations- und Vermittlungskünste ein – damit es zwischen Ihnen und Ihren Mitmenschen fließt und Sie »im Strom« der Zeit und der Ereignisse einen eigenen Kurs zu steuern wissen, weil Sie von allem lernen.

Des Rätsels Lösung

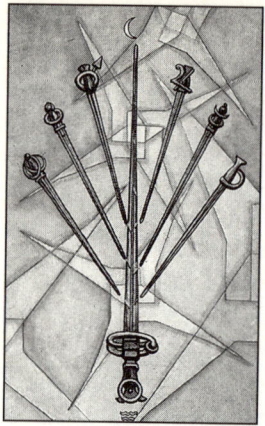

Mond in Wassermann: Wasser und Geist – das ist Spiritualität pur …

Es ist bemerkenswert, zu welchen Assoziationen der Titel »Vergeblichkeit« führen kann. Manche protestieren dagegen. Andere werfen sofort die Flinte ins Korn. Wieder andere suchen einen Schuldigen, wenn »Vergeblichkeit« schon vorhanden und nicht zu verhindern ist. »Pessimistische Gedanken«, »düstere Erwartungen des Unbewußten« sind so schon als Wurzel des Übels geoutet worden. Doch alles das ist Humbug. Wie bei allen Orakelwörtern, so bleibt natürlich offen, worauf sich das Omen beziehen soll: Werden die eigenen Bemühungen vergeblich sein, oder aber die Widerstände, die bisher dagegen standen?! Außerdem darf Vergeblichkeit kein Tabu sein. Es ist sinnvoll, einen verlorenen Posten zu räumen. Es bringt Glück, sich zur richtigen Zeit zu verabschieden.

Des Rätsels Lösung liegt indes woanders. Es gibt hier eine *doppelte Lösung*. Teil 1 der Lösung lautet: Der Kartentitel ist eine Finte. Man kann das englische Wort *futility* mit »Vergeblichkeit« übersetzen, man *muß es aber nicht!* Das grundlegende lateinische Wort *futilis* verweist nämlich zusätzlich auf Eigenschaften wie »durchlässig, zerbrechlich«. Und futility, der Originaltitel, bedeutet auch noch Zwecklosigkeit und *Zweckfreiheit*. Er bedeutet im Englischen Hoffnungslosigkeit – als Vergeblichkeit *oder als Verzicht auf Spekulation, als Gewißheit der Erfahrung* im Unterschied zum bloß hoffnungsvollen Glauben (vgl. futilitarian). Vom Wort geht es hier durchaus auch um ein zweckfreies, d. h. ergebnisoffenes Denken, das auf jegliche Spekulation verzichtet.

Vom Bild her lassen sich ebenfalls recht unterschiedliche Schlußfolgerungen ziehen. Die Karte kann eine Situation der Starre oder der Verharrung zeigen, in der verschiedene geistige Kräfte, nämlich die sechs kleinen Schwerter und das eine große Schwert, sich wechselseitig in Schach halten. Daneben ist es aber auch ein dynamisches Bild des Streits und des Wettkampfs zwischen diesen beiden Seiten. Und schließlich lassen sich, Stillstand und Dynamik vereinend, alle sieben Schwerter zusammen auch wie ein Baum oder wie ein Ast mit Zweigen betrachten. Sie stellen dann den lebendigen Zusammenhang einer (geistigen und persönlichen) Entwicklung dar, die sich gerade durch die Bearbeitung und Aufhebung von Widersprüchen in Schönheit und Deutlichkeit herauskristallisiert! – Wer meint, das eine, große Schwert werde durch die sechs kleinen niedergehalten, braucht die Karte nur umzudrehen. Dann sieht man, wie die sechs kleinen Schwerter dem einen großen zuarbeiten: Aufbauend und aufstrebend! Diese Kippfigur betrifft die Botschaft des gesamten Bildes: Den Sinn des Paradoxen! So sei auch der Hinweis auf die Astrologie gestattet, wo »Mond in Wassermann« u. a. für das *Narrenschiff*, für Karneval und Fasching steht. – Insoweit also *keine Spur von Vergeblichkeit*, und wer trotz besseren Wissens hier an Vergeblichkeit *glaubt*, ist ein Narr, allerdings nicht von der lustigen Sorte. -

Teil 2 der Lösung lautet jedoch ganz anders. Es ist vergeblich und wird unvermeidlich von Vergeblichkeit begleitet sein, wenn Sie versuchen sollten, eine komplizierte Lage oder einen komplexen Sachverhalt komplett »in den Griff« zu bekommen und zu kontrollieren. Die Symbolik betrifft Angelegenheiten, die so differenziert sind, daß der Versuch eines direkten »Durchmarschs« scheitern muß. Aber es gibt andere Methoden, wie es z. B. in dem chinesischen Sprichwort anklingt: »Willst du dich beeilen, mach einen Umweg«.

Die Philosophen der griechischen Antike kannten diesen Zusammenhang und nannten ihn *Enantiodromie*. Das bedeutet soviel wie »eine in sich selbst gegenläufige Entwicklung«. Ab bestimmten Quantitäten ändern sich die Qualitäten. Es gibt Umschlagspunkte, wo die ganze Sache kippt.

Wenn Sie also durch Ihr Verhalten Ihre aktuellen Chancen nicht »verschlimmbessern« wollen, dann müssen Sie jetzt den Fuß vom Gaspedal nehmen. Sie gewinnen nur mehr Kontrolle, wenn Sie jetzt loslassen. Zum bewußten Denken gehört die spirituelle Dimension, die Erkenntnis der eigenen Grenzen und der Realität dessen, *was größer ist als wir*. So gelingt der Brückenschlag zwischen Sonne und Mond, der im Bild enthalten ist, dann schließlich doch. Aber diese Aufhebung der Vergeblichkeit vollzieht sich in einer anderen Dimension. »Gott kennt keinen Mangel, gib ihm den deinen.«

Diese Karte fordert Sie zu einer Überprüfung Ihrer Selbstverständlichkeiten auf: Warum so, es geht auch anders?!

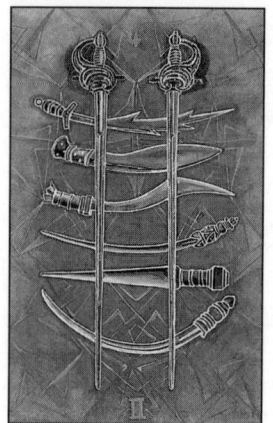

Bewußtseinserweiterung

Jupiter in Zwillinge: Aufstieg zum Himmel und Abstieg zur Hölle ...

»Interference«, der englische Originaltitel, kann als »Einmischung« übersetzt werden, auch als »Störung« und »Belästigung«; aber die Grundbedeutung von Interferenz besteht darin, daß etwas *»dazwischen kommt« und daß sich zwei oder mehrere Ereignisse überlagern.*

Da die Schwerter vor allem die Waffen des Geistes bedeuten, läßt sich das Bild u. a. als vernetztes Denken, als Sprachmuster (sogenannte »Sprachgitter«) oder als vielschichtiges Stufenmodell von über- oder nacheinander gelagerten Bewußtseinsstufen verstehen. Es ist das einzige Bild im Satz der Schwerter-Karten, worin die Farbe Violett dominiert. Darin mischt sich das Himmelblau und das Blutrot der beiden Nachbarkarten (sieben Schwerter und neun Schwerter). Und Violett stellt ein Zeichen für Grenzerfahrungen dar – die letzte Stufe vor dem Ultravioletten, an der Schwelle vom Sichtbaren zum Unsichtbaren. Von daher ergibt sich, daß diese Karte von geistigen Hochenergien handelt oder zumindest handeln kann. Es geht um *mehr und anderes*, als nur um die Begegnung mit den *kleinen Hindernissen,* die in der Literatur bei dieser Karte oft mit der Bemerkung zitiert werden, sie könnten stören oder bremsen, aber nicht aufhalten.

Die Interferenz, die Überlagerung geistiger Energien kann in Wahrheit so stark sein, daß sie Sie in den Himmel oder in die Hölle führt. Wie ein dichter Teppich aus Elektrosmog kann die Bewußtseinslage einer größeren Gruppe (Familie, Kollegenkreis, aber auch gängige Meinungen in Schulen, Medien usw.) Ihre Geistesverfassung überlagern. Wie ein nichtentstörtes Gerät in Ihrem Haus oder Ihrem Wohnbezirk z. B. Ihren Radioempfang zunichte machen kann, so kann es auch Menschen geben, die auf Sie wie ein Störsender wirken: Eine oder mehrere Person/en, in deren Nähe es Ihnen schwerfällt, ein klaren Gedanken zu fassen, zu arbeiten oder zu entspannen. Da es sich hier vor allem um geistige Einflüsse und Geschehnisse handelt, bedeutet »Nähe« nicht in erster Linie die räumliche Präsenz, sondern den geistigen Einfluß. – Das gleiche gilt natürlich auch mit der umgekehrten Konsequenz: Sie besitzen oder Sie brauchen Menschen, in deren »Nähe« es Ihnen einfach gutgeht. So, wie starke Störungsquellen Sie regelrecht lähmen können (die klassische »Hysterie«), so können Personen und Ereignisse, die Sie bestätigen und unterstützen, gerade umgekehrt in Ihnen scheinbar unglaubliche Energien freisetzen.

Diese verschiedenen Muster der Zusammenarbeit, mit den Extremen von völliger Blockade und andererseits zuvor unvermuteten Höchstleistungen, spielt sich nicht nur im Wechselverhältnis zwischen zwei oder mehreren Menschen ab, sondern auch zwischen den verschiedenen Polen Ihrer eigenen Person, besonders in der *Interferenz* zwischen den Polaritäten von Oben und Unten in Ihnen selber. Kopf und Bauch, Gesicht und Geschlecht, Denken und Tun sind jeweils Energiequellen zu vergleichen, deren Kraftfelder sich überlagern.

Die auf der Karte dargestellten Schwerter und Dolche stammen aus den verschiedensten Erdteilen und Epochen. So *überlagern* sich auch in *Ihnen*, in Ihren aktuellen Fragen, die verschiedensten Eindrücke: Alte und neue Probleme oder Einsichten, technisches Wissen mit sentimentalen Wünschen, alte Ängste mit momentanen Aufgaben und vieles mehr. Machen Sie sich möglichst viele Motive bewußt, setzen Sie sich mit Erfahrungen und Erinnerungen auseinander, interpretieren Sie die Bedeutung von Begriffen und Gedanken, und verstehen Sie, was bestimmte Worte für Sie und andere jeweils bedeuten. *Multikulturell oder multiphren* – das ist hier die Frage: Aufarbeitung der unterschiedlichsten kulturellen Einflüsse oder Verstecken in einer vielfach gespaltenen oder gestörten Persönlichkeit. Das bezieht sich für Ihre aktuellen Fragen auf Sie selber und auf die Menschen, mit denen Sie zusammentreffen.

Jedes Wort ist (mindestens) ein Gedanke, und jeder Gedanke ist wie ein Instrument. Es schärft sich, und Sie entwickeln Ihre Kunstfertigkeit im Umgang damit, je öfter Sie es gebrauchen. Zweck der Operation ist es, für das, was Ihnen und anderen am Herzen liegt, eine neue Souveränität zu gewinnen. Lösen Sie sich aus geistigen Abhängigkeiten und Befangenheiten. Begreifen Sie die Fülle Ihrer Geistesgaben.

Das Undenkbare begreifen

Mars in Zwilling: Direkte Kommunikation ...
Lassen Sie sich durch eventuelle »blutige« Assoziationen nicht in eine falsche Richtung lenken. Der Titel »Grausamkeit« erfaßt nur einen winzigen Aspekt dieser Karte. Das Bild stellt nicht mehr und nicht weniger dar, als daß Ihnen »das Blut schnell in den Kopf schießt« und daß Ihre Gedanken recht unmittelbar und einheitlich mit dem in Kontakt stehen, was Ihnen im Blute liegt.

Dieser vergleichsweise unmittelbare »Draht« zwischen innerer Betroffenheit und bewußten Gedanken, Begriffen und Vorstellungen bringt als ernstzunehmende Gefahr die Möglichkeit eines *Kurzschlusses* zwischen Sinn und Sinnen mit sich. So können Sie unversehens jähzornig und fürchterlich wütend – oder aber ebenso überraschend niedergeschlagen und plötzlich ängstlich werden.

Wenn dies der Fall ist, dann fehlt die innere Differenzierung der Schwerter, wie sie besonders die benachbarten Karten – sieben, acht und zehn Schwerter – zeigen. Ein Kurzschluß im Bewußtsein kommt zustande, wenn alle Gedanken quasi *gleichgeschaltet* sind und zuwenig Platz für *quer*liegende oder gegenläufige Argumente ist. – Falls zuviele Schwerter querliegen, kann dies zwar ein Zeichen für zuviele Zweifel sein, auch für ein umständliches Verhalten, dem es einfach an Eleganz und Know-how fehlt. Umgekehrt aber bedeutet das völlige Fehlen von kreuz- und querliegenden Schwertern im negativen Fall ein gleichgeschaltetes und *eindimensionales* Bewußtsein, dessen Reaktion im wesentlichen von Automatismen geprägt ist. Ein bestimmter Reiz löst mit großer Regelmäßigkeit eine bestimmte Reaktion aus, wie bei einem Automat, den man mit Geldstücken füttert und der daraufhin stets die gleiche Prozedur wiederholt. Solche automatischen Aktionen und Reaktionen treten einmal mehr lethargisch, ein andermal »zu allem entschlossen« und fanatisch auf.

Diese Warnungen beziehen sich also auf eine *falsche Unmittelbarkeit*. Einfälle werden so zu Anfällen (z. B. von Arbeitswut; von unablässigen Versuchen, jemanden zu erreichen; von plötzlicher Angst oder unerklärlicher Heiterkeit usw.). Sie leiden darunter und/oder können damit auch Schrecken verbreiten. Aber auf einer ganz anderen Seite hat es auch sehr *positive* Konsequenzen, wenn Denken und Handeln eine Einheit bilden, wenn z. B. emotionale Bedürfnisse ohne Wenn und Aber geistig bearbeitet werden und wenn theoretische Einsichten bei ihnen zu praktischen Konsequenzen führen!

Die Einheit von Theorie und Praxis, von Denken und Tun zählt seit der Zeit der alten griechischen Philosophen zu den Idealen menschlicher Bildung. Doch es handelt sich um mehr als ein bloßes Ideal. *Nur wenn Gedanken und Vorstellungen auch in praktische Aktion umgesetzt, im Experiment überprüft und in der Praxis getestet werden, stellt sich heraus, welche Gedanken und Vorstellungen etwas taugen.* Je mehr Sie auch Gedanken entwickeln, die nicht nur vorhandenen Vorstellungen folgen, um so mehr betreten Sie ein Neuland, für das noch keine Vorerfahrung – und auch kein Bewußtsein existieren. Jedes Festhalten an vorhandenen Erfahrungen wäre als Maßstab unzureichend, wenn es speziell oder vor allem um *Neuland* geht. (Solches Neues erleben wir mit jedem größerem Lebensabschnitt, bei Licht betrachtet jedoch jeden Tag – und jeden Augenblick!) Der »kurze Draht« zwischen Kopf und Herz, zwischen Denkvermögen und Betroffenheit sorgt dafür, daß Sie keine »lange Leitung«, sondern *gute Reflexe* haben.

Die »Stimme des Blutes« steht zugleich für Triebe und Instinkte, die in die Tat umgesetzt werden. Diese Art der *Reflexion* und der Unmittelbarkeit verläßt das Terrain der bloßen Diskussion mit Worten.

In Ihren aktuellen Fragen zeichnet sich ein neuer geistiger Horizont ab. Sie werden mit Erkenntnissen, möglicherweise auch Höhen und Tiefen des Lebens konfrontiert, die für Sie Neuland darstellen. Sortieren Sie Ihre Gedanken, und prüfen Sie die Tauglichkeit Ihrer Vorstellungen. Schützen Sie sich vor möglichen unüberlegten Handlungen und hüten Sie sich vor automatischen Reaktionen. Es gibt viele Wege, auf das, was geschieht, zu antworten.

Früchte des Geistes

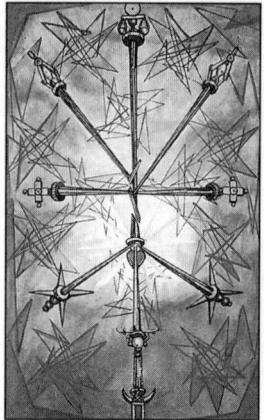

Sonne in Zwillinge: Eine herausfordernde Situation! Elend oder Glanz der »Schwerter« zeigt sich hier in großer Konsequenz ...

Zum *Untergang* verurteilt sind hier untaugliche Gedanken und fruchtlose Auseinandersetzungen. Die Schwerter sind teilweise angeschlagen, dem einen oder anderen ist anscheinend die Spitze abgebrochen. Das bedeutet aber auch: Die Schwerter sind gebraucht und benutzt worden. Sie haben ihren Dienst erfüllt. Die Schwertknäufe markieren die zehn Stationen des kabbalistischen Lebensbaumes. Mithin ein Symbol der Ganzheit, der Vollendung des Denkens. Sie können jetzt die Früchte des Geistes ernten. Anders ausgedrückt: Das, was Sie jetzt erleben, ist die Ernte Ihrer früherer Gedanken und Entscheidungen. Sie haben in der Vergangenheit gewählt, und Sie haben auch jetzt die Wahl!

Diese Wahlmöglichkeit drückt die Anordnung der zehn Schwerter aus. Als schematische Darstellung zeigt sie die Fähigkeit, *umzuschalten*, Wissensgebiete und Gedanken aufzuteilen, zu differenzieren, aber auch zusammenzubringen und zu vereinheitlichen. Das Bild stellt somit eine »Landkarte des Geistes« dar, ein »mind mapping«.

In der Mitte dieses *Systems* der zehn Schwerter klafft eine Lücke, klein und fein, aber deutlich genug zu erkennen. In einem Teil der Literatur ist argumentiert worden, es sei hier in der Mitte des Bildes ein Schwert zertrümmert worden, was wiederum den Titel »Untergang« oder »Ruin« rechtfertige. – Tatsächlich aber ist in der Bildmitte nicht nur oder nicht *unbedingt* ein zertrümmertes Schwert zu erkennen. Die zwei Schwertspitzen, die scheinbar abgebrochen sind, passen jedenfalls nicht eindeutig zu dem Schwert, an dessen Knauf ein Herz dargestellt ist und von dem zehn helle Strahlen ausgehen. Möglicherweise ist dieses Schwert mit dem Herzen weder zertrümmert noch abgebrochen, sondern es ist richtig so, so kurz und flammenartig. Die obere der beiden »freischwebenden« Schwertspitzen kann zwar dem Schwert, das von oben links zur Mitte zeigt, zugerechnet werden, die untere dieser beiden Schwertspitzen läßt sich nicht eindeutig oder zwangsläufig einem der vorhandenen zehn Schwerter zuordnen. Dieses Stück Eisen, diese Schwertspitze oberhalb des kleinen Herz-Schwertes stellt möglicherweise ein Stück Unerklärliches oder Undefinierbares dar!

Und selbst wenn man sich für dieses Stückchen Schwert die eine oder andere plausible Interpretation einfallen ließe, so bleibt doch die *Lücke inmitten des gesamten Schwerter-Systems bestehen. Diese Lücke ist jedoch nur unter ganz bestimmten Voraussetzungen das Symbol für Ruin und Untergang; im übrigen symbolisiert genau diese Lücke einen überaus glücklichen Hinweis auf die positive Bedeutung dieser Karte als Maximum der Schwerter-Reihe.*

Zehn Schwerter stellen die Fülle des Geistes dar; alle Bereiche des Denkens und der eigenen Existenz sind hier systematisch miteinander verbunden. Die Lücke in der Mitte bedeutet dabei: Auch das vollständigste System besitzt eben Lücken. Es bleibt ein Stück Unberechenbarkeit und grundsätzlicher Offenheit. »Triffst du Buddha auf einem Weg, töte ihn!« (Buddha ist größer oder anders als das, was Du begriffen hast.) Zehn Schwerter bezeichnen u. a. den *Gipfel der Erkenntnis.* In diesem Sinne stehen die Rot- und Gelbtöne für Erleuchtung, für die Aufhebung des Schattens, des Unbewußten. Auf diesem Gipfel begegnen Sie dem, was zu benennen, aber nicht zu erklären, was zu erfahren, jedoch nicht zu kontrollieren ist!

Diese »Lücke« tut nur dann weh und wird als »Untergang« erlebt, wenn das Glück des eigenen Ich sehr stark davon abhängt, alles zu kontrollieren. Je stärker die Systematisierungs- oder Kontrollbemühungen waren, je mehr dadurch gewisse Ängste usw. vermieden werden sollten, um so drastischer wird ein Zusammenbruch des Systems oder ein Verlust der Kontrolle erlebt. – Außerdem besteht die umgekehrte Möglichkeit, daß bisher nicht das große Gedankengebäude vorherrschend war, sondern die Lücke. Gelegentlich führt die Erkenntnis von Fehlen und Versäumnissen zu Nichtigkeitsgefühlen; aber auch dies stellt keinen »Untergang« dar, sondern ist ein Grund mehr, ein neues Bewußtsein zu entwickeln, das von den persönlichen Wünschen und Ängsten ebenso ausgeht wie von den eigenen Talenten und der persönlichen Verantwortung für das, was man daraus macht!

Scheiben

»Auf die Ergebnisse kommt es an«: Scheiben-Karten handeln von konkreten Fakten und Produkten. Hier geht es darum, bestimmte Ergebnisse zu akzeptieren (passiv) oder herzustellen (aktiv). Im praktischen Resultat finden Sie die gesuchte Antwort oder Lösung. Folgen Sie der Erfahrung, und bleiben Sie auf dem Boden der Realität bzw. Realitäten. Untersuchen Sie die gegebene Sachlage, und berücksichtigen Sie die vorhandenen Alternativen.

- »Was fruchtbar ist, allein ist wahr.«
- »Nur wer im Wohlstand lebt, lebt angenehm.«
- »Ein Talent besitzen und es nicht gebrauchen, heißt, es mißbrauchen.«

Die Doppelnatur der Erde: Wie die sprichwörtlichen zwei Seiten der Medaille, so weisen auch die Scheiben im Tarot auf die zwei Gesichter der Erde hin. *Am Tag dreht sich die Erde um die Sonne und nachts der Mond um die Erde!* Auf der einen Seite geht es hier um »harte Fakten«, um handfeste Ergebnisse und bleibende Werte. Auf der anderen Seite handelt die Materie von feinen und feinsten Energien, die unsichtbar, aber doch nachzuweisen sind (wie z. B. die Bewegungen der Atome), – die spürbar, aber schwer zu beschreiben sind (wie etwa der geschmackliche Unterschied von Rotwein und Weißwein) – und die deutlich erlebt werden, aber weder einfach zu wiederholen noch zu verallgemeinern sind (wie manche Erfahrung von Kreativität, Intimität und Individualität). – Je mehr wir wirklich mit *beiden* Beinen auf dem Boden der Tatsachen stehen, spüren wir die Doppelnatur der in und auf der Erde wirksamen Kräfte: Masse und Energie, das Grobe und das Feine, Schwerkraft und Fliehkraft, Bewußtes und Unbewußtes. Jedes Ereignis, jedes Produkt oder jedes Faktum ist in sich doppeldeutig und besitzt ein eigentümliches Spannungsfeld.

»Es ist ein Universum auch im Innern«, wußten schon unsere Vorfahren. Wo deren Betrachtung von Natur und Materie jedoch auf gewisse Grenzen stieß, hat die großangelegte Wissenschaft der Moderne unseren Einblick bis in die Welt der kleinsten Teilchen und anderseits der riesigsten Ausmessungen des Weltalls verlängert. So wissen wir heute aus Erfahrung: Wie die Erde selber als winziger Punkt durch den Kosmos saust, so pulsiert ein Universum auch innerhalb der Erde und innerhalb eines jeden ihrer Teile. Begriffe wie Bodenständigkeit und Erdverbundenheit bekommen auf diesem Hintergrund einen völlig neuen Bedeutungsgehalt. Lange gepflegte Selbstverständlichkeiten wie die Unterscheidung von Subjekt und Objekt werden neu bestimmt. Jedes Ergebnis, jedes Ereignis kann zur gleichen Zeit Ursache und Wirkung sein, objektives Gegenüber und subjektives Spiegelbild, so wie es die »Scheiben« in den Bildern des Tarot verdeutlichen.

Scheiben oder das Gesicht der Erde: Die traditionelle Bezeichnung dieser Kartenreihe lautet »Münzen«. Aleister Crowley übernahm zur Kennzeichnung dieser Karten in seinen früheren Jahren den Begriff *Pentakel* aus den Schriften des Golden-Dawn-Orden, um diese später in »Scheiben« (englisch: discs) umzutaufen. Seinen eigenen Angaben zufolge wollte er damit deutlich machen, daß es bei dieser Symbolreihe, die traditionell dem Element Erde zugeordnet wird, weder um tote Materie noch um bloße finanzielle Angelegenheiten geht: »Die Scheibe ist ein sich drehendes, wirbelndes Sinnbild«, notierte A. Crowley im Kommentar zu seinen Karten. Dieser Gedanke Crowley's wird von vielen modernen Tarot-Autoren und -Autorinnen geteilt. Allerdings ist dazu die Umbenennung in »Scheiben« nicht unbedingt erforderlich.

In den Sachen ist das Abbild des *lebendigen* Menschen enthalten. Jeder Gegenstand und jeder Sachverhalt tragen die Handschrift von bestimmten Menschen oder spiegeln die Optik, die Art der Wahrnehmung und Betroffenheit wiederum von bestimmten Menschen. Die *Materie ist für den Menschen ein Spiegel- oder Ebenbild.* Das gilt somit sogar für einfache Münzen, wie sie auf älteren Tarot-Karten dargestellt sind.

In der Konsequenz geht es bei den nun folgenden Karten, ob man sie nun Münzen oder Scheiben nennt, darum, gerade solche Resultate zu erzielen, in denen Sie sich persönlich wiederfinden können. Das Interesse richtet sich nicht allein darauf, sich materiell einzurichten, einen Lebensunterhalt zu verdienen usw., sondern die materiellen Verhältnisse, von der Kleidung über die Wohnung bis zur Umwelt, einschließlich Berufs- und Freizeitleben, so zu gestalten, daß sie zu einem Spiegel- und Ebenbild der eigenen Persönlichkeit werden.

Alles Materielle stellt verfestigte, greifbare Energien dar. Hier geht es um *Prägungen*. In den »Scheiben« können Sie die Prägungen erkennen, die Sie erhalten haben, Ihr Erbe, unter dem Sie angetreten sind. Auf der anderen Seite finden Sie in den »Scheiben« die Prägungen, deren Urheber Sie selber sind, und das Erbe, das Sie hinterlassen.

Die verschiedenen Bedeutungen des Elements Erde und der Scheiben-Karten im Tarot lassen sich recht weitgehend in dem Begriff *Talent* zusammenfassen. Jeder Mensch besitzt gewisse Prägungen, Begabungen und Handicaps – das ist die eine Seite der Medaille; was er daraus macht die zweite. Indem Sie sich fragen, welche Stärken und Schwächen Sie mitbringen, und diese Ergebnisse wieder in selbstgewählte Ziele, Bedürfnisse und Aufgaben ummünzen, – erkennen und benutzen Sie Ihr Talent. (Außerdem war das *Talent* zu biblischen Zeiten ein Geldstück; *Taler* und *Dollar* stammen vom Wort »Talent« ab. Dieser Begriff ist tatsächlich in der Lage, in sich die »Scheiben« wie auch die »Münzen« in symbolischer *und* finanzieller Bedeutung zu vereinen).

Die Erde des Menschen: Es ist noch keine hundert Jahre her, daß der letzte »weiße Fleck« von der Landkarte der Erde verschwunden ist. Einerseits war dies mit Eroberungen und Erwerbungen verbunden, die die Erde in große Machtgruppen teilte. Auf der anderen Seite hat es erst seit dieser Zeit einen realen Sinn, von *einer* Erde zu sprechen. Das fortschreitende Einswerden der Erdkugel ist begleitet von einer gleichzeitigen, unaufhaltsamen Tendenz sowohl der Vergesellschaftung wie auch der Individualisierung aller Lebensbezüge.

Die persönlichen Talente zu erkennen, zu gebrauchen und zu vervielfachen, bedeutet unter diesen Umständen nicht (mehr) nach einem »weißen Fleck« zu suchen. Es geht also nicht um die wie auch immer geartete Sonderbegabung, nicht um die zirkusreife Extraleistung oder um den Eintrag in ein Buch der Rekorde. Es bedeutet vielmehr, die eigenen Prägungen anzunehmen und selber prägend zu wirken.

Es geht u. a. darum, herauszufinden, worin der Unterschied der persönlichen Existenz zum sonstigen Stand der Dinge besteht. Welchen Beitrag das eigene Dasein in seiner konkreten Beschaffenheit zum »Konzert der Vielen« leisten kann. Es meint nichts anderes, als den eigenen Platz und Weg in der Welt zu bestimmen und gleichzeitig zu begreifen, inwieweit die eigene Person eine Welt für sich darstellt.

Eine andere Art der Gestalttherapie: Spirituelle und Selbsterfahrung, Erleuchtung und Erlösung sind heute weniger denn je durch alleinige oder vorwiegende Konzentration auf das Innenleben zu erreichen.

Sicherlich wird es unterschiedliche Lebensphasen geben, in denen wir uns einmal mehr nach außen, ein andermal mehr nach innen orientieren. Aber eine Selbsterfahrung, die auf ihren Anteil an der Welt, auf ihr Talent und dessen praktische Nutzung verzichtet, bleibt eine halbe Sache und verfehlt ihr Ziel genauso, wie eine »Weltveränderung« ohne Persönlichkeitsentwicklung.

Wer Sie selber sind und was Sie tun können, erfahren Sie, wenn Sie die Prägungen in Ihnen und um Sie herum untersuchen, Spuren lesen, die sich wandelnde Bedeutung Ihrer Talente auffinden, das berühmte »Gold auf der Straße«, das zunächst aussieht, wie eine unscheinbare Münze oder wie eine unbedeutende oder unpersönliche »Scheibe«.

Zusammenfassung: Wir selber gleichen der »Scheibe«, dem Inbegriff und Ausdruck des Reichtums der Erde.

Scheiben stellen *Talente*, materielle Werte und persönliche Prägungen dar. Sie entsprechen dem Element Erde.

Erde bedeutet Materie, Stoff, körperliches Leben und insgesamt die materiellen Lebensverhältnisse. Unser Körper im ganzen (und dabei der Stoffwechsel im besonderen) sowie selbstredend die Erde, auf der und von der wir alle leben, sind Ausdruck und Inhalt der Erdkräfte. Gemeint ist dabei sowohl die Erdkugel als Ganzes wie auch die Erde als Stoff im Sinne von »Muttererde«, Sand, Stein usw.

Im menschlichen Verhalten drücken sich die Kräfte des Elements Erde vor allem in *praktischen Fähigkeiten und angewandten Talenten, in sinnlichen Wahrnehmungen und körperlichen Empfindungen sowie in materiellem und persönlichem Reichtum* aus. – Weitere Merkmale des Elements Erde: Lebensunterhalt, Lebenserhaltung, Fruchtbarkeit und Natürlichkeit, Bodenständigkeit und Praxisbezogenheit. Charakteristisch für das Element Erde sind Produkte – Ergebnisse, Fakten und Definitionen. Schwierige Situationen (Belastungstests) werden gemeistert, indem man für etwas eine feste Form schafft: »Auf die Ergebnisse kommt es an«.

Blick für das Wesentliche

Im Reich des Steinbocks: Seine Heimat ist die Höhe der Berge, der symbolische Ort, wo Himmel und Erde einander berühren...

Die »Königin der Scheiben« bezeichnet eine Kraft in uns, die uns zu Gipfelerlebnissen trägt! Die Heimat des Steinbocks, des hier zugeordneten Zeichens, ist die Höhe der Berge, die Nahtstelle von Materie und Geist, von Mensch und Kosmos sowie von harter Realität und luftiger Freiheit. Zugespitzt kommt damit zum Ausdruck, daß die menschliche Natur eine *Doppelnatur* ist, worauf auch die Scheiben im allgemeinen und in diesem Bild speziell der Bergkristall am Zepter der Königin hinweisen. Hier geht es um Ihre Kunst, die Härten des Daseins sowohl anzunehmen sowie aufzuheben.

Dabei kommt es auf Ihre Bereitschaft an, die manchmal enorme Spannung zwischen Möglichkeit und Wirklichkeit auszuhalten und auch vor größeren Durststrecken nicht zurückzuschrecken. Wüste und Oase stellen ein schönes Sinnbild für die notwendige Suche und den wirklichen Erfolg in Ihren persönlichen Bemühungen dar!

Ähnlich wie es in früheren Zeiten üblich war, eine gewisse Zeit auf *Wanderschaft* zu gehen, um die eigenen Talente herauszubilden, so kommt es heute für jede/n von uns im übertragenen Sinne auf eine Suche und Wanderschaft an. Diese geschieht nun nicht mehr nur in der Jugend, sie kann sich in vielen Lebensabschnitten immer wieder neu vollziehen. Sie bezieht sich auch nicht nur auf die berufliche Qualifizierung, sondern auf alle Aspekte der Persönlichkeitsentwicklung. In diesem Sinne stellen die Wüste und die Oase im Bild – auch Sie selber dar!

Diese *Suche* ist unvermeidlich, weil viele Erfahrungen bis zur Herausbildung eines geeigneten Ich erforderlich sind. Man muß sozusagen mehrmals geboren worden sein – *in* diesem Leben – , bis aus Erfahrung und Betroffenheit sich ein Bewußtsein *herauskristallisiert* (!), das den persönlichen Gegebenheiten tatsächlich entspricht.

Das abgewandte oder unkenntliche Gesicht der Königin bedeutet im vorliegenden Bild unter anderem eine Warnung davor, daß Sie sich selbst aus dem Blick verlieren, das heißt, sich selbst zuwenig achten, weil Sie sich aus irgendeinem Grund nicht leiden mögen. Oder aber es stellt eine Ermunterung dar, daß Sie sich vermehrt auch anderen zu-

---

wenden sollen. – Beide Aspekte des verborgenen Gesichts sind auch deshalb wichtig, weil sie Ausdruck davon geben können, daß Ihnen ein neuer Aufbruch zu schwierig, der Weg durch die Wüste zu beschwerlich, die bisher erreichten Ergebnisse aber zugleich durchaus unzureichend erscheinen! Anstatt ein *Leben mit den Widersprüchen* von Wunsch und Wirklichkeit, Himmel und Erde usw. zu führen, werden Sie zu einer *Person im Widerspruch*, nämlich im Widerstreit mit sich selber oder im Hader mit Gott und der Welt: Auch die *Meckerziege*, die das Vorhandene stets bemängelt, ist hier im Bild dargestellt, genauso wie ein Mensch, der den Blick abwendet, da er »Null Bock« hat, und schließlich auch einer, der sich leicht ins Bockshorn jagen läßt, wenn überraschende Schwierigkeiten auftreten.

Die Fähigkeit, Widersprüche anzunehmen, sie weder zu verstärken noch abzuschwächen, sondern zu verstehen und zu nutzen, – ist hier der springende Punkt. Chance und Herausforderung liegen jetzt für Sie darin, auf eine kultivierte und gedeihliche Art »das Unterste« nach oben zu bringen und gewissermaßen auf die Spitze zu treiben. Körperliche Instinkte, praktische Bedürfnisse und sinnliche Qualitäten machen ganz wesentlich Ihr Talent aus. Dies soll Ihre Basis sein, und indem Sie bewußt Ihre Erfahrungen verarbeiten, auch Ihr Gipfel und Ihre Krone. Insgesamt eine Karte der Rückbesinnung auf Ihre »wahren Werte«, die eben nicht immer nur in den sogenannten inneren Werten bestehen.

Machen Sie nicht »den Bock zum Gärtner«. Kultivieren Sie vielmehr das, worauf Sie Bock haben. Nutzen Sie die aktuellen Fragen, um den Wert Ihrer Talente neu zu verstehen. Dann werden Sie das Angenehme mit dem Nützlichen verbinden können und Ihre täglichen Pflichten mit Liebe und Leidenschaft in *Lebenskunst* verwandeln. – Jeder Mensch stellt in gewisser Weise ein Naturereignis dar. Die Liebe zu dem, was in Ihnen und Ihren Mitmenschen lebendig ist, und die Zuneigung zu den gegebenen Realitäten im ganzen Umfang geben Ihnen immer wieder neu die Antwort auf die Frage, was im Moment das Wesentliche ist. Wenn Sie sich daran halten, sind Sie ganz »auf der Höhe« Ihrer Möglichkeiten. Kennen Sie einen dauerhafteren Gipfel des Glücks?

Sinn und Genuß

Im Zeichen des Stiers: Das große Werk...

Kreuz, Kugel und Kreise betonen die notwendige Ganzheit. Arbeiten, um Geld zu verdienen, und Geld ausgeben, um zu genießen, – das wäre zweimal eine halbe Sache, gemessen an der Symbolik des »Prinz der Scheiben«, die für die *Einheit* von Arbeit und Genuß, von Sinn und Sinnen steht.

Es geht um die »nackten Tatsachen« des Lebens – Ihre wirklichen Bedürfnisse, Antriebe und Ansprüche. Es geht um Sinnlichkeit und Offenheit, aber auch um die Warnung vor Unverschämtheit und davor, »seine Haut zu Markte zu tragen«. Sinnlichkeit und sexuelle Triebkraft sind herausragende Anlagen in Ihnen. Der hochgereckte Schwanz des Stiers im Bild ist ein Potenzsymbol, wie sonst Phallus oder Hexenbesen, und steht für Genuß und Lust ebenso wie für die Fähigkeit, Dinge in Bewegung zu setzen, neues Leben zu zeugen und neue Ergebnisse zu produzieren. (Denn der Stier ist ja kein Ochse!)

Die vielen Trauben im Rücken der Bildfigur symbolisieren den Lohn der Bemühungen, die Früchte, die eingefahren werden, – oder aber sie warnen davor, daß die Trauben und der Wein, der daraus werden kann, ins Hintertreffen geraten. Trauben und Wein sind sprichwörtlich für die Süße des Lebens, für den Genuß des Daseins in der Erhebung von Sinn und Sinnen. Die Gestalt des Prinzen drückt Sinnlichkeit und Besonnenheit aus. Aber er kann auch müde und schläfrig dasitzen. Der Wein kann einen Rausch bewirken, der die Augen vor der Wirklichkeit verschließt.

Interessanterweise stellt der Wein sowohl ein Zeichen für den »dionysischen« Genuß der *Sinne* dar wie auch einen Inbegriff für den »apollinischen« Genuß des *Sinns*, getreu dem Motto: »Im Wein liegt Wahrheit«. Apollo ist u. a. ein Gott der schönen Künste und Dionysos ein Gott des Weins und der Fruchtbarkeit. Beide können sich bis zur beflügelnden Ekstase steigern, aber sich auch in eine unsinnige Beklommenheit des Körpers oder des Geistes verlieren. Die Sinne müssen (letztlich) einen Sinn machen, sonst werden die Sinne müde – oder gar nicht erst geweckt.

Zur Symbolik des Weins gehört außerdem der Weinberg, seit der Antike *das* Symbol der harten und anstrengenden Arbeit, die dazu erforderlich ist, die Erde umzugestalten und zu genießen.

Der Stier im Bild bringt auch den astrologischen Stier ins Spiel, dessen Hauptmonat der Mai ist. »Alles neu macht der Mai«, die Verheißung klingt verlockend, und man muß schon genauer hinhören, um herauszufinden, welch lastende Verpflichtung in diesen Worten enthalten sein kann: Alles (!) neu – was für eine Aufgabe!

Wieviel harte Arbeit ist dazu vonnöten, wieviel Planung und Kalkulation, Ausdauer und noch mal Arbeit, um den Lebensacker zu bestellen – um die persönliche Lebenswelt nach gegebener Notwendigkeit und im persönlichen Sinne zu gestalten. Doch in dem Sie *Ihr* Werk vollbringen, genießt keine/r so ruhig und (aus-)gelassen das Leben wie Sie!

Sie selber sind wie Wein und Weinberg! Das bedeutet, Ihre Person, Ihre ureigene Natur, kurzum, Ihr Talent, wie es durch die »Scheiben« dargestellt wird, stellt für Sie einen besonderen Genuß, aber auch eine besondere Arbeitsaufgabe dar. Verpassen Sie Ihre Chancen nicht. Setzen Sie sich mit geltenden Bewertungsmaßnahmen auseinander, und bauen Sie auf den Wert der Erfahrung. Seien Sie sich als Frau besonders des Werts Ihrer Individualität bewußt. Äußern Sie Ihre Bedürfnisse, und setzen Sie sich für deren Verwirklichung ein. Achten Sie als Mann besonders darauf, daß Sie einen persönlichen Maßstab besitzen, der Ihre eigenen Bedürfnisse und die Bedürfnisse anderer miteinander verbinden kann. Machen Sie Ihren Selbstwert nicht allein abhängig von Ihrem Geld oder Ihrer Geltung in der Welt.

Reifeprüfung

Im Zeichen der Jungfrau: »Die Unschuld ist nichts, was man verlieren, sondern eher etwas, was man gewinnen kann« (B.Brecht)...

Es gibt etwas zu *ernten* in diesem Leben und am heutigen Tag! Die gigantische Scheibe im Bild symbolisiert Ihre Mitgift, Ihren Besitz, Ihre materiellen Möglichkeiten. Sie bringen, wie jeder Mensch, etwas Neues und Wertvolles mit auf die Welt. Dazu zählt neben vielem, was Sie mit anderen gemeinsam haben, etwas Jungfräuliches. »Werde, was Du bist«: Verstehen Sie Ihre Chance, einen besonderen Beitrag zu leisten, und begreifen Sie die Notwendigkeit, aus Ihrer Sicht und Ihrer Betroffenheit zu prüfen, was jetzt reif ist.

Worin Ihre Talente bestehen, was daran wertvoll ist und was nicht, – erfahren Sie, wenn Sie jetzt vermeidbare Fehler bereinigen und unvermeidlichen »Mist« nicht »unter den Teppich kehren«, sondern als Dünger auf den Acker des Lebens und das Feld der Erfahrung tragen:

»Das Pferd macht den Mist im Stall, und obgleich der Mist Unsauberkeit und üblen Geruch an sich hat, so zieht doch dasselbe Pferd den selben Mist mit großer Mühe auf das Feld; und daraus wächst der edle schöne Weizen und der edle süße Wein, die niemals so wüchsen, wäre der Mist nicht da. Nun, der Mist, das sind Deine Mängel, die Du nicht beseitigen, nicht überwinden, noch ablegen kannst. Die trage mit Mühe und Fleiß auf den Acker des liebreichen Willen Gottes in rechter Gelassenheit Deiner Selbst. Streue Deinen Mist auf dieses edel Feld, daraus sprießt ohne allen Zweifel in demütiger Gelassenheit edle, wonnigliche Frucht auf« (Johannes Tauler, mittelalterlicher deutscher Mystiker).

Haben Sie keine Angst vor unbequemen Widersprüchen. Wenn selbst der eigene und anderer Leute Mist noch nützlich ist, um wieviel mehr die wahren Talente!

Viel Sonne ist im Bild enthalten, aber die gelben, konzentrischen Kreise zeigen möglicherweise auch eine Aura des Neids und der Mißgunst. Der Hirschkopf erinnert an Schamanen und Jagdmeister, aber kennzeichnet auch den Angeber oder Aufschneider, einen »Platzhirschen«. Der Ritter ist gut gerüstet, doch er zeigt sein Gesicht kaum. Es ist tatsächlich das »Pferd«, dem Sie hier direkt ins Auge schauen können. Das heißt: Schauen Sie dem, was Sie bewegt und umtreibt, ins

Auge! Anhand der praktischen Ergebnisse, und nicht an den vorgetragenen Erklärungen, verstehen Sie Ihre Stärken und Schwächen jetzt am besten – und genauso die Absichten Ihrer Mitmenschen. Wer viel Sonne vor Augen hat, wie der Ritter der Scheiben, wird leicht geblendet. Und das heißt auch, er oder Sie fällt möglicherweise leicht auf »blendende Erscheinungen« herein. Wobei der Glaube an ein »Blendwerk«, genauso wie jede Art des Neids, damit einhergeht, daß man für sich selbst in irgendeiner Weise *schwarzsieht* (eine der Bedeutungen der schwarzen Ritter-Rüstung).

Fassen Sie Vertrauen in Ihre eigene Kraft, insbesondere in Ihre Fähigkeit, Probleme in Ordnung zu bringen und Wünsche in die Tat umzusetzen. Begreifen Sie Ihre persönlichen *Notwendigkeiten*. Es gibt etwas zu *ernten*, für das niemand so geeignet ist wie Sie! Dafür ist es aber notwendig, zur gegebenen Zeit zu säen, zu *düngen*, Unkraut zu jäten, usw., bis Sie die Spreu vom Weizen trennen können!

Wenn Sie Ihre Talente und auch Ihre Mängel nutzen und fruchtbar machen, tragen Sie zur Erneuerung der Erde bei, weil Sie im positiven Sinne die Erde nicht so verlassen, wie Sie sie angetroffen haben. Praktisch geht es darum, daß Sie Probleme zur gegebenen Zeit ansprechen und lösen. Sorgen Sie dafür, daß möglichst viele Erfahrungen und Interessen Früchte tragen. – Als Frau sollten Sie besonders darauf achten, sich selbst und anderen zu verzeihen, nicht perfekt zu sein. Stehen Sie zu dem, was Sie ernten wollen, und verzichten sie auf alles, was für Sie nicht notwendig ist. Als Mann beherzigen Sie: Die bestehenden Gegensätze sollen so gelassen, behandelt und genutzt werden, wie sie sind, ohne Fehler oder Vorzüge bei sich oder anderen unnötig hervorzuheben.

Talentprobe

Die Prinzessin der Scheiben ist wie die ruhende Erde an einem klaren Wintertag. Sie steht im Zeichen der Wintersonnenwende...

Jede praktische Neuerung, jeder Zugewinn und auch jede neue finanzielle Chance handeln davon, daß Sie Ihr Talent, Ihre Begabung, und Ihre Aufgaben neu verstehen. Dieses Neue gilt es ausfindig zu machen, wie den Diamanten in der Erde. – Für die symbolische Bedeutung des Bildes ist der Zusammenhang wichtig, daß »Asche« (Kohlenstoff) und Diamanten die gleiche chemische Zusammensetzung besitzen und insofern von gleicher Natur sind; nur der unterschiedliche Druck, die verschiedenartigen Einwirkungen der Kräfte der Erde sorgen für die so verschiedenartigen Resultate. Was auf den ersten Blick unbedeutend und unscheinbar wirkt (wie ein »Aschenputtel«), kann sich unter bestimmten Voraussetzungen als besonders wertvoll, ja, als besonderes Talent herauskristallisieren. Im Unscheinbaren steckt auch das Un-Scheinbare, das Wesentliche und Typische, auf das es jetzt ankommt. Prüfen Sie Ihre Werte und Wertschätzungen. Sorgen Sie dafür, daß Sie mit Ihren Bedürfnissen und Beschwernissen, mit allem, was Ihnen lieb und teuer ist, sich in den »Scheiben«, den Gegebenheiten des Alltags wiederfinden können. Befreien Sie sich von fruchtlosen Idealen und von brotlosen Ideen genauso wie von sinnlosen Besitztümern und leblosen Werten. Achten Sie auf Ihre Selbsterfahrung. Solange Ihnen die innere, persönliche Bedeutung Ihres praktischen Tuns im Unbewußten verborgen ist, gibt es nichts Persönliches, das sich in Ihren »Scheiben« darstellen könnte.

Die Widder-Hörner betreffen hier weniger eine Zeitangabe wie z. B. Ostern, vielmehr das Widder-Prinzip, *der oder die erste zu sein!* »Archetyp« heißt *Erstprägung* und meint vom griechischen Wort her sowohl die ersten Prägungen, die Sie oder einen anderen Menschen gezeichnet haben, wie auch jene Erst- oder Ur-Prägungen, die jeder Mensch vollbringt, wenn er zum Archetypen, nämlich zum *Urheber* oder zur *Urheberin* wird. Jeder Mensch, sofern er sein Licht nicht vergräbt, stellt einen Archetypen dar! Das ist im übrigen der »Druck«, die Prägung, die aus bloßem Kohlenstoff oder Asche einen Diamanten formt.

Es läßt sich darüber spekulieren, ob der gewölbte Bauch der Bildfigur eine Schwangerschaft darstellt. Jedenfalls zeigt auch der Erdhügel, auf dem die »Prinzessin« steht, einen großen Mund oder die Lippen des weiblichen Geschlechts. Geburt und Geschlechtlichkeit werden also auch damit angedeutet. Sie sind nicht zuletzt deshalb hier wichtig, weil die eigene Erfahrung der »archetypischen« Kraft – uralter Überlieferung und ureigener Kreativität und Schaffenskraft – absolut *intim* sein kann; hier entsteht nicht selten eine Betroffenheit, bei der man sich wie von innen nach außen gestülpt empfindet: Die Erde leuchtet!

Das Yin-und-Yang-Zeichen weist dann auch bei dieser Karte darauf hin, daß es sowohl die Polaritäten, Widersprüche und Gegensätze des Lebens gibt, aber auch die große Einheit, die ebenfalls stets vorhanden und wirksam ist.

Vertrauen Sie der Wahrheit, die in Ihnen schlummert, und bringen Sie sie zum Vorschein. Erwarten und fördern Sie auch ein gleiches für Ihre Mitmenschen. Schauen Sie sich und Ihrem Gegenüber in die Augen! Prüfen Sie bisherige Selbstverständlichkeiten. Erwägen Sie Alternativen und berücksichtigen Sie die andere Seite der Medaille. Alles hat seinen Wert, wenn Sie es sich nur bewußt zu eigen machen bzw. sich bewußt davon abheben. Ihre »Scheibe« ist ein Geschenk des Lebens; sie spiegelt wider, daß Sie selber ein Schatz für sich und Ihre Umgebung sind, wenn Sie Ihr Talent schätzen und achten.

Der Geist in der Münze

Alles, was das Element Erde beinhaltet, finden Sie hier möglicherweise in konzentrierter, dichter Form. Im praktischen Verhalten geht es darum, geeignete Ergebnisse zu erzielen, sich selbst zu besitzen und das Gesicht der Erde mitzugestalten...

Schon *eine* »Scheibe« besitzt die sprichwörtlichen »zwei Seiten der Medaille«. Jedes Stück Materie – jeder »Stoff«, jede Sachfrage – ist damit an sich doppeldeutig! *Alles*, auch und gerade jedes Stück harter Realität, ist in sich widersprüchlich. Es kommt nur darauf an, diese materiellen Widersprüche in die Hand zu nehmen, und die Spannung, die potentielle Energie, die jedem Sachverhalt eigen ist, zu erkennen und zu nutzen.

Die Doppelnatur der Erde zeigt sich im Bild im doppelten Rand der Scheibe; außerdem in der Mitte der Scheibe, die auf den Zellkern wie auch auf die Erdmitte verweist; und schließlich in den flügelartigen Ellipsen. Eine Ellipse besitzt – im Unterschied zum Kreis – zwei Brennpunkte, ein doppeltes Zentrum. Zugleich deuten die verschiedenen Ellipsen oder Flügelpaare auch auf die vier Bewußtseinsebenen – die mentale, die emotionale, die spirituelle und die körperliche.

Mit den griechischen Buchstaben und der dreimaligen Angabe der Ziffer 6 wollte A. Crowley sich in seinen Karten offenbar auch selbst verewigen. Gleichzeitig ist *das* aber ein wesentliches Thema dieser Karte, unabhängig von der Person Crowleys: Die »Scheiben« – das Element Erde, die Materie – stellen für jede/n von uns die Chance dar, sich zu verewigen.

»To mega therion« heißt die griechische Aufschrift, zu deutsch »das große Tierchen« sowie »das große Geschöpf« (vgl. Anmerkung hierzu, S. 228). Das Wörtchen »therion« bezeichnet im Griechischen ein Geschöpf der Natur *und* etwas vom Menschen Geschaffenes. Damit läßt sich auch in diesem Wort ein Hinweis auf die Doppelnatur des Menschen erkennen, der Produkt der Natur und Kind der Schöpfung wie auch selber Schöpfer/in und Produzent/in ist!

Auch die Ziffer 666 deutet auf die biblische Offenbarung, eines der persönlichen Lieblingsmotive von Aleister Crowley, hin. Völlig unabhängig davon, bedeuten die Ziffern nicht mehr und nicht weniger als den Hinweis auf den *Code*, den Genetik, Physik, Chemie usw. in den

Bausteinen der Materie erkannt haben. Alles, was existiert, hat seinen eigenen Code, einen Namen oder eine Zahl, unverwechselbar wie ein Fingerabdruck. – Damit wird noch einmal unterstrichen, daß die Materie für uns Menschen nie »tote« Materie ist. Jede *Sache* besitzt eine *symbolische Ebene,* jedes Ding ist für uns Menschen auch mit Interessen oder Bedürfnissen verbunden und spiegelt in der einen oder anderen Form persönliche Betroffenheiten, Chancen und Aufgaben; die Tarot-Karten als ein Stückchen Materie sind dafür nur ein Beispiel, aber ein typisches!

Als Galileo Galilei ausrief: »Und sie bewegt sich doch«, ging es darum, daß sich die Erde um die Sonne dreht. Heute wissen wir, daß auch *in* der Erde, in der Materie es sich dreht, kreist und tanzt. »Und sie bewegt sich doch!« – dieser Ausdruck hat damit eine zweite Bedeutung gefunden: Sie, die Erde, unsere Welt des Stofflichen und Körperlichen, bewegt sich, wie im Großen, so im Kleinen, wie nach außen, so nach innen.

So bedeutet dieses Bild, daß wir die Doppelnatur der Erde erkennen und unseren eigenen Anteil daran, den persönlichen Platz in der Welt erfassen und begreifen. Wir finden unser Zuhause in der Welt des Persönlich-Privaten wie der Welt des Kollektiv-Öffentlichen, auf der Erde wie im Himmel, im Mikro- wie im Makrokosmos. Die »Scheibe« zeigt uns das Gesicht der Erde und unser *eigenes Antlitz.* Wenn sich beide ins Auge schauen, – dann wird jeder Augen-Blick von besonderer Bedeutung: Alles lebt, bewegt und verändert sich. Jeder Augenblick ist als solcher einmalig. Einmalig aber ist das Momentane (Vorübergehende) sowie das Ewige (Immerwährende). Die ganze Spanne zwischen Moment und Ewigkeit ist in der zweiseitigen, doppeltumrandeten »Scheibe« enthalten.

In der Praxis ist es immer wieder verblüffend, daß Erfahrungen von Augenblick und Ewigkeit, von Himmel und Erde, von Licht und Finsternis nicht etwa nur religiösen oder wissenschaftlichen Betrachtungen oder der psychologischen Erfahrung vorbehalten sind. *In* den praktischen Fragen des Alltags stoßen wir auf Probleme oder Chancen, deren Ausmaß den unmittelbaren Anlaß weit übersteigt. Da kommen Dinge ins Rollen, auf die wir zuvor nicht eingestellt waren, von denen wir vorher vielleicht nicht einmal gewußt haben. – Nehmen Sie sich der Dinge an, die jetzt in Bewegung kommen. Das Bild weist auf die Chancen und die Aufgaben, Ihre Lebensumstände selbst zu definieren (!), Ihren Talenten einen zusätzlichen Spielraum zu verschaffen und vor allem das Gewicht, die Bedeutung Ihres Daseins neu zu wägen – zu wiegen und zu wagen.

Persönlicher Zusammenhang

Jupiter in Steinbock: Wechsel und Wandel gehören jedem Moment des Lebens an. Es ist eine Frage der Persönlichkeit, wie Sie die dadurch gebotenen Chancen nutzen...

In Ihrer aktuellen Situation treten neue Fakten, Werte und Ergebnisse auf, die Ihre »Krone« verrücken. Etwas, was immer schon vorhanden oder jedenfalls möglich war, tritt jetzt hervor und gewinnt eine besondere Bedeutung. Sie dürfen mit Verunsicherungen, aber auch mit angenehmen Überraschungen rechnen, wenn Ihre vertrauten Wahrnehmungen oder Ihre gewohnten Erfahrungen um neue Aspekte und Perspektiven erweitert werden.

Erkennen Sie Ihren *Anteil* an der jetzigen Veränderung. Vermeiden Sie zu sagen: »Alles ist Zufall« oder »es gibt keinen Zufall«. Weiter kommen Sie mit der Devise: »*Ich sehe einen Zusammenhang*!« Es ist Ihre Art der Wahrnehmung, Ihre Auffassungsgabe, die gewisse Tatsachen in einen Zusammenhang bringt oder aber unterscheidet. In dieser *Ihrer Sicht der Welt* sind zugleich Ihre Wünsche und Ängste, Ihre Talente, Handicaps, Bedürfnisse usw. enthalten.

Sie stehen jetzt in der doppelten Aufgabe, einen bestimmten Sachverhalt neu zu erfahren *und* zu untersuchen, was dieser für Sie bedeutet.

Wenn Sie die konkreten Widersprüche einer Sachlage *nicht* kennen, ist die Beliebigkeit (im Sinne von unterschiedsloser Willkür) am größten. Diese schlechte Beliebigkeit verliert an Gewicht, sobald Sie die zwei Seiten der Medaille in ihren Bedeutungen abwägen. Dabei ereignet sich aber etwas höchst Bemerkenswertes: je mehr Sie aus Erfahrung und aus Kenntnis der Materie um die konkreten Widersprüche wissen, um so mehr wissen Sie auch für jede Frage verschiedene Alternativen abzuschätzen. *Sie werden damit dem vermeintlichen Sachzwang enthoben. Es gibt immer eine Alternative – mindestens eine!* Während also jene willkürliche Beliebigkeit schwindet, wächst zur gleichen Zeit eine völlig andere Art der »Beliebigkeit« heran, nämlich Ihre Freiheit, auf Basis der Fakten nach eigenem Belieben eine gewünschte Alternative auszuwählen oder eine notwendige Alternative zu akzeptieren. Das macht Sie zum *König*.

Die Krone steht für die Fähigkeit des Bewußtseins, Wechsel und Wandel zu verarbeiten und in einem bewußten Ich zu vereinen.

Während ein bewegliches Ich die Widersprüche zusammenfaßt, zeichnet sich ein schiefliegendes (!) Ego durch seine Einseitigkeit aus und löst eine beträchtliche Unruhe aus. Wenn Sie Ihr Bewußtsein und Ihren Lebensradius erweitert haben, wird diese Unruhe wieder verschwinden.

»Nix is´ fix« (nichts steht fest). Ihre Erfahrungen wachsen – und Sie erfahren auch, daß Sie nichts festhalten können. Veränderungen sind unvermeidlich – und beinhalten Möglichkeiten!

So handelt diese Karte zuerst und zuletzt *nicht* von spektakulären oder sonstwie ungewöhnlichen Veränderungen. Wechsel und Wandel stellen sich hier als Lebensgesetz, als große Konstante, als *der* gleichbleibende Faktor in Ihrem Leben dar. Dem Wandel gebührt gleichsam die Krone, und sich diesem anzuschließen, heißt, sich dem Leben zu öffnen und den Weg zum Zentrum zu finden!

Die blauen und violetten Farbtöne symbolisieren Grenzerfahrung, aber auch Sehnsucht und Leidenschaft. Die Sehnsucht nach dem Unendlichen und die Sehnsucht nach einem souveränen Ich sind wesentliche Brennpunkte, die wichtigsten Motoren des persönlichen Wachstums. Himmel und Hölle, die männliche und die weibliche Seite der Erfahrung und alle möglichen anderen Widersprüche oder Unterschiede wollen von Ihnen verstanden werden, bis sich Ihre Sicht der Welt rundet. Je vertrauter Ihnen auf der einen Seite die alltäglichen Wandlungsmomente und auf der anderen die großen Polaritäten des Lebens sind, um so besser werden Sie in der Lage sein, die besonderen Wandlungsphasen des Lebens – wie Pubertät, Wechseljahre, Ende des Berufslebens usw. – zu einer bewegten und motivierenden Erfahrung zu gestalten.

Die große Ziffer 8 im Bild ist ein Zeichen der Unendlichkeit, das sowohl das Prinzip der Polaritäten und des Unterschieds wie auch das Prinzip der Einheit verdeutlicht. Die Acht warnt (»Achtung!«) vor einem Kreislauf der Wiederholung. Und sie schenkt Vertrauen, daß es »egal« ist, ob der nächste Schritt nach links oder nach rechts geht, wenn man dabei nur zur Mitte findet und in der Mitte bleibt.

Was für ein Glück, wenn Sie mit den zwei Seiten einer Medaille zur selben Zeit etwas anzufangen wissen. Passen Sie gut auf sich auf, sorgen Sie dafür, daß Sie nicht *unter* Ihren Möglichkeiten bleiben. Fürchten Sie nicht länger, zu versagen oder – etwas zu versäumen. Packen Sie lieber die gegebenen Widersprüche mit beiden Händen an!

Geschenk des Lebens

Mars in Steinbock – oder: Wie kommt das Feuer aus der Tiefe der Erde auf den Gipfel der Berge?

Wenn Sie Tradition und Geschichte, Familiensinn und Gewohnheiten schätzen, richten Sie sich gleichsam auf einem Berg ein: Sie stehen auf den Schultern Ihrer Vorfahren und finden sich vereint mit vielen Menschen neben Ihnen. – Wer von Traditionen und Konventionen absieht, betont sein eigenes Licht, seinen persönlichen Wert und seine Einzigartigkeit. Aber solange er oder sie alleine steht, bleibt es ein flaches Licht, gleichgültig, wie hell es als solches auch brennen mag. – Die glückliche Lösung besteht in der Verbindung beider Komponenten, von Tradition und Individualität. Wenn Sie Ihr Licht auf den Berg des Bestehenden hinauftragen, dann leuchtet Ihr Licht in weiter Runde, Sie besitzen eine große Ausstrahlung und hervorragende Aussichten. Die Pyramide ist das Symbol für ein entwickeltes Selbstverständnis, das Sockel und Gipfel vereint.

Jeder Mensch bringt ein neues Licht in die Welt. Das ist ein Geschenk des Lebens – ein Geschenk, das mit einigen Konsequenzen verbunden ist. Das neue Licht zeichnet nicht nur neue Perspektiven in die Welt, es reicht auch in Bereiche und Lebensthemen hinein, die bisher im Dunkeln lagen. Das bedeutet, daß auch bisherige Tabubereiche berührt werden. Bisher ungenutzte Möglichkeiten, aber auch ungelöste Probleme treffen Sie als Ihr Erbe an.

Die Pyramide zeigt, wie Sie auf breiter Grundlage Energien aufnehmen und Informationen sammeln, die Sie auf der anderen Seite filtern, konzentrieren und dichter machen, bis eine Angelegenheit soweit *zugespitzt* ist, daß Sie sie auf einen Nenner gebracht haben!

Das dominierende Grüngrau im Bild ist die Farbe des Unbewußten und Ursprünglichen. Die Pyramide selber ist in einem Weiß dargestellt, das mit etwas Grüngrau und Rotbraun gebrochen ist. Das Bewußtsein muß dem Unbewußten immer wieder abgerungen werden. Zugleich wird es überaus nützlich sein, wenn das Bewußtsein keine Kopfgeburt ist, sondern immer wieder die Rückbindung zum Ursprung, die Verbindung zu den eigenen unbewußten, emotionalen und instinktiven Grundlagen findet.

Der Weg zu den Gipfeln ist zugleich der Weg zu den eigenen Wurzeln. Die ursprüngliche, »primitive« Energie wird dabei verwandelt, von einer rohen in eine arbeitende und bearbeitete Kraft, von spontanen Refelexen und instinktiven Aktionen zu einem bewußten Umgang mit eigenen und fremden Impulsen, Instinkten und Leidenschaften.

Auf den drei rotbraunen Rädern sind die alchemistischen Zeichen für Schwefel, Salz und Quecksilber angegeben, die drei »philosophischen Elemente« der Alchemie. Die roten Scheiben erinnern auch an das ebenfalls alchemistische Symbol der *Koralle*, die die aus dem Urwasser (Meer) geholte, verfestigte *materia prima* (Urmaterie) darstellte. Im Zusammenhang mit der Alchemie kann die weiße Pyramide als Sinnbild des *Steins der Weisen* betrachtet werden (denn »der Stein der Weisheit ist die Weißheit des Steins«, vgl. S. 79). Das Bewußtsein gleicht dem philosophischen Gold der Alchemie.

Bewußtsein als bewußtes Sein ist eine *Lebensaufgabe.* Alle großen Leidenschaften, die zum Lebenswerk eines Menschen werden, handeln von dieser Lebensaufgabe! Jede äußere Arbeit ist auch ein Spiegel dieser inneren Arbeit. So gesehen stellt das Bild eine große Ermunterung dar, versunkene Fähigkeiten, ungenutzte oder bisher unbekannte Talente zu entdecken.

Arbeit, Beruf und Berufung sind nötig, um Ihre Talente freizulegen, zu vermehren und zuzuspitzen. Doch das Wesentliche dabei brauchen *Sie nicht* zu erarbeiten: Ihr unverwechselbares Ich, Ihr eigenes Sein *können Sie nicht schaffen,* es *ist* da, Sie können nur daran arbeiten, es in ein bewußtes Sein, ein persönliches Bewußtsein zu verwandeln. Nehmen Sie Ihr Dasein mit Liebe und Leidenschaft in Besitz. Sie können es anpacken, wenn Sie anfangen, es auszupacken.

Begriffene Talente

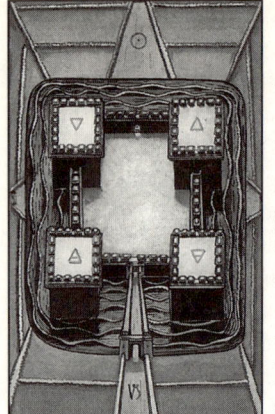

Sonne in Steinbock: Das Licht aus der Erde...

Ihr persönlicher Standort, Ihr schönster und mächtigster Platz in der Welt, ist genau da, wo Sie sich nach allen Seiten möglichst ungehindert entfalten können, wo Sie aus sich heraus leben, mit der Mitte verbunden, aus dem Vollen schöpfend.

In den vier Ecktürmen sind die vier Elemente – Feuer, Wasser, Luft und Erde – angegeben. Nach der Psychologie der vier Elemente, wie sie insbesondere C.G. Jung entwickelt hat, gehört eine besondere Aufhebung von *Schattenseiten* dazu, bis es gelingt, *alle* vier Elemente zur Geltung zu bringen. Hier scheint die Sonne erst dann oder erst dauerhaft, wenn Sie Ihre wesentlichen Talente *sämtlich* für sich erobert, erprobt und ausgebaut haben.

Achten Sie daher, wenn Sie diese Karte ziehen, auf unerfüllte Wünsche und bleibende Ängste, hinter denen sich oftmals verlorene oder unbeachtete Talente verbergen.

Manchmal entspricht diese Karte einem Lebensgefühl der Gefangenschaft oder des Eingeschlossenseins. In diesen Momenten fühlen Sie sich buchstäblich nicht wohl in Ihrer Haut, der Alltag gleicht einer Tortur, und man findet sich unmöglich und absonderlich, oder man wacht mit Eifersucht über seine Überlegenheit und Verschiedenheit allen anderen gegenüber. Vielfach erscheint das Leben unter diesen Voraussetzungen nicht nur sehr belastet und bedrückend, sondern vor allem als ein permanenter Machtkampf. Ursache für diese Erscheinungen ist hier jedoch eine klare Überschätzung *oder* Unterbewertung der eigenen Talente. Diese Bewertung zu korrigieren, stellt dann die notwendige Schattenarbeit dar, damit die Sonne auch in Ihrem Leben wieder leuchtet.

Natürlich *ist* die Sonne auch in Ihnen. Wie die Mitte unserer Erde glühend-flüssig ist, so besitzen auch Sie einen feurigen und überaus lebendigen Wesenskern. Lassen Sie dieses Licht leuchten, dann verschwinden Überheblichkeit und Ohnmacht, und Sie bekommen die Anerkennung, die Zuwendung und Unterstützung, die Sie schon längst verdienen und nach der Sie sich sehnen.

Auch *Schulden oder Schuldgefühle* handeln davon, daß ein Teil Ihrer Talente noch aus dem Schattenbereich ins Bewußtsein gehoben werden muß. Schulden und Schuldgefühle können Ausdruck von *fehlenden Skrupeln* sein. Der Instinkt für die anderen darf mehr Spielraum bekommen. Erst die Talente, die *auch* für andere nützlich und wertvoll sind, zahlen sich in nennenswertem Umfang für Sie aus. – Schulden und Schuldgefühle können aber auch als Folge *zu starker Skrupel* entstehen. Das Wort »Sünde« hängt u. a. mit »sondern« (sich absondern) zusammen. So kann es Ihnen als Sünde oder gar Tabu erscheinen, Ihre Besonderheit und Ihre Einzigartigkeit zu verwirklichen. Doch verstecken Sie sich nicht hinter anderen oder hinter angeblichen Sachzwängen. »Ein Talent besitzen und es nicht gebrauchen, heißt, es mißbrauchen« (nach Herzog Karl August von Weimar). Trennen Sie sich von demütigenden Ängsten. Wenn man überhaupt bei dem Begriff »Sünde« bleiben will, so bedeutet dieser in der Überlieferung fast aller Religionen die *Absonderung* von »Gott«. Gerade Ihre schönsten Begabungen und besten Talente stellen aber ein Geschenk des Lebens und insofern den Willen »Gottes« dar, und es wäre eine »Sünde«, dieses Ihr Talent nicht zu nutzen!

Die Sonne ist die »Lebensmitte« (vgl. S. 88 f.), und jetzt geht es darum, *alle* praktischen Einrichtungen, Gewohnheiten und Pflichten Ihres Lebens mit dieser Mitte in Verbindung zu bringen. Das Rechteck in der obigen Abbildung deutet auf die »Ecken und Enden« der Welt hin. Gegenüber einem *ganzen Universum* können und müssen Sie Ihr eigenes Ich definieren. Dabei geht es um materielle Werte und praktische Ergebnisse, in denen sich Ihre Persönlichkeit mit Ihren Vorlieben und Abneigungen materialisieren kann. Bis dies gelingt und auch das vierte Element, der vierte Eckstein, verwirklicht ist, müssen *Trägheitsmomente* und *Besessenheitsphänomene* im persönlichen Bereich aufgehoben werden. Schaffen Sie eine persönliche Welt, in der Ihnen nichts Wesentliches fehlt.

Finden Sie die Aufgabe, die Unterstützung, den Ort usw., wo Sie sich voll und ganz entfalten und Ihre Talente in Ihrer Geamtheit zum Zuge kommen. Werden Sie zum »Profi«. *Professionalität* **bedeutet wörtlich: etwas frei heraus sagen, bekennen, öffentlich erklären und darstellen. Entwickeln Sie »Professionalität«, und zwar auch in der Verwirklichung Ihrer persönlichen Überzeugungen, auch wenn es um den Wert Ihrer Sichtweisen und Ihrer Erkenntnisse geht.**

Not-Wendigkeiten

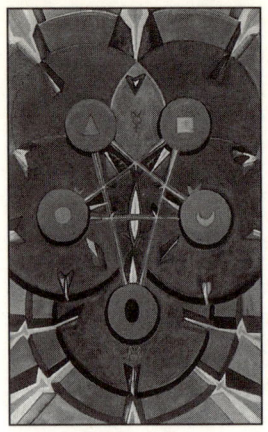

Merkur betont u. a. das Individuelle, der Stier jedoch u. a. das Herdenmäßige oder Gemeinschaftliche. Da sind Konflikte vorprogrammiert, aber auch wirklich zauberhafte Lösungen. Die Fünf der Scheiben bedeutet u. a. die Quintessenz des Erdelements...

Eine der Karten aus dem Crowley-Tarot, deren Bekanntheit mehr durch ihren Titel als die wirkliche Bildsymbolik geprägt ist. Fünf Scheiben sind jeweils mit großen Rädern verbunden, ein Pentagramm mit einer verlängerten Spitze nach unten stellt die Transmissionsriemen dar, die das Räderwerk in Schwung halten. Als »Quälerei« ist damit ein Lebensgefühl von Verstrickung und Ausgeliefertsein angesprochen. Sie fühlen sich möglicherweise angetrieben und mitgerissen von Kräften, die Sie weder in der Hand haben noch verstehen. Viele Leute denken bei diesem Bild z. B. an die Mühlen der Justiz, an den unerfindlichen Mechanismus einer Bürokratie à la Kafka oder etwa an das Räderwerk in dem bekannten Film »Moderne Zeiten«, in dem Charlie Chaplin einen Menschen spielt, der klein und winzig durch ein Getriebe von Zahnrädern, Fließbändern usw. irrt...

Auf der ganz anderen Seite gibt es natürlich positive Bedeutungen der Karte, die durch den Titel »Quälerei« überhaupt nicht angesprochen werden: Wo verschiedene Menschen oder verschiedene Seiten der eigenen Person, inklusive Stärken und Schwächen, zusammenwirken, da entsteht ein sinnvolles größeres Ganzes. Alle wünschenswerten und angenehmen Attribute, die üblicherweise der Nachbarkarte »Sechs Scheiben« zugesprochen werden, entwickeln sich hier gleichsam. Wie heißt es so schön: Wer alleine arbeitet, dessen Kräfte addieren sich. Wer mit anderen zusammenarbeitet, dessen Kräfte multiplizieren sich! Und was für Teamwork mit anderen gilt, das gilt auch für die Verknüpfung und Integration verschiedenartiger Talente in Ihnen selber!

Hier wird es möglich, daß verschiedene Menschen (oder verschiedene praktische Stärken und Schwächen bei Ihnen selber) sich gegenseitig antreiben, mitreißen und ergänzen. Die fünf indischen Tattwas – Sonne, Dreieck, Viereck, Mond und Ellipse – auf den fünf Scheiben stellen Sinne oder Schwingungsebenen dar; sie bedeuten: Hier wirkt ein *ganzer Organismus*. Für eine einzelne Person, eine Kleingruppe wie eine größere Organisation ist damit gesagt: Quälerei entsteht, wenn jede/r für sich und/oder wenn alle *zwangsweise* zusammenarbeiten, etwa nach dem Motto, alle sollten gleich schnell oder im gleichen Rhythmus arbeiten.

Wo es umgekehrt gelingt, die jeweilige Individualität *mit Stärken und Schwächen* zu fördern und einzubinden, da blüht der/die einzelne auf, weil sich die eigenen Talente entfalten; und die Gesamtheit oder Gemeinschaft ist zugleich am produktivsten und am reichsten. Es entstehen Werte, die sich in Geld ummünzen lassen *und* in denen alle Beteiligten sich selbst ein Stück weit wiederfinden. – Aus diesen und anderen Gründen ist die Karte *der* Prüfstein für Ihre Talente. Ihre größte Produktivität finden Sie eben nicht in exotischen Sonderleistungen, sondern in der möglichst vollständigen Annahme und Aktivierung aller Ihrer Prägungen und Eigenarten. Selbst »Marotten« können sich als produktiv herausstellen, wenn Sie mit anderen Fähigkeiten verknüpft werden.

Wenn Sie Ihre Talente entweder absolut überschätzen oder regelrecht verkümmern lassen, kann dies die Wirkung zeigen, daß Sie sich im Alltag »wie im falschen Film«, wie in einem Alptraum oder Labyrinth fühlen. Mit der Spitze nach unten signalisiert das Pentagramm, daß Sie irgend etwas abwerten und dadurch Nöte oder Sorgen produzieren. *Oder das Pentagramm besagt, daß sich Ihre Talente nur auszahlen, wenn Sie sie erden.* Sie müssen sich »ins Zeug legen« und ins *Joch spannen!* (Joch heißt im Indischen »*Yoga*«). Nicht im luftleeren Raum verwirklichen Sie Ihre Talente, sondern da, *wo Sie von anderen wirklich gebraucht und geschätzt werden!* Das tiefe Grün symbolisiert die vegetative Natur: Es geht hier weniger um Ihre Gedanken (gelbe Farbe im Hintergrund), sondern um eine genaue Beobachtung des Vegetativen (die Körpervorgänge, die nicht unmittelbar zu steuern sind). Dadurch erfahren Sie am deutlichsten, welche Talente und welche Art ihrer Verwirklichung Sie stressen oder aber beflügeln.

Raus aus der Tretmühle: Machen Sie es sich jetzt bequem, verwöhnen Sie sich und/oder holen Sie sich Hilfe. Auch: Geben Sie jetzt ein Stück Bequemlichkeit auf und *arbeiten* Sie für das, was Ihnen gut tut. Wo Finsternis ist, wird Ihr Licht am meisten gebraucht. Wo Ihre Talente etwas bewegen können, da schaffen Sie lohnende Ergebnisse und bleibende Werte.

Produktive Bedürfnisse

Der Mond ist hier besonders mächtig, weil er sich nicht nur in reinen Gefühlen, sondern auch in praktischen Ergebnissen und Konsequenzen darstellt. Mond in Stier – das ist die Position der Erhöhung, in der sowohl der Mond wie auch das Zeichen Stier am spürbarsten wirken...

Das Rosenkreuz in der Mitte des Bildes ist ein Symbol für die Reife und die Schönheit des persönlichen Ich, das seine Höhen und Tiefen kennt. Es steht für die Einheit der vier Elemente, aus deren Mitte als fünfte Kraft der Eigen-Sinn, das Wesen und die Quintessenz eines Lebewesens sich entfalten. Für den Menschen bedeutet es zugleich die bewußte Annahme der eigenen Person und des persönlichen Lebensweges in der Welt (darin liegt die wahre Bedeutung des Wortes, man solle sein »Kreuz« auf sich nehmen ... und »Gott« nachfolgen).

Der Mond (oben im Bild) gilt als sichtbares Zeichen für die unsichtbare, jedoch spürbare Energie der Erde. Der »Magnetismus«, die Schwerkraft der Erde kommt an ihm zum Vorschein. Zugleich regelt der Mond die Gezeiten, und auf mannigfache Art lassen sich Entwicklungs- und Wachstumszyklen auf und in der Erde am Phasenverlauf des Mondes ablesen.

In Ihrem persönlichen Erleben werden Sie jetzt auf die Doppeldeutigkeit aller materiellen Erfolge und Errungenschaften hingewiesen. *Arbeit* schafft Produkte, doch die Seele verleiht ihnen Wert. Wir leben mit Fakten und scheinbaren Sachzwängen, doch wir haben sie einst nach unseren Bedürfnissen geschaffen und haben die Wahl, sie nun neu zu gestalten. Wenn Ihnen bestimmte Zustände nicht gefallen, so müssen Sie jetzt Ihre Bedürfnisse ändern oder veränderte Rahmenbedingungen schaffen!

Wenn Wesen und Erscheinung, inneres Bedürfnis und äußeres Ergebnis, miteinander harmonieren und eine *stimmige* Einheit bilden, dann leben Sie in einer äußerst fruchtbaren Lebenssituation. Das drückt das Bild in seinen Farben aus. Grün, Blau und Rotbraun sind als Erdfarben, Grün und Blau zudem als Zeichen wirklicher Fruchtbarkeit zu deuten. Blau ist außerdem die Farbe des Himmels, so daß hier »Himmel und Erde« zusammenwirken.

Die Farbigkeit des Rosenkreuzes in der Mitte besitzt eine Doppeldeutung und weist möglicherweise auf eine besondere Aufgabenstellung bei dieser Karte hin. Weiß ist die Farbe des Anfangs und der Vollendung. Sie betrifft den Verlust und die Gewinnung von Unschuld, Einfachheit, Reinheit und Freude.

Als Karte der *Vollendung* zeichnen alle Farben zusammen tatsächlich das Bild einer Lebenssituation, worin »Milch und Honig« fließen. Das ist der Honeymoon, der Honigmond – der Himmel auf Erden. Als Karte des *Anfangs oder Aufbruchs* dagegen stellt sich hier eine Situation dar, worin in den äußeren Errungenschaften Ihre inneren Bedürfnisse entweder eine viel zu geringe Rolle spielen (weiß, wie ein noch unbeschriebenes Blatt) oder aber viel zu sehr im Mittelpunkt stehen (weiß, wie ein überbelichtetes Bild). Es wird insoweit eine Phase des *Leerlaufs* angezeigt. Die »Kupplung« ist ausgeschaltet. Das kann für momentane Entlastung sorgen. Das Wechselverhältnis von Innen und Außen sowie von Eigenem und Fremdem ist neu zu definieren. Neue Wege zur Verwirklichung der eigenen und zum Verständnis fremder Bedürfnisse stehen auf der Tagesordnung.

Sie tragen bestimmte Wünsche in sich, die zu wesentlich sind, als daß sie einfach untergehen dürften. Und wohl jede/r besitzt gewisse Ängste, die zu dringend sind, als daß er oder sie sie ewig mit sich schleppen möchte. Diese wesentlichen Wünsche und Ängste zu erfüllen bzw. zu erledigen, ist entscheidend für Ihr Glück. Und das ist die Art von Erfolg, die Sie jetzt brauchen und verdient haben. Sogar vordergründige Mißerfolge haben in dieser Situation einen hohen Wert, wenn sie Ihnen klarmachen, was Ihre tiefsten Überzeugungen und Ziele sind. *Glück ist eine produktiver Akt* – eine Produktion, bei der Wünsche und Ängste verdeutlicht und möglichst konkret unterschieden werden: Welche Bedürfnisse sind wirklich entscheidend? Welche Ergebnisse sind notwendig zur Aufhebung wesentlicher Wünsche und Ängste?

Veräußern Sie Ihre Bedürfnisse, bringen Sie Ihre Wünsche und Wertvorstellungen nach außen. Erinnern Sie sich an Bedürfnisse: Nehmen Sie die Bedürfnisse von anderen in Ihr Inneres auf, und finden Sie in sich den Punkt wieder, von dem Sie einst aufgebrochen und zu dem hin Sie jetzt unterwegs sind! Innere und äußere Werte zusammen schaffen einen Reichtum, der für Sie persönlich von wirklicher Bedeutung ist. Wenn *Geschäfte* wirkliche *Bedürfnisse zur Geltung* bringen, dann gewinnt sowohl derjenige, der Geld ausgibt, wie auch derjenige, der es einnimmt! Diesen *Zugewinn*, den Zuwachs an menschlichem Potential müssen Sie finden, um mit Ihren Fragen weiterzukommen.

Persönlicher Maßstab

*Saturn in Stier – das Erbe einer generationen-
langen Geschichte macht sich in Ihren konkreten Erlebnissen bemerkbar...*

Wie ein Buch mit sieben Siegeln, wie ein
rätselhaftes Labyrinth oder wie ein scheinbar
undurchdringlicher Dschungel stellt sich dieses Bild dar. Damit ist zuerst gesagt, daß es
Rätsel in Ihrem Leben gibt und daß Sie gut
daran tun, diese Rätsel anzuerkennen! Damit
sind die Rätsel gemeint, die den Verlauf, das
Gelingen und die Bestimmung Ihres Lebens
betreffen! Kreuzworträtsel, Krimis usw. stellen einen Abglanz, einen
Schatten jener Rätsel dar, die sich Ihnen wie jedem Menschen für das
Leben stellen.

Wußten Sie, daß jeder Mensch auf unterschiedliche Rätsel stößt und
daß es nur ganz bestimmte Rätsel gibt, die Sie lösen können? Alle
»Scheiben« – alle materiellen Werte, Produkte und Einrichtungen – haben ihre jeweilige persönliche Geschichte. Ihre sachlichen Probleme
sind auch ein *Spiegel* Ihrer persönlichen Entwicklung. Und umgekehrt:
Psychische und persönliche Probleme sind auch ein Ausdruck praktischer Nöte und sachlicher Schwierigkeiten.

In Ihren aktuellen Fragen ist es wichtig, daß Sie Spuren suchen und
Zeichen deuten. Versuchen Sie, soweit wie möglich, persönliche Wünsche und Ängste auf der einen Seite und sachliche Notwendigkeiten
und Chancen auf der anderen Seite auseinanderzuhalten. Üben Sie es,
sehr *aufmerksam* die Dinge, die vor Ihnen liegen, wahrzunehmen.
Auch in altvertrauten Zusammenhängen werden Sie neue Spuren und
Hinweise von persönlicher Bedeutung entdecken.

Alles hat eine Bedeutung – und meistens *mehr* als eine! An den Tarot-Karten erfahren Sie *beispielhaft*, daß ein Stückchen Materie, eine
bestimmte Sache – in diesem Fall eben die einzelne Karte -, eine besondere Bedeutung besitzt und eine persönliche Botschaft übermittelt.

Kennen Sie den Kinderwitz: »Steht ´ne Kuh auf der Wiese. Was
fehlt? Der Witz.« Der englische Titel dieser Karte lautet »failure« und
bedeutet – noch vor »Fehlschlag« – das Fehlen oder Nichtvorhanden-
sein. Und wie in dem Witz, so ist es auch mit dem Lösen der Rätsel und
dem Verständnis der Bedeutung: Alles hat seine Bedeutung, doch worin diese für *Sie* besteht, wird nur deutlich, wenn Sie selbst in Erschei-

nung treten. Wie für jeden Menschen, so gilt auch für Sie: Es gibt gewisse Lebensrätsel und sachliche Aufgaben, deren Lösung bzw. Bedeutung Sie in dem Moment finden, in dem Sie auch *Ihre* Bedeutung, Ihren persönlichen Sinn, Ihre Lebensaufgabe entziffern. Jede gelöste Aufgabe zeigt Ihnen, daß Sie auf dem richtigen Weg sind, und auch jeder *Fehlschlag* ist wertvoll, wenn er Ihnen klarmacht, worin Ihre Aufgabe und Ihre Bedeutung *nicht* liegen.

Setzen Sie sich liebevoll und kritisch mit bestehenden Maßstäben auseinander. Halten Sie sich weniger daran, was Sie oder andere glauben, sondern an die wirklichen Erfahrungen. Finden Sie den Unterschied heraus, wo Sie die Dinge anders sehen als andere. Ihre aktuellen Fragen bergen eine besondere Chance in sich, daß Sie Ihre Talente neu begreifen und damit große Aufgaben zu lösen vermögen.

Selbst-Darstellung

Jungfrau steht hier für die Arbeit an und für sich selber. Sonne symbolisiert die Lebensmitte, die Quelle des Bewußtseins und den Mittelpunkt des Seins...

Jeder Mensch sieht sich vor bestimmte Aufgaben gestellt, und jede oder jeder bringt auch *bestimmte* Begabungen mit, um diese Welt insgesamt ein Stück weit menschlicher und angenehmer zu gestalten. Diese Begabungen und Aufgaben stellen Ihr Talent dar. Weder bloße Ausdauer und Wiederholung noch die Bereitschaft, wie ein Lehrling stets neue Fertigkeiten zu erlernen, sind hier entscheidend, wenn verschiedene Kommentare darauf abheben. Nein, nichts gegen Neuanfang und Ausdauer, aber dies ist auch eine Karte der *Vollendung* und der Meisterschaft. Die warmen Farben des Bildes symbolisieren Fruchtbarkeit und Wohlstand: »Eine Situation von persönlichem Überfluß: Nicht jener Protz- und Verschwendungsluxus, sondern ein Überfluß an Wohlbehagen, verwirklichten Ideen und befriedigten Wünschen. *Vieles war nicht nötig/und gerade das/wäre das nötigste gewesen* (Edith Vahrenhorst)«.

»In der Begrenzung zeigt sich der Meister«. Dieser Satz gilt, *wenn* Sie sich auf Ihr wirkliches Talent konzentrieren. Das Problem besteht hier jedoch in einer möglichen *Schattenlosigkeit.* Der orangegelbe Hintergrund symbolisiert ein *goldenes Bewußtsein,* einen Menschen, der seine »Hausaufgaben« gemacht hat und seine Probleme zur gegebenen Zeit löst. Dieselbe Farbe symbolisiert aber auch *eitel Sonnenschein,* so wie die Karte insgesamt eine pfauenhafte Eitelkeit zum Thema macht. Der englische Titel der Karte »prudence« ist verwandt mit dem deutschen Wort »prüde«. Damit ist hier allerdings nicht so sehr der sexuelle Bereich angesprochen, als vielmehr die Bereitschaft, sich *im Grunde des eigenen Herzens überhaupt für etwas anderes als die eigene Person zu interessieren.* Die acht lilafarbenen Blüten stellen durchaus eine ständige *Wiederholung des Gehabten* unter anderen Voraussetzungen dar. Das grüne Blatt, das sich jeweils um die Blüte wölbt, ermuntert zu Behutsamkeit und praktischer Klugheit (die positive Bedeutung von »prudence«, das ist die eigentliche Bedeutung des deutschen Wortes »Verstand«, das in der Literatur fälschlicherweise so oft mit den Schwertern in Verbindung gebracht wird). Aber wenn die Behutsamkeit dort endet, wo die Grenzen des eigenen Verstandes erreicht sind, so bedeutet die Karte insgesamt und die Gestalt der grünen Blätter im besonderen, sich abzukapseln, sich gegenüber »höheren« Notwendigkeiten und Chancen zu verschließen.

Allein die Aufhebung des Schattens – ein offenes Herz, auch für das Fremde und Andere – führt zu einer produktiven Verflechtung von eigenen und fremden Talenten, von persönlichen und anderen Notwendigkeiten. Dann geht die Saat auf, von der es heißt: Das Saatkorn muß »sterben«, damit die Ähre mit vielen Körnern wachsen und reifen kann...

Begraben Sie falschen Stolz und verteidigen Sie Ihr Selbstbewußtsein. Lassen Sie sich nicht für unproduktive Zwecke verschleißen. Widersetzen Sie sich einem fruchtlosen Gehorsam oder einer sinnlosen Routine. Jeder Mensch hat ein Bedürfnis nach Sinn- und Erfolgserlebnissen, und jede/r bringt auch die Fähigkeit dazu mit. Stellen Sie also Ihr Licht nicht unter den Scheffel, und ermuntern Sie Ihre Mitmenschen auf deren Wegen. In Ihren aktuellen Fragen sind Ihre praktischen Fähigkeiten gefordert; entscheidend jedoch ist Ihr Bewußtsein: Die Fähigkeit, sich von Ihren Mitmenschen weder »einmachen« zu lassen, noch die anderen zu bloßen Begleitumständen oder Randbedingungen eines Lebensweges abzuwerten, auf dem nur Ihr Vorankommen zählt. Bedenken Sie, daß Ihre Talente erst dann beginnen, im großen Stil Früchte zu tragen, wenn Sie die Bedürfnisse von möglichst vielen Menschen berücksichtigen.

Liebe in jeder Beziehung

Venus in Jungfrau: Wenn's gut läuft, passen hier Liebe und Alltäglichkeiten, sinnliche Begeisterung und praktischer Verstand wunderbar zusammen...

Man tut der Karte mit Sicherheit Unrecht, wenn man sie *nur* auf Harmonie und Wohlstand festlegt. Ohne auf astrologische Zusammenhänge näher einzugehen, sei darauf hingewiesen, daß »Venus in Jungfrau« eine schwierige Konstellation ist, weil sich die Venus dabei im »Fall«, das heißt in einer geschwächten Position und ungünstigen Umgebung befindet.

Die Formation der Scheiben erinnert indirekt an die Karten »Sechs Scheiben« und »Drei Scheiben«. Unter anderem ist die vorliegende Karte als *Zusammenfassung* dieser beiden Karten zu verstehen. Die gute Nachricht: Der »Honigmond« (Scheiben sechs) und die gelebte Leidenschaft (Scheiben drei) können sich hier symbolisch als Zeichen für einen *Alltag in Liebe, Lust und Leidenschaft* zusammenfügen. Aber auch der Leerlauf (Scheiben sechs) und die Halbierung des Daseins, die Trennung von Bewußtheit und Instinkten (Scheiben drei) können sich zu einem freudlosen Selbstverständnis verbinden, wonach sich Liebe und alltägliche Notwendigkeiten oder Banalitäten grundsätzlich *nicht* miteinander vertragen.

Wenn Sie diese Karte ziehen, wissen Sie, daß Sie eine Wahl haben! Sie können Ihre Liebe von Ihren Pflichten trennen, aber Sie *müssen* es *nicht*. Sie können Menschlichkeit und »Gewinn« als gegensätzliche Prinzipien betrachten, aber in Wirklichkeit stellen diese und andere Lebensbereiche *keine* sich ausschließenden Gegensätze dar, und das macht das vorliegende Bild sehr schön deutlich. Körper, Geist und Seele, Himmel, Welt und Unterwelt stellen vielmehr einen Dreiklang dar. Die Elemente und die Planeten sind hier versammelt und demonstrieren Ihnen die besondere Gelegenheit, Ihre verschiedenen Lebensbereiche (und auch: Ihre unterschiedlichen Lebenswahrheiten!) in eine glückliche Verbindung zu bringen.

Nicht nur für die partnerschaftliche Zweierbeziehung ist die Liebe der geeignete Maßstab. In der Beziehung, die Sie zu sich selber besitzen, wie auch in *allen* täglichen Lebensbezügen, Kontakten, Begegnungen usw. ist die *Liebe*, genau genommen, das sinnvollste Kriterium.

Wenn Sie sich selbst *und* Ihren Mitmenschen in Achtung und Liebe begegnen, dann entsteht ein drittes, ein größeres Ganzes, in dem Sie und der/die andere aufgehoben sind. Sie selber mit Ihren Stärken und Schwächen, mit all Ihren Prägungen, inklusive Vor- und Nachteilen, finden sich darin ebenso wieder, wie der oder die andere mit seinen Bedürfnissen, Vorbehalten oder Vorlieben. *Einen größeren »Gewinn« können Sie nicht erzielen,* und eigentlich sollten Sie sich auch mit keinem geringeren zufrieden geben! Je mehr Talente und Bedürfnisse von möglichst vielen Beteiligten gleichzeitig zur Geltung kommen, um so größer ist die Liebe und um so deutlicher profiliert sie sich Tag für Tag.

Riskieren Sie mehr Liebe! Und nehmen Sie sich vieler Menschen und vieler Begebenheiten in Liebe an. Entwickeln und vervollkommnen Sie Ihre Fähigkeiten, sich selbst und Ihre Mitmenschen sowie bestimmte Pflichten und Aufgaben *zur gleichen Zeit* zu lieben! Jetzt ist eine gute Zeit, neue Freunde zu gewinnen und mit alten Bekannten neue Freuden zu erleben, *wenn* Sie den Mut besitzen, über den eigenen Schatten zu springen, um bei sich selber und bei der/dem anderen neu anzukommen. Liebe ist nicht nur ein Gefühl, sondern auch Voraussetzung und *Ergebnis* einer optimalen Förderung von Bedürfnissen und Talenten. Diese angewandte oder tägliche Liebe ist durch nichts zu ersetzen – und ihr einziger Grund, die einzige Notwendigkeit ist der »Gewinn«, das »Extra« oder der Unterschied, den ein geliebtes Leben gegenüber einem freudlosen Alltag macht.

Blühende Talente

Merkur in Jungfrau: Der größte Reichtum ist die persönliche Individualität; sie gleicht dem sprichwörtlichen Gold auf der Straße...

Die zehn gelben Scheiben oder Pentakel stellen die zehn Stationen des kabbalistischen Lebensbaumes dar. Vergleichbar dem Tierkreis in der Astrologie, symbolisiert der Lebensbaum in der Kabbala ein Modell der Ganzheit, der Geschlossenheit und der Vollendung. Allerdings fehlen im vorliegenden Bild die Verbindungswege, welche die einzelnen Stationen erst zum »Baum« strukturieren. *Vollzählig, aber unverbunden* – das gilt für diesen Baum des Lebens und möglicherweise für Ihre aktuelle Situation. *Alles* ist da, die Frage ist nur, ob Sie Ihre vielen Fähigkeiten miteinander in Verbindung bringen, ob Sie diese mit anderen Menschen teilen, ob Sie sich in allem Menschlichen selbst wiedererkennen können, ohne zugleich stets von sich auf andere zu schließen.

Seltsamer- und witzigerweise ist Individualität *nicht im Alleingang* möglich. Vieles ist nur scheinbar Bestandteil Ihrer Einzigartigkeit; tatsächlich haben Sie es – bewußt oder unbewußt – von anderen übernommen. Und vieles wiederum, das tatsächlich zum Inhalt Ihrer Individualität gehört, besitzen Sie noch nicht; Sie bemerken es erst, wenn Sie andere entweder besonders faszinierend oder besonders störend empfinden. Wenn Sie aber die Brücke zum Anderen, zum Fremden – in Ihnen und in Ihren Mitmenschen finden, dann verschwindet die Einsamkeit, diese Nebenwirkung einer fehlenden Individualität, genauso wie die Gefahr, in der Masse unterzugehen!

Man muß durch viele Menschen durchgegangen sein, um zu seinem wahren Ich zu finden, heißt es in einem bekannten Wort von F. Nietzsche.

Ein Zerrbild von »Individualität« gibt es als skurrile Marotte, als maskenhaftes *Image* – das ist eine bestimmte Darstellungs- oder Erscheinungsform, deren Gefangener Sie schließlich werden, weil Sie permanent Ihre Person dem *Bild* anzupassen versuchen, das Sie von sich schaffen oder aufrechterhalten möchten. Der glückliche Weg besteht darin, in die Entwicklung und Meisterung der persönlichen Fähigkeiten und Bedürfnisse zu investieren. *Worin* die eigenen Individualität besteht, steht von vornherein gar nicht fest, sondern muß sich erst einmal Stück für Stück entfalten. Dann zeigt sich: Es gibt bestimmte Aufgaben und bestimmte Lösungen, für die Sie besonders geeignet sind, ja, die auf Sie geradezu gewartet haben. Wenn Sie diese Chancen erkennen und nutzen, verwirklichen Sie Ihre Individualität, und das Leben sieht für Sie völlig anders aus – sowie für alle anderen, die in irgendeiner Weise an den Früchten Ihres Wirkens teilhaben.

Achten Sie auf den »Geist in der Münze«, auf die Botschaft, die manchmal zwischen den Zeilen steht, und auf die *persönliche* Bedeutung von Äußerungen und Ereignissen. Folgen Sie Ihrem Stern, und erkennen Sie Ihre momentane Chance. Verstehen Sie, was andere Ihnen sagen wollen und auf welchen Beitrag von Ihnen Ihre Mitwelt wartet! Jede Erfahrung ist für Sie von Bedeutung, und indem Sie Ihre Talente erblühen lassen, werden Sie selbst für die Welt zu einer bedeutenden Erfahrung. Lernen Sie es jetzt, Ihre Talente und Aufgaben mit neuen Ergebnissen zu krönen. Lernen Sie es, »sich neu zusammenzusetzen«, getreu dem alten Magier-Motto: *Solve & Coagula* – löse und verbinde ... die nächsten praktischen Aufgaben, die persönlichen Ziele und Bedürfnisse und nicht zuletzt den eigenen Standort in dieser Welt!

Anmerkungen
& Literaturhinweise

S. 16ff.: Zitate Crowley: Aleister Crowley: Das Buch Thoth (Ägyptischer Tarot). Waakirchen 1981. Die Zitate in der Reihenfolge des Erscheinens: S. 224, 222, 114, 178. Bei den weiteren Zitaten ist jeweils die zugehörige Karte und damit die Fundstelle angegeben.
Die älteren Vorlagen für das Crowley-Tarot finden sich in: Aleister Crowley: Tarot Divination. York Beach, Maine 1976 (zuerst in »The Equinox«, Volume 1, Number 8 unter dem Titel »Eine Beschreibung der Karten des Tarot« 1912). Das »Buch T« und weitere Golden-Dawn-Dokumente: Israel Regardie: Das magische System des Golden Dawn. Deutsche Ausgabe, 3 Bde., Freiburg 1987/8, hier bes. Bd. 3. Sowie Robert Wang: Der Tarot des Golden Dawn. Sauerlach 1985.

S. 25: Portugal-Traum: Vgl. Klausbernd Vollmar/Johannes Fiebig: Gelebte Träume sind die besten Träume. Einführung in die Traumdeutung. 2. Aufl. Königsförde/Krummwisch 1995, S. 95 f.

S. 29: Auslage »Der Stern«: Weiterentwicklung eines Legemusters, das wir zuerst über Mara Algethi kennengelernt haben.

S. 33: Auslage »Tarot-Magie«: Diese geht zurück auf: Mario Montano: Poker mit dem Unbewußten. Praxis des intuitiven Tarot. Freiburg 1990, S. 266.

S. 38: Auslage »Beziehungs-Weise«: Abwandlung eines Legemusters (ohne Titel) aus: Hans-Dieter Leuenberger: Schule des Tarot, Bd. 3. Freiburg 1984, S. 202 f.

S. 44: Symbollexika: Herder-Lexikon: Symbole. Freiburg 1978. – Klausbernd Vollmar: Handbuch der Traum-Symbole. 7. Aufl. Königsförde/Krummwisch 1999.

S.54: Hermann Hesse: Eigensinn. Autobiograhpische Schriften. Frankfurt M. 1972, S. 102

S. 56: **Wilhelm Unger:** »Wofür ist das Zeichen?« Auswahl aus den Werken. Köln 1984, S. 297.

S. 73: **Ein neuer Himmel und eine neue Erde:** Ein weiteres Zitat aus der biblischen Offenbarung. Der Pluto ist im Löwen erhöht. Traditionell feiert die katholische Kirche am 15. August »Mariä Himmelfahrt« als ein Hauptfest, für das in manchen Ländern oder Landesteilen sogar die Arbeit ruht. Ein ordentlicher Feiertag für die Hochzeit von Himmel und Erde, für die Reise in die Mitte des Lebens.

S. 83: **Das Auge Gottes:** Eine auf viele Kontinenten verbreitete Gottesvorstellung. Aufbauend und zerstörerisch. Vgl. das (zerstörerische) Auge Shivas.
Der *zerbrochene Spiegel* betrifft auch das Verbot, sich ein Bild von Gott zu machen.
Die hier dargestellten *Hochenergien* sind auch ein Symbol des sexuellen Höhepunktes und stehen vom Inhalt her mit den Karten XI-Lust und XX-Das Äon in Verbindung.
Abraxas ist ein alter Gottesname aus frühen Mysterienschulen. Abraxas wird als kleine Löwenschlange symbolisiert, ist jedoch nicht identisch mit der Darstellung im vorliegenden Bild rechts oben.

S. 87: »**Lebensmitte**«: Der Begriff Lebensmitte als altersunabhängige Seinsmitte, zuerst in: J. Fiebig: Der Widder in uns. Macht und Abenteuer. Königsförde 1991, S. 30.- Die altersbezogene Lebensmitte mit Wechseljahren, Midlife Crisis usw. ist demnach nicht mehr und nicht weniger als ein Anlaß neben vielen anderen, zur persönlichen Mitte zu finden. Vgl. im vorliegenden Buch S. 207.- Zur altersmäßigen Lebensmitte, vgl. C.G. Jung: Die Lebenswende, in: ders., Ges. Werke, Bd. 8, Olten 1982.

»**Puer aeternus**«, vgl. z. B. Jolande Jacoby: Die Psychologie von C.G. Jung. Frankfurt/ M. 1978, S. 31.

»**Der kleine Tyrann**«, vgl. Das gleichnamige Buch von Jirina Prekop (München 1988).

S. 116: **Friedrich Schiller:** Briefe über die ästhetische Erziehung des Menschen. Div. Ausgaben.

S. 132: **Widersprüchliche Deutungen auf einen Begriff bringen:** Vgl. E. Bürger/J. Fiebig: Tarot – Spiegel der Erfahrungen. Trier 1996, vgl. dort »Königin der Kelche«.

S. 166: **Zitat Crowley 1912:** A. Crowley: Tarot Divination, a.a.O., S. 23. Dort heißt es: »A winged king with a winged crown, seated in a chariot drawn by arch fays...«. »Fays« sind Feen, Elfen und im weiteren Sinne Luftgeister. Das Wort »arch« bedeutet sowohl »Ober-, Haupt-, Erz-« als auch »Schalk«, so daß wir hier Oberfeen, Hauptelfen, Erzgeister und/oder Schalkfeen bzw. Schalkgeister treffen, die den Wagen des Königs (!) der Schwerter ziehen. –

Sigmund Freud: Erinnern, Wiederholen, Durcharbeiten, in: ders., Studienausgabe Ergänzungsband. Frankfurt/M. 1982, S. 205 ff.

S. 180: **E. Cassirer:** Metamorphoses. Bonn 1991, S. 32.

S. 182: **Otto Flake:** zit. n. Frederik Hetmann: Märchen und Märchendeutung – erleben und verstehen. Königsförde/Krummwisch 1999, S. 13.

S. 184: **Neptun und die »Sieben Schwerter«:** Genau genommen, ist es *nicht* zutreffend, wenn verschiedene Kommentare das Zeichen des Neptun an einem der Schwert-Griffe vermuten. Die sieben Schwerter sind mit dem Zeichen der sieben *klassischen* Planeten versehen; Neptun gehört nicht dazu. Der in der Betrachtung links außen befindliche Schwert-Griff trägt das Zeichen des Mondes (zwei Schlaufen, die die drei sichtbaren Mondphasen darstellen). – Crowley vertritt in seinem Kommentar von 1944, S. 269, die interessante These, daß *Neptun im Wassermann erhöht* sei, was jedoch kein astrologischer Standard ist. – Dem Inhalt nach ist es passend, den Neptun in Verbindung mit dieser Karte zu bringen. Die Große Karte, die zum Neptun gehört, ist »XII- Der Gehängte«. Diese Karte verdeutlicht noch einmal das Thema des Absurden, des Paradoxen und der Kippfiguren.

S. 200: **Johannes Tauler:** zit. n. Ulli Olvedi: Wir sind alle ganz normale Mystiker. München 1984, S. 183.

S. 204: **To mega therion:** »Therion« ist im Altgriechischen die Verkleinerungsform von »ther«. *Therion* bedeutet daher wörtlich *Tierchen* oder »Geschöpfchen«. »Ther« bedeutet schon im Altertum sowohl *Tier* wie auch *Untier*! – Zur Offenbarung oder Apokalypse, aus der A. Crowley die Begriffe vom »großen Tierchen« und die Ziffer 666 entlehnt hat, vgl. die weiteren Information im Einleitungskapitel, S. 24 ff.

S. 208: **Pyramide als Symbol:** Es gibt nicht wenige Erklärungsansätze zur symbolischen Bedeutung von Pyramiden. In jedem Fall erweist es sich als erhellend und klärend, wenn die jeweilige Deutung der Pyramiden-Energien oder -Symbolik als Beschreibung der *Wirkungsweise des Bewußtseins* verstanden wird. – Vgl. auch die Doppelpyramide im Bild des »Prinz der Schwerter«, S. 166.

S. 218: **Edith Vahrenhorst:** Zitat und Textpassage aus: E. Bürger & J. Fiebig: Tarot – Spiegel Deiner Möglichkeiten. Ausgabe Crowley-Tarot. 5. Aufl. Trier 1996.

Benutzte Wörterbücher: Menge-Güthling: Griechisch-Deutsch. 26. Aufl. Berlin, München 1987.- Willmann-Messinger: »Der Kleine Muret-Sanders«, Englisch-Deutsch, 4. Aufl. Berlin und München 1989.- Petschenig-Skutsch: Der kleine Stowasser. Lateinisch-Deutsch. München 1966.

Literaturhinweise

Akron (C.F. Frey) / Hajo Banzhaf: Der Crowley-Tarot. München 1991.

Arrien, Angeles: Handbuch zum Crowley-Tarot. Neuhausen 1991.

Bürger, Evelin / Johannes Fiebig: Crowley-Tarot. Taschenbuch. Königsförde/Krummwisch 2000.

- dieselben: Tarot für Einsteiger/innen. Königsförde/Krummwisch 12. Aufl. 2000.

- dieselben: Tarot-Praxis. Mit 122 Legemustern. Königsförde/Krummwisch 1995.

Crowley, Aleister: Das Buch Thoth (Ägyptischer Tarot). London 1944. Deutsch: Waakirchen 1981.

- ders.: Tarot Divination (Separatdruck aus: The Equinox, Vol. I, No 8, 1912). York Beach, Maine 1976.

Graf, Eckhard: Die Magier des Tarot. A. Court de Gébelin, Eteilla, E. Lévi, P. Christian, Papus, Golden Dawn, A.E. Waite, A. Crowley, O. Wirth. Königsförde/Krummwisch 2000.

Kaplan, Stuart R.: The Encyclopedia of Tarot. 3 Bde. New York 1978, 1986 und 1990.

Peymann, Susanne: Der Crowley-Tarot – 78 Wege des Wissens. München 1997

Regardie, Israel: Das magische System des Golden Dawn. 3 Bde., Freiburg 1987.

Waite, A.E.: Der Bilderschlüssel zum Tarot. Waakirchen 1978.

Wassermann, James: Instructions for Aleister Crowley's Thoth Tarot Deck, plus two essays written by Lady Frieda Harris with commentary and footnotes by Stuart R. Kaplan, New York 1978/ 1983.

Ziegler, Gerd (Bodhigyan): Tarot – Spiegel der Seele. Sauerlach 1984

Anhang
Tarot & Astrologie

Die Verknüpfung von Tarot und Astrologie bietet interessante Perspektiven. Sie können sich dadurch buchstäblich ein Bild von astrologischen Begriffen und Vorstellungen machen. Und der Bedeutungsgehalt der einzelnen Tarot-Karten wird um eine weitere Dimension bereichert, eben das Erfahrungsgut der Astrologie.

Die Kombination dieser beiden Symbolsprachen ist eine relativ neue Angelegenheit. Erst vor 100 Jahren entwickelte der »Golden-Dawn-Orden« (Orden der goldenen Morgenröte) ein systematisches Modell, das Tarot und Astrologie vollständig und in sich folgerichtig zusammenbrachte. Auch Aleister Crowley übernahm dieses Modell und ließ die entsprechenden Zuordnungen direkt auf den Karten angeben.

Beide Symbolsprachen, Tarot und Astrologie, besitzen jedoch ein *Eigenleben*. Erst wenn Sie die Astrologie und das Tarot jeweils für sich kennen, dann wird eine Verbindung zwischen beiden sinnvoll. Als Allegorie, als bloße Illustration astrologischer Prinzipien würden die Tarot-Bilder verkümmern, und die Astrologie würde verkürzt, wenn sie sich in der Erläuterung der Tarot-Symbolik erschöpfen sollte. Jede Symbolsprache vertritt eine eigene Logik, eine eigene Wahrnehmungsweise; je deutlicher die Unterschiede, desto fruchtbarer die Gemeinsamkeiten.

Für A. Crowley selber waren die astrologischen Zuordnungen der einzelnen Karte von enormer Bedeutung, jedenfalls was seinen schriftlichen Kommentar zu den Karten anbelangt. Im vorliegenden Buch haben wir uns auf die Angabe der Astro-Zuordnungen bei jeder Karte beschränkt (von wenigen Ausnahmen abgesehen). Wer sich für weitere Zusammenhänge des Tarot mit der Astrologie interessiert, sei auf das Buch von Johannes Fiebig verwiesen: Mit Tarot durch's Jahr, Tarot & Astrologie für jeden Tag (Königsförde 1995).

Crowleys »andere« Hofkarten

Die Zuordnung der Hofkarten aus dem Crowley-Tarot zu den Hofkarten, die wir aus den übrigen Tarot-Sorten kennen, ist nicht eindeutig. Üblicherweise gibt es: Königin, König, Ritter und Bube (=Page, Prinzessin). Bei Crowley dagegen heißen die Hofkarten: Königin, Prinz, Ritter und Prinzessin. Die Frage ist vor allem, wem wird der *Prinz* aus dem Crowley-Tarot zugeordnet, den Königen oder den Rittern aus den üblichen Tarot-Sorten?

Die Antwort bei Crowley selber (in seinem eigenen Kommentar, den er zu seinen Karten verfaßt hat) ist *nicht* eindeutig: Auf der einen Seite beschreibt er den *Ritter* als stärkste oder mächtigste der vier Hofkarten; das würde nach traditioneller Auffassung bedeuten, daß Crowleys Ritter dem *König* in den sonstigen Tarot-Spielen entspricht. Auf der anderen Seite hat Crowley bei jeder einzelnen Karte nicht nur großen Wert auf die astrologischen Konstellationen gelegt; seine inhaltlichen Deutungen der Bilder leben, ja, wimmeln von astrologischen Erklärungen und Gedanken (z. B. beschreibt Crowley die Karte »VII-Der Wagen« ganz wesentlich durch die Zuordnung dieser Karte zum Tierkreiszeichen Krebs und durch die Tatsache, daß in diesem Tierkreiszeichen der Jupiter erhöht ist).

Nach den astrologischen Beschreibungen und Zuordnungen, die Crowley selber seinen Hofkarten beigegeben hat, ergeben sich folgende Entsprechungen:

Waite- und Marseiller Tarot	*Crowley-Tarot*
Königin	Königin
König	Prinz
Ritter	Ritter
Bube/ Page	Prinzessin

Insgesamt ist Crowleys Definition der Hofkarten widersprüchlich. Und das war auch seine Absicht: Er wollte ein eigenes System vorstellen. So lassen sich aus Crowleys Kommentar unterschiedliche Schlußfolgerungen ableiten. Unter astrologischen Gesichtspunkten, und die interessieren an dieser Stelle, ergibt sich jedoch *eindeutig* die obige Gegenüberstellung, wonach der Ritter aus dem Crowley-Tarot dem Ritter in den sonstigen Tarot-Sorten entspricht. Die Deutung der Bilder wird durch diese Zuordnung erfahrungsgemäß nicht erschwert, sondern beflügelt.

Datum	Tierkreis-zeichen	Zugehörige Große Karte	Zugehörige Hofkarte
21.3.-20.4.	Widder	IV-Der Kaiser	Stab-Königin
21.4.-20.5.	Stier	V-Der Hohe-priester	Prinz der Scheiben
21.5.-21.6.	Zwillinge	VI-Die Liebenden	Schwert-Ritter
22.6.-22.7.	Krebs	VII-Der Wagen	Kelch-Königin
23.7.-22.8.	Löwe	XI-Lust	Prinz der Stäbe
23.8.-22.9.	Jungfrau	IX-Der Eremit	Ritter der Scheiben
23.9.-22.10.	Waage	VIII-Ausgleichung	Schwert-Königin
23.10.-21.11.	Skorpion	XIII-Tod	Prinz der Kelche
22.11.-20.12.	Schütze	XIV-Kunst	Stab-Ritter
21.12.-19.1.	Steinbock	XV-Der Teufel	Königin der Scheiben
20.1.-18.2.	Wassermann	XVII-Der Stern	Prinz der Schwerter
19.2.-20.3.	Fische	XVIII-Der Mond	Kelch-Ritter

Zugehörige Zahlenkarten	Karte des »regierenden« Planeten	Karte des »erhöhten« Planeten
Stab 2-4	XVI-Der Turm	XIX-Die Sonne
Scheiben 5-7	III-Die Kaiserin	II-Die Hohepriesterin
Schwert 8-10	I-Der Magier	---
Kelch 2-4	II-Die Hohepriesterin	X-Glück u. XII-Der Gehängte
Stab 5-7	XIX-Die Sonne	XX-Das Äon
Scheiben 8-10	I-Der Magier	I-Der Magier
Schwert 2-4	III-Die Kaiserin	XXI- Das Universum
Kelch 5-7	XX-Das Äon	XXII/0-Der Narr
Stab 8-10	X-Glück	---
Scheiben 2-4	XXI-Das Universum	XVI-Der Turm
Schwert 5-7	XXII/0-Der Narr	---
Kelch 8-10	XII-Der Gehängte	III-Die Kaiserin

Anhang 2
Die Titel der Crowley-Karten

Im folgenden finden Sie eine Übersicht über die Kartentitel des Cro-wley-Tarot im Vergleich zu den sonst üblichen Titeln. Bei den Zahlen-karten, wie z. B. »2 Stäbe«, haben wir für den besseren Überblick die englischen Originaltitel und die deutschen Übersetzungen mit einigen Varianten angegeben.

Crowley-Tarot	*übliche Bezeichnung*
Große Karten	
I-Der Magier	I-Der Magier
II-Die Hohepriesterin	II-Die Hohepriesterin
III-Die Kaiserin	III-Die Herrscherin
IV-Der Kaiser	IV-Der Herrscher
V-Der Hohepriester	V-Der Hierophant/Hohepriester
VI-Die Liebenden	VI-Die Liebenden
VII-Der Wagen	VII-Der Wagen
VIII-Ausgleichung	VIII/XI-Kraft
IX-Der Eremit	IX-Der Eremit
X-Glück	X-Rad des Schicksals
XI-Lust	XI/VIII-Gerechtigkeit
XII-Der Gehängte	XII-Der Gehängte
XIII-Tod	XIII-Tod
XIV-Kunst	XIV-Mäßigkeit
XV-Der Teufel	XV-Der Teufel
XVI-Der Turm	XVI-Der Turm
XVII-Der Stern	XVII-Der Stern
XVIII-Der Mond	XVIII-Der Mond
XIX-Die Sonne	XIX-Die Sonne
XX-Das Äon	XX-Gericht
XXI-Das Universum	XXI-Die Welt
0-Der Narr	0-Der Narr
Hofkarten	
Königin der Stäbe	Königin der Stäbe
Prinz der Stäbe	König der Stäbe

Ritter der Stäbe	Ritter der Stäbe
Prinzessin der Stäbe	Page/Bube der Stäbe
Königin der Kelche	Königin der Kelche
Prinz der Kelche	König der Kelche
Ritter der Kelche	Ritter der Kelche
Prinzessin der Kelche	Page/Bube der Kelche
Königin der Schwerter	Königin der Schwerter
Prinz der Schwerter	König der Schwerter
Ritter der Schwerter	Ritter der Schwerter
Prinzessin der Schwerter	Page/Bube der Schwerter
Königin der Scheiben	Königin der Münzen
Prinz der Scheiben	König der Münzen
Ritter der Scheiben	Ritter der Scheiben
Prinzessin der Scheiben	Page/Bube der Münzen

Zahlenkarten

übliche Bezeichnung	englischer Originaltitel	deutscher Titel	weitere Bedeutung d. engl. Titels
Stäbe			
As der Stäbe			
Zwei Stäbe	Dominion	Herrschaft	Herrschaftsgebiet, Reich
Drei Stäbe	virtue	Tugend	–
Vier Stäbe	completion	Vollendung	Vervollständigung
Fünf Stäbe	strife	Streben	Streit, Ringen
Sechs Stäbe	victory	Sieg	–
Sieben Stäbe	valour	Tapferkeit	–
Acht Stäbe	swiftness	Schnelligkeit	Eile
Neun Stäbe	strength	Stärke	Kraft
Zehn Stäbe	oppression	Unterdrückung	Bedrückung
Kelche			
As der Kelche			
Zwei Kelche	love	Liebe	–
Drei Kelche	abundance	Fülle	Überschwang

übliche Bezeichnung	englischer Originaltitel	deutscher Titel	weitere Bedeutung d. engl. Titels
Vier Kelche	luxury	Üppigkeit	Luxus
Fünf Kelche	disappoint-ment	Enttäuschung	–
Sechs Kelche	pleasure	Freude	Genuß
Sieben Kelche	debauch	Ausschweifung	Verderbnis, Schwelgerei
Acht Kelche	indolence	Trägheit	Schmerzlosigkeit
Neun Kelche	happiness	Glückseligkeit	Freude
Zehn Kelche	satiety	Sättigung	Sattheit

Schwerter

As der Schwerter			
Zwei Schwerter	peace	Frieden	–
Drei Schwerter	sorrow	Trauer	Kummer
Vier Schwerter	truce	Waffenruhe	Waffenstillstand
Fünf Schwerter	defeat	Niederlage	Besiegung
Sechs Schwerter	science	Wissenschaft	Wissen
Sieben Schwerter	futiltiy	Vergeblichkeit	Zweckfreiheit
Acht Schwerter	interference	Einmischung	Interferenz
Neun Schwerter	cruelty	Grausamkeit	–
Zehn Schwerter	ruin	Untergang	Ruine

Scheiben

As der Scheiben			
Zwei Scheiben	change	Wechsel	Wandel
Drei Scheiben	works	Arbeit	Arbeiten
Vier Scheiben	power	Macht	Kraft, Vermögen
Fünf Scheiben	worry	Quälerei	Sorgen
Sechs Scheiben	success	Erfolg	–
Sieben Scheiben	failure	Fehlschlag	Abwesenheit
Acht Scheiben	prudence	Umsicht	Klugheit
Neun Scheiben	gain	Gewinn	–
Zehn Scheiben	wealth	Reichtum	Wohlstand

Tarot · Träume · Märchen